GMP 实务教程

（供药学类、生物技术类、药品与医疗器械类专业用）

主　编　胡冬梅　王芝春

副主编　耿国平　张一帆　陈蔚蔚　李　阳

编　者　（以姓氏笔画为序）

王　伟（山东新华制药股份有限公司）

王芝春（济南护理职业学院）

李　阳（江苏食品药品职业技术学院）

辛　田（山东新华制药股份有限公司）

张一帆（山东药品食品职业学院）

陈蔚蔚（山东医药技师学院）

赵儒霞（山东药品食品职业学院）

胡冬梅（山东药品食品职业学院）

耿国平（山东药品食品职业学院）

夏亚钊（菏泽医学专科学校）

崔娟娟（山东医学高等专科学校）

中国健康传媒集团
中国医药科技出版社　·北京

内 容 提 要

本教材依据GMP条款的设计,创设学习情景,教材内容分为四个模块共包含十三个项目。教材编写将贯彻"项目导向、任务驱动"的教学设计理念,以项目、任务划分教学单元,每个项目均设"项目导入""学习目标""知识链接""实例分析""目标检测"模块,并以企业药品生产实际发生的案例或任务情景设计以及药品生产的具体规范要求构建教材内容。教材编写中根据内容需要适时穿插"知识链接""实训"等助学模块,保持课堂教学情境与企业生产规范一致,做到企业规范和职业素养融入教材内容,前置到课堂教学,提高学生适应企业工作的能力,且有相对应的教学课件及微课等数字资源,供师生及社会工作者更好地学习和使用。

本教材主要供全国高职高专院校药学类及相关专业师生教学使用,也可作为药品生产企业培训参考用书。

图书在版编目(CIP)数据

GMP实务教程/胡冬梅,王芝春主编.—北京:中国医药科技出版社,2023.12(2025.7重印).

ISBN 978-7-5214-4368-4

Ⅰ.① G… Ⅱ.①胡…②王… Ⅲ.①制药工业 – 质量管理体系 – 中国 – 高等职业教育 – 教材 Ⅳ.① F426.7

中国国家版本馆 CIP 数据核字(2023)第 254325 号

美术编辑 陈君杞

版式设计 友全图文

出版　**中国健康传媒集团** | 中国医药科技出版社

地址　北京市海淀区文慧园北路甲 22 号

邮编　100082

电话　发行 : 010-62227427　邮购 : 010-62236938

网址　www.cmstp.com

规格　889 × 1194 mm $\frac{1}{16}$

印张　14

字数　371 千字

版次　2023 年 12 月第 1 版

印次　2025 年 7 月第 2 次印刷

印刷　北京盛通印刷股份有限公司

经销　全国各地新华书店

书号　ISBN 978-7-5214-4368-4

定价　**45.00 元**

获取新书信息、投稿、为图书纠错,请扫码联系我们。

前言
PREFACE

GMP实务是药学类专业的必修课程，开设的院校及相关专业较多，是药品质量保证的重要课程，教材联合多所院校及企业合作开发，谨慎选取相关内容模块，以帮助学习者树立高度的职业责任感、强烈的使命感，同时结合案例引导学生在药品生产、检验、储存、监督管理过程中牢固树立人民至上、生命至上的思想认识，始终坚持严守药品质量底线，始终把保障药品安全与维护人民群众生命健康放在首位，把红线意识贯穿于药品过程，保证药品生产管理的科学化、规范化，以此保证产品的质量，是非常实用的一门课程。《GMP实务教程》认真贯彻落实党的二十大精神，全面落实立德树人的根本任务，对标最新的高等职业学校专业教学标准，充分发挥行业指导作用，校企联合编写，主要供全国高职院校药学类、生物技术类、药品与医疗器械类等专业教学使用，也可作为药品生产企业培训和学习的参考用书。

教材编写过程中，与企业专业技术人员一起探讨，紧紧围绕药品生产相关岗位管理要求，主要介绍了十三个项目，包括：认知GMP、质量管理、机构与人员、厂房与设施管理、设备管理、物料与产品管理、确认与验证、文件管理、生产管理、质量控制与质量保证、委托生产与委托检验、产品发运与召回、GMP检查。

本教材编写过程中，贯彻"项目导向、任务驱动"的教学设计理念，以项目、任务划分教学单元，每个项目均设"项目导入""学习目标""知识链接""实例分析""目标检测"模块，并以企业药品生产实际发生的案例或任务情景设计以及药品生产的具体规范要求构建教材内容。本教材编写过程中根据内容需要适时穿插"知识链接""实训"等助学模块，保持课堂教学情境与企业管理规范一致，做到企业规范和职业素养融入教材内容，前置到课堂教学，提高学生适应企业工作的能力，且有相对应的教学课件及微课等数字资源，供师生及社会工作者更好地学习和使用。

由于受编者学识水平所限，难免存在疏漏与不足，恳请相关院校专业教师、专家学者提出宝贵意见，以便不断地修订完善。

编 者
2023 年 10 月

目录
CONTENTS

项目一 认知GMP

PPT

项目导入

GMP是英文"Good Manufacturing Practices for Drugs"的缩写，直译为"优良的药品生产规范"，即我国的"药品生产质量管理规范"（以下简称为GMP），GMP是药品生产和质量管理的基本准则，适用于原料药生产、药用辅料生产、药物制剂生产、药用包装材料和直接涉及药品质量有关物料生产的全过程。GMP作为质量管理体系的一部分，是药品生产管理和质量控制的基本要求，旨在最大限度地降低药品生产过程中污染、交叉污染以及混淆、差错等风险，确保持续稳定地生产出符合预定用途和注册要求的药品。

本项目将学习GMP的产生与发展、GMP的类型与特点、实施GMP的三要素、实施GMP的意义与原则。

学习目标

知识目标

1. 掌握GMP的概念、三要素。

2. 熟悉GMP的基本内容、特点和原则。

3. 了解GMP的产生、发展现状、类型及实施GMP的意义。

技能目标　能在药品生产中正确贯彻实施GMP。

思政目标

1. 能够遵守药品管理的各类法规要求，自觉践行药品生产行业的GMP要求。

2. 具有良好的职业素养和制药行业质量至上的岗位意识。

·任务一· GMP 的产生与发展

一、GMP 的产生

GMP是从药品生产过程中获取经验教训的总结。药品是一类特殊的产品，药品生产是一门十分复杂的科学，在药品的生产过程中涉及许多技术细节管理规范及药政管理问题，其中任何一个环节的疏忽，都可能导致药品生产不符合质量要求。GMP获得认可和广泛采用是人类在历经多次药害事件后，用血泪和生命换来的警惕和智慧。

1959年12月，德国儿科医生 Weidenbach 首先报告了一例女婴的罕见畸形，1961年10月，在妇科学术会议上，有三名医生分别报告发现很多婴儿有类似的畸形，这些畸形婴儿没有臂和腿，手和足直接连在身体上，很像海豹的肢体，故称为"海豹肢畸形儿"及"海豹胎"。研究表明，"海豹胎"的病因是妇女在怀孕初期服用"反应停（沙利度胺）"。反应停于1953年首先由德国一家制药公司合成，1956年进入临床并在市场试销，1957年获德国专利，这种药物治疗早孕期间的孕吐反应，有很好的镇吐作用，对孕妇无明显副作用，相继在51个国家获准销售，从1956年反应停进入市场至1962年撤药，全世界30多个国家和地区共报告了"海豹胎"1万余例，各个国家畸形儿的发生率与同期反应停的销售量呈正相关，如在德国就引起至少6000例畸胎，英国约5500例，日本约1000余例。只有美国由于官方采取了谨慎态度，没有引进这种药，因此，除美国人从国外带入的服用者造成17例畸胎外，基本没有发生这样的病例。反应停所造成的胎儿畸形，成为20世纪最大的药物导致先天畸形的灾难性事件，至今仍有法律纠纷。

早在1906年，美国就对食品、药品和化妆品进行立法管理，并成立了美国食品药品管理局（FDA）对食品和药品进行管理。因此，当时在审查"反应停"进口时，发现该药缺乏足够的临床资料而拒绝进口，所以避免了这场世界性灾难的遭遇。通过药物致畸的教训，1959年，美国一位参议员组织了多次听证会，对制药厂商的某些行为表示关注，其中包括药品疗效无法确证，"反应停"事件的引证获得了支持，并由此促成了GMP的诞生。

1962年，美国FDA组织美国坦普尔（Temple University）大学6名教授编写制定GMP，经过FDA官员多次讨论和修改后定稿。

美国在1962年重新对食品、药品和化妆品的管理进行修正时，对制药企业提出了三方面的要求：制药企业出厂的产品不仅要证明有效，而且要证明是安全的；制药企业必须向FDA机构报告药品不良反应；制药企业必须实施GMP。于是，美国FDA机构在1963年就颁布了世界上第一部GMP，并把它载入药典。此后，FDA对GMP进行数次修订，并在不同领域不断充实完善，使GMP成为美国法律体系的一个重要组成部分。

1969年，在第22届世界卫生大会上，世界卫生组织建议各个成员国生产药品采用GMP制度，以确保药品质量并加入"国际贸易药品质量签证体制"，标志着GMP的理论和实践从一个国家走向世界。

二、GMP 的发展

（一）国外GMP的发展

1963年，美国FDA颁布了世界上第一部GMP，并把它载入美国药典。1969年，世界卫生组织颁布了GMP，经过三次修订，1975年11月正式公布。1971年，英国制订了GMP，经过两次修订，1983年公布第三版。1972年，欧共体颁布了该组织的第一部GMP，用于指导各成员国的药品生产。1973年，日本制药工业协会提出了日本的GMP，1974年由日本政府颁布并指导推行，1980年正式实施GMP，现已作为一个法规来执行。1977年，第28届世界卫生大会上，世界卫生组织再次向各个成员国推荐GMP，并把GMP确定为世界卫生组织的法规。1978年，美国再次颁布了修订的GMP。1988年，东南亚国家联盟也制订了自己的GMP，作为东南亚联盟各国实施GMP的文本。目前为止，已经有100多个国家实行了GMP。

（二）我国GMP的发展

为了对药品生产过程进行严格的管理，确保药品的质量，1982年，中国医药工业公司参照美国

GMP制定了《药品生产管理规范》（试行稿），开始在一些制药企业试行。一些化学原料药生产企业为打开国际市场，促进化学原料药出口，接受FDA的GMP现场检查，以得到FDA认可，也参照引用了美国GMP。

1984年，我国颁布的（《中华人民共和国药品管理法》（以下简称《药品管理法》）中首次立法提出了"药品生产质量管理规范"，要求生产企业制定和执行保证药品质量的规章制度和卫生要求。

1985年，国家医药管理局修订了《药品生产管理规范》并颁布，由中国医药工业公司编写了《药品生产管理规范实施指南》（1985年修订），于1985年12月发布。

1988年，根据《药品管理法》，卫生部颁布了我国第一部《药品生产质量管理规范》（1988年版），作为正式规章执行。

1991年，根据《药品管理法实施办法》的规定，国家医药管理局成立了推行GMP、GSP委员会，协助国家医药管理局，组织医药行业实施GMP和GSP的工作。

1992年，卫生部对《药品生产质量管理规范》（1988年修订）进行了修订，颁布《药品生产质量管理规范》（1992年版），中国医药工业公司出版了《GMP实施指南》，对GMP中的一些内容做了比较具体的技术指导。1995年7月，经国家技术监督局批准，成立了中国药品认证委员会，并开始接受企业的GMP认证申请和开展认证工作。

1998年，新成立的国家药品监督管理局总结了几年来实施GMP的情况，对GMP进行再次修订，于1999年6月颁布了《药品生产质量管理规范》（1998年修订）并实施。

2001年修订的《药品管理法》第九条规定：药品生产企业必须按照《药品生产质量管理规范》组织生产；药品监督管理部门按照规定对药品生产企业是否符合《药品生产质量管理规范》的要求进行认证，对认证合格的，发给认证证书。

药品GMP认证是国家依法对药品生产企业（车间）和药品品种实施药品GMP监督检查并取得认可的一种制度，也是确保药品质量稳定性、安全性和有效性的一种科学合理的管理手段。《药品管理法》赋予了强制实施《药品生产质量管理规范》的法律依据，为提高药品质量，促进医药工业的发展奠定了法律基础。2019年版《药品管理法》实施，国家药品监督管理局取消了GMP认证，不再发放《药品GMP证书》。

在认真总结GMP实施过程中的经验教训基础上，借鉴国际先进做法，2010年10月，卫生部审议通过《药品生产质量管理规范》（2010年修订），于2011年3月1日实施，此次修订比1998年版的标准有了很大提高。达到了与世界卫生组织药品GMP的一致性，有利于培育具有国际竞争力的企业，加快医药产品进入国际市场。

·任务二· GMP 类型与特点

一、GMP 的类型

1. 从GMP的适用范围角度分类

（1）具有国际性质的GMP，如WHO的GMP、欧洲自由贸易联盟制定的GMP、PIC/S的GMP、东南亚国家联盟的GMP等。其中PIC/S（国际药品检查合作计划组织）提供政府和药品监管机构在 CMP 领域积极和建设性合作。

（2）国家权力机构颁布的GMP，如国家药品监督管理局，美国食品药品管理局、英国卫生和社会保险部、日本厚生省等政府机关代表国家制定的GMP。

（3）工业组织制定的GMP，如美国制药工业联合会制定的GMP、中国医药工业公司早期制定的GMP及其实施指南、瑞典工业协会制定的GMP，甚至还包括药厂或制药公司自己制定的GMP。

2. 从GMP的性质角度分类

（1）作为法典规定、具有法律效应的GMP，如美国、日本等国家的GMP。

（2）作为建议性的规定、不具有法律效应的GMP，如有些国家或组织的GMP只对药品生产和质量管理起指导作用。

二、GMP 的特点

世界各国按照GMP要求进行药品生产和质量管理已是大势所趋。尽管不同的国家和地区制定了本国或本地区的GMP，各国的GMP在具体规定和要求方面各具特色，但是药品的生产过程及其质量保证方法是不分国界的，因此GMP所涵盖的内容基本上是一致的。一般具有以下特点。

1. 原则性　GMP条款仅指明了质量或质量管理所要达到的目标，而没有列出如何达到这些目标的解决办法，例如，无菌药品的灭菌处理必须达到"无菌"，也就是药品的染菌率不得高于10^{-6}。但是达到"无菌"的处理方式有很多，如干热灭菌、湿热灭菌、辐射灭菌、过滤灭菌等，企业可以根据自身产品和产品工艺要求进行选择，只要能满足GMP的要求，就是适宜的方法。

2. 基础性　GMP是保证药品生产质量的最低标准，也就是说，对于药品生产与质量管理而言，GMP是最基础的标准，不是最高最好标准。企业有自主性，可以超越GMP。

3. 时效性　GMP条款是具有时效性的，随着医药科技和经济贸易的发展，GMP条款需要定期或不定期补充修订，这和制定药品标准类似，新版GMP颁布后前版的GMP即废止。

4. 一致性　各个国家组织或地区的GMP有一个最重要的特征就是在结构与内容的布局上基本一致，各类药品GMP都是强调对药品生产实施全面全过程全员的质量管理，防止污染和差错的发生，保证生产出优质药品。

5. 多样性　尽管各类GMP在结构，基本原则或基本内容上一致或基本相同，但同样的标准要求，在所要求的细节方面，有时呈现多样性，有时这样的多样性还会有很大的差别。例如，各国GMP中都对生产车间的管道铺设提出了一定要求。有的国家的GMP就要求生产车间中不能有明管存在，各种管道一律暗藏。也有国家的GMP中规定，只要能便于清洁并具有严格的卫生制度，管道不一定要全部暗藏。

6. 地域性　一般一个国家（地区）在一个特定的时期有一个版本的GMP，只有通过这个版本的GMP认证，药品质量才能得到这个国家（地区）有关政府部门的认可，才能在这个国家（地区）进行销售使用。但是有的国家却可以通行多个不同版本的GMP，如有些国家既认可本国的GMP，也认可世界卫生组织的GMP、美国的GMP、欧盟的GMP等。

·任务三· GMP 基本内容和实施三要素

一、GMP 基本内容

《药品生产质量管理规范》（2010年修订）［以下简称GMP（2010）］吸收了国际先进经验，结合了我国国情，按照"软件硬件并重"的原则，贯彻质量风险管理和药品生产全过程管理的理念，更加注重科学性，强调指导性和可操作性，达到了与世界卫生组织药品GMP的一致性。

中国GMP（2010）共14章313条，主要内容包括：总则、质量管理、机构与人员、厂房与设施设备、物料与产品、确认与验证、文件、生产管理、质量控制与质量保证、委托生产与委托检验、产品发运与召回、自检、附则。

中国GMP（2010）继承了GMP（1998）的合理条款，同时增加了很多新内容。一是加强了药品生产质量管理体系建设，大幅提高对企业质量管理软件方面的要求，细化了对构建实用、有效质量管理体系的要求，强化药品生产关键环节的控制和管理，以促进企业质量管理水平的提高。二是全面强化了从业人员的素质要求，增加了对从事药品生产质量管理人员素质要求的条款和内容，进一步明确职责。三是细化了操作规程、生产记录等文件管理规定，增加了指导性和可操作性。四是进一步完善了药品安全保障措施，引入了质量风险管理的概念，在原辅料采购、生产工艺变更、操作中的偏差处理、发现问题的调查和纠正、上市后药品质量的监控等方面，增加了供应商审计、变更控制、偏差处理、纠正和预防措施、产品质量回顾分析等新制度和措施，对药品生产全过程各个环节可能出现的风险进行管理和控制，主动防范质量事故的发生。五是提高了无菌制剂生产环境标准，增加了生产环境在线监测要求，提高无菌药品的质量保证水平。

■ 知识链接

GMP（2010年修订）配套文件

GMP 2010年修订后，原国家食品药品监督管理总局于2011年2月发布了无菌药品、原料药、生物制品、血液制品及中药制剂5个附录；2012年12月发布放射性药品附录；2014年6月发布中药饮片、医用氧、取样3个附录；2015年5月发布计算机化系统和确认与验证2个附录；2017年3月发布生化药品附录；2020年4月发布生物制品附录修订稿，7月发布血液制品附录修订稿；2022年5月发布GMP临床试验用药品（试行）附录。截至2023年国家药品监督管理局已发布13个附录，均为GMP（2010年修订）的配套文件。

二、实施 GMP 的三要素

实施GMP三要素分别是：人员、硬件、软件，三者构成药品生产管理体系（图1-1）。硬件系指药品生产的总体布局、生产环境及设备设施，可以概括为以资本为主的投入产出。软件系指完整的管理体系，规范企业行为的一系列标准，执行标准结果的记录，包括组织机构、组织工作、生产工艺、记录、制度、方法、文件化程序、培训等，可概括为以智力为主的投入产出。人员是软硬件结合实施的主体，是工作质量的决定者。

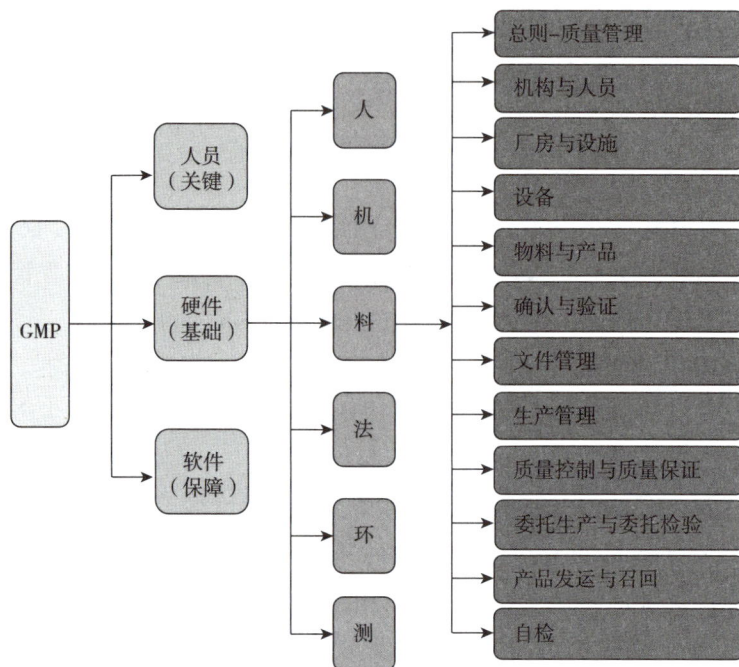

图 1-1　药品生产管理体系

（一）人员是核心

高素质的人员是实施药品GMP的关键。

中国GMP（2010）体现了"全员参与""全过程参与"和"全面参与"的全面质量管理理念。制药企业，从产品设计、研发、生产、质量控制到销售的全过程，"人"是最重要的因素。产品质量的好坏是全体员工工作质量好坏的反映，这是因为优良的硬件设备要由人来操作，好的软件系统要由人来制订和执行。由此可知，人员素质决定工作质量、决定产品质量，不断提高人员素质及药品GMP意识是制药企业需要重视的问题。

人员素质一方面包括管理人员的素质，另一方面包括操作人员的素质。QA是制药企业负责质量监督的管理人员，在GMP实施过程中发挥着极为重要的作用。国外的制药企业非常重视QA的监督作用，QA人员占到企业总人员的20%~30%，对QA人员的素质要求也是相当高的：除了必须精通生产工艺，还要有较强的原则性及较高的质量意识，熟知企业的质量管理规程及药品GMP要求。企业一线操作人员的素质也极为重要，毕竟完善的操作规程是依靠一线的操作员工来贯彻执行的，QA人员只起到了监督作用。因此，企业必须按照GMP要求对各类人员进行行之有效的教育培训，不断提高人的素质。

■ 知识链接

人是实施GMP的重要因素

粉针车间无菌分装岗位，为严格控制无菌操作室内环境，确保生产合格的无菌产品，制定了严格的工艺卫生操作规程，但如果操作者不能正确理解为什么要这么做，或质量意识不强，在无人监督时不认真执行，导致消毒灭菌不彻底，就会给产品质量带来隐患。

（二）软件是保障

具有可操作性的较完善的软件管理系统是产品质量的保证。

产品的质量不是检测出来的，而是设计和制造出来的，是通过遵循一套标准的操作规程和严格的管理来保证的。药品生产企业应根据硬件条件及生产工艺的要求，建立一套由标准和记录组成的文件系统，这就是通常所说的软件管理系统。完善实用的软件管理系统是药品生产质量的保障，一切涉及药品生产、质量控制等活动必须遵循经过验证的、具有指导性和可操作性的书面标准，并对实际生产活动中执行标准的每一项行为进行记录。GMP的实践是一个动态发展过程，与之相对应的软件也是不断发展的，需要不断地补充、修订、完善。

（三）硬件是基础

良好的生产环境、完善先进的厂房设施、精良的设备和仪器、优质的原料是生产合格优质药品的基础。

制药企业实施GMP的最终目的是为了最大限度降低药品生产过程中污染、交叉污染，以及混淆、差错等风险，确保持续稳定地生产出符合预定用途和注册要求的药品。硬件是实施药品GMP的必要条件。硬件是否达到GMP要求，直接关系到产品质量，而硬件的好坏取决于设计质量。药品生产企业应对硬件设施的设计建设、改造和完善充分评估论证，广泛征求有关专家学者、药品监管部门及本企业生产、质量管理、物控部门等意见，进行严格的设计确认和安装确认等，为GMP的实施奠定坚实的基础。没有良好的厂房设备、完善的设施，就很难生产出符合预定用途和注册要求的药品，具备这样的基础条件之后才能够谈及其他。

·任务四· 实施 GMP 的意义与原则

一、实施 GMP 的意义

1.有利于提高企业质量管理水平　药品生产企业实施GMP，就是完善企业质量体系，进行前瞻性的以预防为主的风险管理，确保生产出合格的药品，对提高整体质量管理水平有着积极的作用。

2.有利于标准化管理　药品生产企业推行GMP，全过程运用标准化模式管理，有利于生产过程遵循统一的规范标准。

3.有利于药品生产质量管理与国际规范接轨　GMP基本框架与内容采用欧盟GMP文本，与美国cGMP相近，因此GMP的实施，对我国制药企业的质量管理体系与产品质量为国际所认可，将起着非常重要的作用。

4.有利于提高产品的竞争能力　药品质量依赖于企业的技术能力和管理水平，实施GMP，就是获得企业信誉和产品质量的一个佐证，是企业形象的重要标志。

5.有利于保护消费者的利益　推行GMP是医药企业保障人民用药安全的体现，企业肩负着重大的社会责任。

■ 知识链接

完整GMP体系的三个层次

完整的GMP体系分为三个层次：第一层次是GMP通则，规定了药品生产企业生产质量管理体系必须达到的基本要求；第二层次是GMP附录，规定了一些比较重要或特殊产品必须达到的管理标准；第三层次是大量而又具体的 GMP 实施的指南文件，虽然它不具有GMP及其附录的法定地位，但其制定和修订不需要通过复杂的法定程序，既能及时体现医药科学技术的进步，又能体现药品监管部门或政府其他部门在制药行业倡导的方向及新的管理要求，又能成为药品生产企业在GMP实施过程中非常有价值的参考素材。三个层次分明，纲举目张，在GMP通则的统帅下，GMP 附录和 GMP 实施指南互为依托，互为补充。

二、GMP 基本原则

药品生产企业为规范药品生产行为，正确贯彻实施GMP，应恪守遵循"守诺、守时、有序、自律、不苟"的精神及下列原则。

（1）明确机构、岗位人员的工作职责并加强培训，强调关键人员，特别是受权人职责。

（2）严格按照程序化、标准化要求处理所有事务，并实施全面质量管理。

（3）厂房、设施和设备的设计、安装，应注重工艺要求、质量要求和安全要求。

（4）对厂区环境、厂房、设施和设备进行适当的维护，以保证处于完好的状态。

（5）严格控制原辅料及包装材料质量。

（6）做好清洁和清场工作，防止产品污染。

（7）开展确认和验证工作，确保有文件证明硬件系统、软件系统和过程的有效性、正确性及可靠性。

（8）根据管理要求和验证结果制定和修订详细的规程，提供准确的行为指导。

（9）严格遵守批准的书面规程，防止污染、交叉污染、混淆和差错。

（10）及时、准确地记录并归档，以保证可追溯性。

（11）实施严格的审批、审查、审计以及调查。

（12）采取经验证的纠正预防偏差和改进变更措施。

（13）注重风险管理，降低质量风险。

（14）加强委托生产和委托检验管理。

（15）定期进行有计划的自检。

▶ 实例分析 ◀

| 实例 | 国内有药品生产企业在媒体上宣称通过了美国的FDA"cGMP认证"。

| 问题 | 1.通过"cGMP认证"能证明什么？

2.我国生产的药品有无在美国上市？

参考答案

▶ 目标检测 ◀

重点小结　参考答案

一、选择题
（一）单项选择题
1.《药品生产质量管理规范》的英文缩写是（　　）。

A. GMP　　　　　　　　B. GSP　　　　　　　　C. GLP　　　　　　　　D. GAP

2.实施GMP最早的国家是（　　）。

A.英国　　　　　　　　B.中国　　　　　　　　C.日本　　　　　　　　D.美国

3.导致GMP起源的直接事件是（　　）。

A.口服滴剂事件　　　　B.华源事件　　　　　　C.反应停事件　　　　　D.齐二药事件

4.1961年，发生了震惊世界的"反应停"事件，导致这一灾难事件的药物是（　　）。

A.庆大霉素　　　　　　B.阿司匹林　　　　　　C.沙利度胺　　　　　　D.青霉素

5. 美国FDA于（　　）颁布了第一部GMP，要求对药品生产的全过程进行规范化管理，否则产品不得出厂销售。

A. 1962年　　　　　　B. 1963年　　　　　　C. 1964年　　　　　　D. 1965年

6.在组成GMP的三大要素当中，（　　）是最重要的因素。

A.硬件　　　　　　　　B.软件　　　　　　　　C.质量管理体系　　　　D.人员

7.实施GMP旨在最大限度地降低药品生产过程中污染、交叉污染以及混淆、差错等风险，确保持续稳定地生产出（　　）的药品。

A.合格　　　　　　　　　　　　　　　　　　　B.符合预定用途和注册要求

C.符合预定用途　　　　　　　　　　　　　　　D.符合注册要求

8. GMP（2010）实施时间（　　）。

A. 2010年3月1日　　　　　　　　　　　　　　B. 2011年1月17日

C. 2011年2月24日　　　　　　　　　　　　　　D. 2011年3月1日

9.药品生产质量管理规范的基本要求是定位在（　　）。

A.最低要求　　　　　　B.最高要求　　　　　　C.一般要求　　　　　　D.可选择

10.制定药品生产质量管理规范的法律依据是（　　）。

A.药品管理法　　　　　B.产品质量法　　　　　C.宪法　　　　　　　　D.食品药品安全法

11.我国（　　）年首次颁布《药品管理法》。

A. 1985　　　　　　　B. 1984　　　　　　　C. 1988　　　　　　　D. 1975

12. GMP的地域性描述错误的是（　　）。

A.只有通过这个国家版本的GMP认证，药品质量才能得到这个国家（地区）有关政府部门的认可

B.通过欧盟的GMP认证，不能在德国销售

C.有的国家既认可本国的GMP，也认可世界卫生组织的GMP、美国的GMP等

D.只有通过这个国家版本的GMP认证，才能在这个国家（地区）进行销售使用

13.卫生部（　　）年颁布了我国第一部《药品生产质量管理规范》。

A. 1985　　　　　　　B. 1984　　　　　　　C. 1988　　　　　　　D. 1975

（二）多项选择题

14.实施GMP旨在最大限度地降低药品生产过程中（　　）等风险。

A.污染　　　　　　　　B.交叉污染　　　　　　C.混淆　　　　　　　　D.差错

15.GMP包括（　　）等方面内容。

A.质量管理、生产管理、文件管理、自检

B.机构与人员、设备、物料与产品

C.质量控制与质量保证、厂房与设施

D.确认与验证、委托生产与委托检验、产品发运与召回

16.制药企业实施GMP的三要素包括（　　）。

A.硬件　　　　　　　　B.软件　　　　　　　　C.质量管理　　　　D.人员

17.下面正确的是（　　）。

A.美国药品上市是先进行GMP检查，再注册

B.我国药品上市是先进行GMP检查，再注册

C.美国药品上市是先注册，再进行GMP检查

D.我国药品上市则是先注册，药品生产企业符合GMP要求方可，进行生产

18.作为法典规定GMP的国家是（　　）。

A.美国　　　　　　　　B.日本　　　　　　　　C.中国　　　　　　D.瑞典

二、思考题

1.实施GMP的意义何在？

2.如何理解在GMP实施过程中"人是最关键的因素"？

项目二　质量管理

〉项目导入

质量是产品的生命。任何产品质量的形成是设计和生产出来的，而不是检验出来的。因此质量管理必须强调预防为主，需要做到事前控制，企业在生产过程中应建立质量管理体系，实施全面质量管理，保证产品质量。质量管理一章作为GMP（2010）总的框架和纲领，从质量管理原则、质量保证、质量控制和质量风险管理四个方面提出要求。

本项目将学习质量管理及发展历程；质量控制与质量保证；质量风险管理。

〉学习目标

知识目标

1. 掌握GMP关于质量管理的相关要求；质量管理体系及质量风险管理概念。
2. 熟悉质量保证和质量控制的概念；质量风险管理的工作流程。
3. 了解质量管理的发展历程；质量风险管理常用工具。

技能目标

1. 能够依据GMP的相关规定从事质量管理的相关工作。
2. 能够分析解决质量管理中存在的问题。
3. 能够正确的分析评价质量风险。

思政目标

1. 培养"质量第一、管理为质量服务"的意识。
2. 培养质量风险意识，科学、严谨的工作作风。
3. 培养善于沟通合作的团队意识。

·任务一· 质量管理及发展

一、质量管理相关概念

1.质量　是指为符合预定用途所具有的一系列固有特性的程度。依此，药品质量是指为满足药品的安全性和有效性的要求，产品所具有的成分、含量、纯度等物理、化学或生物学等特性的程度。

2.质量管理　系指质量方面指挥和控制组织的协调活动，通常包括制定质量方针和质量目标，以及质量策划、质量保证、质量控制和质量改进。质量管理是为了实现质量目标而进行的所有管理性质的活动，其目的在于防止事故，尽一切可能将差错消灭在萌芽状态，以保证药品质量符合规定要求。

3.质量管理体系　系指建立质量方针和质量目标，并为达到质量目标所进行的有组织、有计划的活动。

二、质量管理的发展

质量管理的产生及发展过程经历了漫长的历史，可以说是源远流长。人类历史上自有商品生产以来，就开始了以商品检验为主的质量管理方法。随着现代创新技术的发展和应用，制药企业的质量管理理念也在不断地发展。制药企业质量管理发展经历了三个阶段：质量检验阶段、生产过程的质量控制阶段、建立并有效实施质量管理体系的阶段。质量管理相关阶段的发展也可参考国际标准。

1.制药企业质量管理发展阶段

（1）质量检验阶段　仅对产品的质量实行事后把关，即强调对最终产品的质量检验。但是，质量检验并不能提高产品质量，只能部分剔除次品或废品，因而只能对产品的质量进行初级的控制。

（2）生产过程的质量控制阶段　强调产品质量不是检验出来的，而是生产制造出来的，因而应对产品生产的全过程进行质量控制，即对产品生产过程中影响产品质量的所有因素进行控制。从而将质量控制从事后把关提前到产品的生产制造过程，对产品的质量提供了进一步的保证。

（3）建立并有效实施质量管理体系的阶段　强调产品质量首先是设计出来的，其次才是制造出来的，将质量管理从制造阶段进一步提前到设计阶段，因为产品的生产过程控制和最终的质量控制无法弥补其设计上存在的缺陷，即产品的最初设计决定了产品的最终质量。质量管理体系是通过对产品的整个生命周期（包括产品开发技术转移、商业生产和产品终止）中影响产品质量的所有因素进行管理，从而对产品的质量提供了全面有效的保证。

2.国际标准　19世纪后期，国际标准是从计量单位、材料性能与试验方法和电工领域起步的。20世纪50年代后，世界大战结束，国际标准化组织（ISO）的成立，使国际标准随着社会科技进步与经济发展逐步发展起来，标准范围也从基础标准如术语标准、符号标准、试验方法标准逐步扩展到产品标准，从技术标准延展到质量管理体系标准，如ISO9000族标准和ISO14000族标准。采用国际标准成为各国标准化的基本方法与政策。ISO14000族标准侧重于活动、产品、服务的环境影响，它不仅要考虑满足质量得到顾客信任的要求，还要指导企业在生产的全过程中实施环境标准，这有利于保护环境、节约资源、降低成本，重点在于营造良好的环境，以满足顾客需求以外的多方面的利益。ISO标准化管理认证作为第三方认证已得到世界各国的公认，在国际贸易中起着举足轻重的作用，其证书已成为国际贸易必不可少的通行证。

GMP与ISO族标准是质量管理发展到全面质量管理后的产物，本质上都是全面质量管理的深入和系统体现，理念和理论体系都是一致的，但是在推行的法律效力和侧重点上有所不同。二者之间对比详见表2-1。

表2-1　GMP与ISO族标准对比

项目	GMP	ISO族标准
管理性质、模式	相同	相同
标准发布组织	政府	标准化组织
法律、认证要求	强制性	非强制
文件系统	管理、技术、操作标准，记录	质量手册、程序文件、作业指导书、记录
侧重点	产品质量	产品、服务质量，环境影响
适用行业、领域	药品、食品、化妆品、医疗器械等	所有行业、领域和组织

■知识链接

全面质量管理概念的由来

　　1961年，美国通用电气公司质量经理菲根堡姆编著的《全面质量管理》，在书中提到：全面质量管理是为了能够在最经济的水平上并考虑到充分满足用户需求的条件下进行市场研究、设计、生产和服务，把企业各部门的设计质量、过程控制质量和质量改进等活动构成一体的有效体系。简而言之，就是产品质量的好坏不仅来自最后的检验手段或检验方法的优劣，更来自于市场调研、设计开发、生产控制及后勤物流等产品制造的所有环节。因此就有必要建立一个和各部门管理水平密切相关的质量管理体系，才能真正保证和提高产品质量。全面质量管理的循环工作程序，即计划、执行、检查和处理。一个产品生产的每一个过程必然都会对产品的质量造成影响，而要保证和提高产品质量就必然需要从产品生产的所有环节和过程去考虑。全面质量管理（TQM）思想的提出，为质量管理的系统化、科学化提供了指南和依据，对现代质量管理的发展具有深远的影响。

三、药品质量管理体系

　　中国GMP（2010）明确规定企业应当建立药品质量管理体系，并提出相关要求。

【GMP（2010）（节选）】第一章　总则

　　第二条　企业应当建立药品质量管理体系。该体系应当涵盖影响药品质量的所有因素，包括确保药品质量符合预定用途的有组织、有计划的全部活动。

　　第三条　本规范作为质量管理体系的一部分，是药品生产管理和质量控制的基本要求，旨在最大限度地降低药品生产过程中污染、交叉污染以及混淆、差错等风险，确保持续稳定地生产出符合预定用途和注册要求的药品。

　　药品质量管理体系适用于整个产品生命周期，包括产品开发、技术转移、商业生产、产品终止等四个阶段。产品生命周期的不同阶段具有其相应的目标，企业应根据各产品阶段的具体目标，建立适合自身特点的质量管理体系。

　　GMP是药品生产管理和质量控制的基本要求。药品生产企业按照GMP要求建立健全质量管理体系，是使其所生产药品质量、工作与服务质量达到最优化的手段。

　　质量管理体系的建立是企业战略决策的一部分，它的实施范围要和企业的质量策略相一致。因此，企业需要充分考虑自身的规模和组织机构、环境、具体目标、所生产的产品及工艺复杂程度、资源能力、管理流程、不断变化的需求等各方面的因素，来确定其质量管理体系的范围。

药品生产质量管理体系见图2-1。

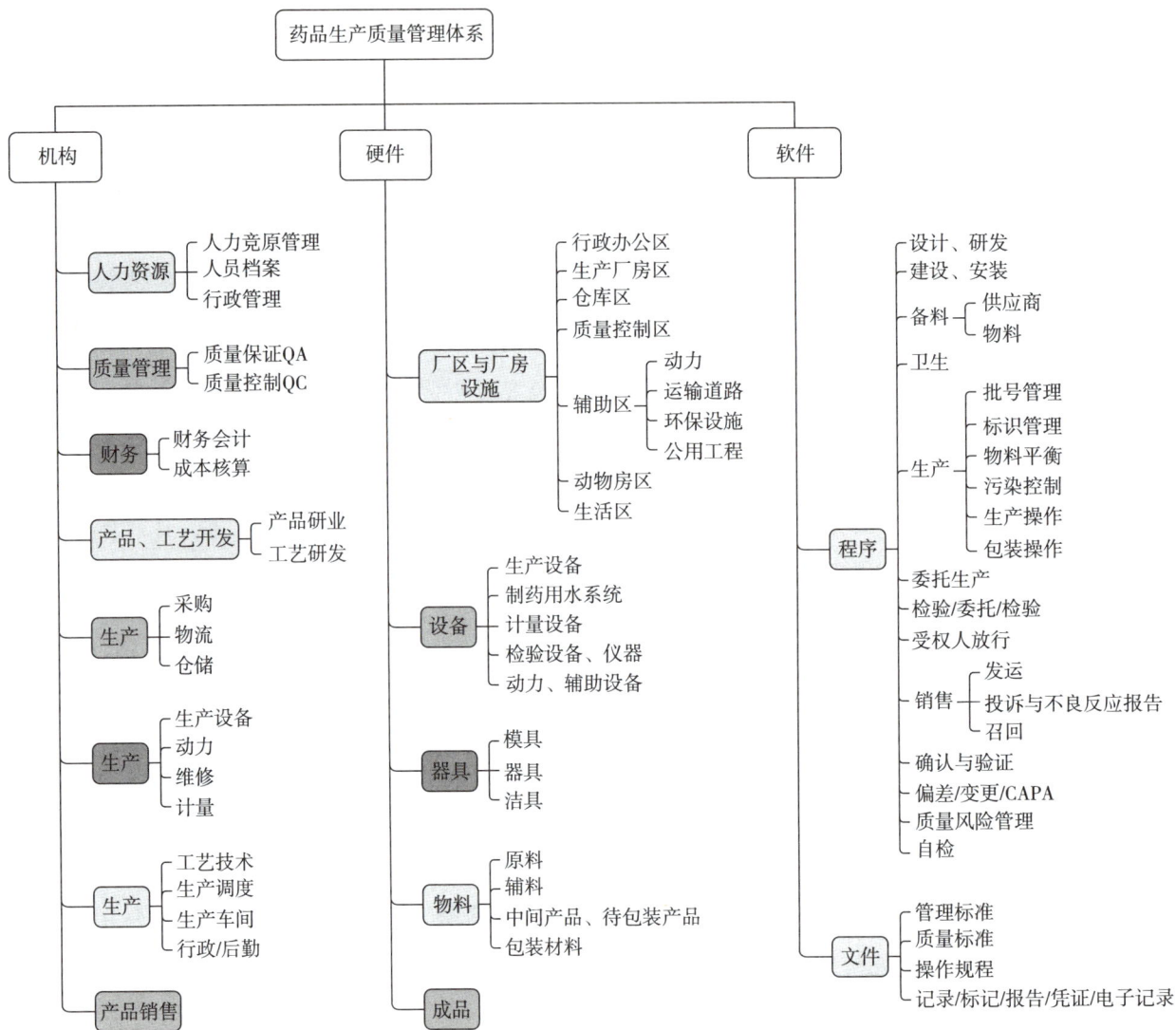

图2-1　药品生产质量管理体系

中国GMP（2010年修订）对质量管理体系从建立质量方针/目标/计划、高层管理者职责、资源管理等方面提出相关要求。

【GMP（2010）】第二章第一节　原则

第五条　企业应当建立符合药品质量管理要求的质量目标，将药品注册的有关安全、有效和质量可控的所有要求，系统地贯彻到药品生产、控制及产品放行、贮存、发运的全过程中，确保所生产的药品符合预定用途和注册要求。

第六条　企业高层管理人员应当确保实现既定的质量目标，不同层次的人员以及供应商、经销商应当共同参与并承担各自的责任。

第七条　企业应当配备足够的、符合要求的人员、厂房、设施和设备，为实现质量目标提供必要的条件。

▶ **实例分析** ◀

参考答案

| **实例** | 某地药监部门在检查中发现某厂用于生产蛇胆川贝口服液的原料川贝母有吸湿现象，遂对该批贝母进行了抽验，检验结果不符合药典规定，水分严重超标。已有50kg不合格川贝母用于生产蛇胆川贝口服液，所生产的蛇胆川贝口服液检验结果却显示符合药品标准。

| **问题** | 1.该事件中违反了GMP对质量管理的哪些规定？
　　　　　2.应怎样理解药品质量是生产出来的呢？

·任务二· 认知质量保证与质量控制

一、质量保证

质量保证（quality assurance，QA）是致力于提供质量要求会得到满足的信任，为确保药品符合其预定用途并达到规定的质量要求所采取的所有措施的总和。

质量保证实际上就是通过建立由机构与人员、硬件和软件等各个资源组成的质量管理体系来确保产品质量没有问题。中国GMP（2010年修订）明确提出质量保证是质量管理体系的一部分，企业必须建立质量保证系统，并对质量保证系统提出相关要求：

【GMP（2010年修订）（节选）】

第八条 质量保证是质量管理体系的一部分。企业必须建立质量保证系统，同时建立完整的文件体系，以保证系统有效运行。

第九条 质量保证系统应当确保：

（一）药品的设计与研发体现本规范的要求；

（二）生产管理和质量控制活动符合本规范的要求；

（三）管理职责明确；

（四）采购和使用的原辅料和包装材料正确无误；

（五）中间产品得到有效控制；

（六）确认、验证的实施；

（七）严格按照规程进行生产、检查、检验和复核；

（八）每批产品经质量受权人批准后方可放行；

（九）在贮存、发运和随后的各种操作过程中有保证药品质量的适当措施；

（十）按照自检操作规程，定期检查评估质量保证系统的有效性和适用性。

第十条 药品生产质量管理的基本要求：

（一）制定生产工艺，系统地回顾并证明其可持续稳定地生产出符合要求的产品；

（二）生产工艺及其重大变更均经过验证；

（三）配备所需的资源，至少包括：

1.具有适当的资质并经培训合格的人员；

2．足够的厂房和空间；

3．适用的设备和维修保障；

4．正确的原辅料、包装材料和标签；

5．经批准的工艺规程和操作规程；

6．适当的贮运条件。

（四）应当使用准确、易懂的语言制定操作规程；

（五）操作人员经过培训，能够按照操作规程正确操作；

（六）生产全过程应当有记录，偏差均经过调查并记录；

（七）批记录和发运记录应当能够追溯批产品的完整历史，并妥善保存、便于查阅；

（八）降低药品发运过程中的质量风险；

（九）建立药品召回系统，确保能够召回任何一批已发运销售的产品；

（十）调查导致药品投诉和质量缺陷的原因，并采取措施，防止类似质量缺陷再次发生。

药品生产企业的QA是伴随着GMP的要求逐渐形成，为顾客或药监管理部门证实药品整个生产过程都是严格按照标准和规范进行的有计划、有系统的活动。按GMP要求，药品生产企业设有质量保证部门，承担这类工作的人员就叫QA。QA一般可分成现场QA、物料（供应商）QA、法规QA、文件QA、验证QA等岗位。其中现场QA应对整个生产过程进行动态监控，主要包括生产环境、工艺用水、生产工艺、原辅料、包装材料、中间产品、成品及生产人员等的控制。

二、质量控制

质量控制（QC）是指按照规定的方法和规程对原辅料、包装材料、中间品和成品进行取样、检验和复核，以保证这些物料和产品的成分、含量、纯度和其他性状符合已经确定的质量标准。

质量控制也是质量管理的一部分，强调的是质量要求，其核心目的在于获取反映产品质量的真实、正确的检验数据，为质量评估提供依据。中国GMP（2010年修订）对质量控制的基本要求如下。

【GMP（2010年修订）（节选）】

第十一条　质量控制包括相应的组织机构、文件系统以及取样、检验等，确保物料或产品在放行前完成必要的检验，确认其质量符合要求。

第十二条　质量控制的基本要求：

（一）应当配备适当的设施、设备、仪器和经过培训的人员，有效、可靠地完成所有质量控制的相关活动；

（二）应当有批准的操作规程，用于原辅料、包装材料、中间产品、待包装产品和成品的取样、检查、检验以及产品的稳定性考察，必要时进行环境监测，以确保符合本规范的要求；

（三）由经授权的人员按照规定的方法对原辅料、包装材料、中间产品、待包装产品和成品取样；

（四）检验方法应当经过验证或确认；

（五）取样、检查、检验应当有记录，偏差应当经过调查并记录；

（六）物料、中间产品、待包装产品和成品必须按照质量标准进行检查和检验，并有记录；

（七）物料和最终包装的成品应当有足够的留样，以备必要的检查或检验；除最终包装容器过大的成品外，成品的留样包装应当与最终包装相同。

按GMP要求，药品生产企业设有质量控制部门，承担这类工作的人员就叫QC，即通常我们所说的产品质量化验人员。质量控制涵盖了药品生产、放行、市场质量反馈的全过程，负责原辅料，包装材料，工艺用水，中间产品及成品的质量标准和分析方法的建立、取样和检验，以及产品的稳定性考察和市场不良反馈样品的复核工作等。根据其工作流程需要设置不同的QC岗位，一般可分成取样员、理化检验员、微生物检验员、留样员、仪器管理员、试剂管理员、QC主管等岗位。

三、质量保证与质量控制职责

在企业生产中，QA与QC人员的职责详见表2-2。

表2-2 QA与QC的职责

项目	QA	QC
职责	确保工作质量、过程满意	确保产品质量、结果满意
工作核心	纠正、预防差错，完善质量体系	发现、指明差错
工作对象	体系	产品
工作领域	内部、外部	内部
工作目标	提供满足质量的信任，相信产品做得满意	提供满足质量的信任，相信产品做得满意

·任务三· 质量风险管理

风险管理的理念已被有效地运用到经济和政府管理等众多领域和部门。而在医药工业中，质量风险管理正在成为一个有效的质量体系的重要组成部分。质量风险管理的概念最早出现在美国FDA2002年发布的《21世纪GMP》（Pharmaceutical CGMPs for 21st Century Initiative）中提出"一种基于风险管理的方法"，鼓励制药企业采用先进的制药技术，运用现代化的质量管理手段和风险管理的方法，保证产品的质量。中国GMP（2010年修订）也引入了质量风险管理的概念，增加了质量风险管理的要求，强调通过有效的质量风险管理对药品生产各个环节可能出现的风险进行管理和控制，主动防范质量事故的发生。

一、质量风险管理相关概念

1.风险 危害发生的概率和严重性的组合。

2.质量风险 指与产品质量相关的危害发生的概率和严重性的组合。

3.质量风险管理 中国GMP（2010年修订）对质量风险管理的定义如下。

【GMP（2010年修订）（节选）】

第十三条 质量风险管理是在整个产品生命周期中采用前瞻或回顾的方式，对质量风险进行评估、控制、沟通、审核的系统过程。

二、质量风险管理的目的

在质量体系中，质量风险管理是一种以科学为基础，并且切合实际的决策的过程。有效的质量风险管理能使所作的决策更全面、合理，同时能向管理部门证明企业的风险处理能力，有助于管理部门监督的深度和广度。质量风险也有助于各利益相关者更好地利用资源。质量风险管理的主要目的包括：认识风险及其对药品生产管理与质量控制的潜在影响；识别引发风险的主要因素、系统及企业的薄弱环节；正确选择消除和降低风险的应对措施；建立风险优先控制处理顺序；通过调查采取纠正和预防偏差的措施进行防范；满足监管要求。

三、质量风险管理的原则

中国GMP（2010年修订）提出了质量风险管理应遵循的主要原则如下。

【GMP（2010年修订）】

第十四条 应当根据科学知识及经验对质量风险进行评估，以保证产品质量。

第十五条 质量风险管理过程所采用的方法、措施、形式及形成的文件应当与存在风险的级别相适应。

四、质量风险管理流程

质量风险管理贯穿整个产品生命周期，广泛应用于药品生产质量管理的各项工作中。基本的需要风险评估内容包括但不限于以下：新增生产车间设施设备或关键计算机化系统时；发生产品共线或新增高活性等特殊产品时；生产设施、设备、工艺等发生变更时；发生重大偏差或产品质量事故时；发生其他严重质量问题时，例如产品召回、严重的用户投诉等。

质量风险管理流程可以概括为以下几个步骤：风险评估、风险控制、风险沟通、风险审核（图2-2）。

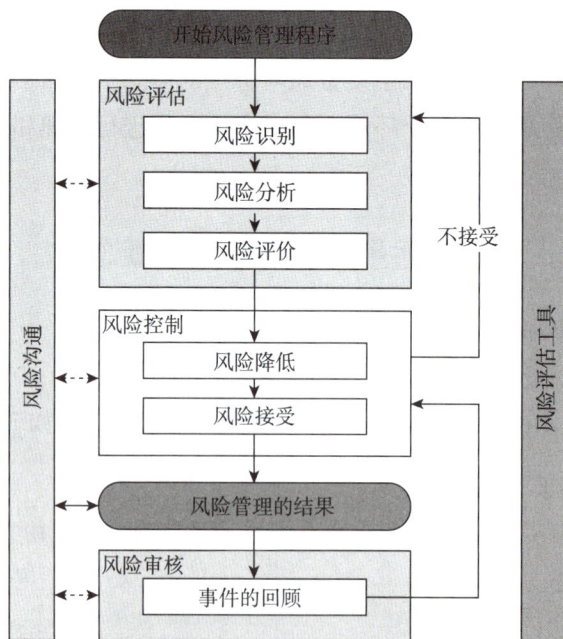

图2-2 质量风险管理流程

1.风险评估 风险评估是指在风险管理过程中，对支持风险决策的信息进行组织的过程。进行风险评估首先应明确以下问题：①什么可能出错；②出错的可能性有多大；③结果是什么（严重性）。

风险评估包括风险识别、风险分析、风险评价。

（1）风险识别 根据风险问题和问题描述，系统地利用相关信息确定风险的危害源。风险识别阐明了可能出错的问题以及可能的后果，为风险分析提供基础。信息可以包括：历史数据；理论分析；已知的见解；相关利益者的关注点。

（2）风险分析 对所确定的危害源有关的风险进行评估，针对不同的风险项目需选择应用不同的分析工具。

（3）风险评价 用定量或定性的方法确定风险发生的可能性和严重性。风险评价时应考虑问题证据的充分性。

风险评估过程应有记录，包括评估所存在的风险、希望风险降低的程度、采取的措施、措施实施的详细步骤以及未解决的问题。

2.风险控制 是根据风险评估的结果，风险管理人员确定控制、降低或消除风险的措施，降低风险至可接受水平。对风险控制采取的措施应与风险的严重性相适应，风险决策者可采用不同的方法，以判断风险控制的最佳水平：①风险是否在可接受水平以上；②怎样才能减低、控制或消除风险；③在利益、风险和资源间合适的平衡点是什么；④为鉴定风险结果而引进的新风险是否处于受控状态。

（1）风险降低 应关注当质量风险超过可接受水平时，减缓或避免质量风险的方法，包括减缓危害的严重性和可能性采取的措施。风险控制策略包括提高对危害和质量风险检测能力的过程。如为减低该风险而引入的另一风险，也应同时进行风险评估，以保证其是否能够接受或处于受控状态。

（2）风险接受 当认为已经采取了当前最佳的质量风险策略，质量风险已降低到可接受水平，应完成质量风险管理相关文件，并经过风险决策者审核方可生效。如果经评估后某一行为属于影响产品质量的不可接受的风险，则在采取有效措施将风险降低到可接受水平之前，该行为不得实施（对于已发生的，则应该立即停止）。

3.风险沟通 即风险通报，就是决策者与其他人员间交换或分享风险管理信息的过程。风险沟通是风险管理的一部分，企业需要在组织内部进行协商与沟通，全面了解整个质量风险管理的执行情况及年度风险审查的结果和改进计划等。

在质量风险管理任一过程中，风险决策者可以将风险管理情况通报公司相关部门，对于已发生的影响产品质量的不可接受的风险，还应该及时通报相关客户。风险决策者可以根据质量风险严重程度要求QA根据法规要求通报管理当局。

风险沟通可包括许多相关部门间的沟通，所含信息可涉及质量风险是否存在及其本质、法律责任、严重性、可能性、可接受性、处理方法、检测能力或其他内容。风险沟通可促进风险管理的有效实施，使管理各方均能掌握更全面的信息，从而可以及时调整或改进措施。

4.风险审核 也称风险回顾，是对质量风险管理的全过程进行监控，并定期进行回顾评审。

企业应当建立对事件回顾和监控的机制。风险评估批准后，风险评估实施部门按计划进行风险控制活动跟踪，评估风险控制活动实施措施的有效性，审核系统是否有超出风险控制状态的情形，是否需要通过技术改进或采取其他措施消除或降低风险。

五、风险管理工具

没有一个或一套工具适用于所有的质量风险管理过程。针对不同的风险管理项目应选择恰当的风险管理工具和方法。现简要介绍制药行业与药政机构公认的几种风险管理工具。

1.失败模式效果分析（failure mode effects analysis，FMEA） FMEA是确定某个产品或工艺的潜在失效模式，评定这些失效模式所带来的风险，根据影响的重要程度予以风险分级并制定和实施各种改进和补偿措施的设计方法。该模式系统的将复杂的工艺分解成易处理的步骤进行风险处理，是较为常用的工具。

该工具潜在使用领域：风险优先性排序（使用打分法）；风险控制活动的有效性监督；用于设备和厂房，也可被用于生产工艺分析以确定高风险步骤或关键参数。

实施步骤：成立评估小组；将大的复杂的工艺分解成易执行的步骤；识别已知和潜在的失效模式；通过集体讨论得出已有失效和潜在失效的列表（表2-3）。

表2-3　FMEA矩阵示例

工艺步骤	潜在失效	严重性	可能性	可检测性	风险指数	采取措施

风险排序的方法如下。

（1）先进行风险确认，确定现有的风险。

（2）然后进行风险分析，确定风险的S值（对产品质量影响的严重程度），O值（风险发生的概率），D值（风险检测的难易程度），然后进行风险评定以计算风险指数（RPN=S×O×D）。

（3）根据RPN进行风险排序，确定风险的高低。高风险项目优先处理，低风险项目后处理或者接受风险。

2.危害分析和关键控制点（hazard analysis and critical control points，HACCP） HACCP是一种系统化，积极主动和预防性的风险管理方法，用以确保产品的质量、可靠性和安全性。HACCP使用技术和科学的原理去分析、评估、预防和控制由于产品设计、开发、生产和使用所产生的风险或危害后果。

该工具潜在使用领域：用以识别并处理物理、化学和生物危害相关联的风险；当对工艺了解足够全面时，有助于支持关键控制点的识别；促进生产工艺中关键点的监控。

实施步骤：对过程的每一步实施危害分析；为每个步骤制定预防性措施；定义关键控制点（CCP）；建立目标水平关键限度；建立CCP监测体系；建立当监测显示关键控制点不在控制状态时应该采取的纠正措施；建立确认规程并证明HACCP体系行之有效；对所有规程步骤建立文件并保留记录（表2-4）。

表2-4　HACCP简化矩阵示例

危害	监测关键控制点系统	可能的纠正措施	保存记录

3.危险和可操作性分析（hazard and operability analysis，HAZOP） HAZOP基于假定风险事件是与设计或操作目的之间的偏差造成，以辨识危险因素的系统的头脑风暴技术。

该工具潜在使用领域：原料药和制剂产品生产工艺，如处方、设备和设施等；工艺安全性危险因素评估；生产过程中关键控制点的日常监控。

实施步骤：辨识设计缺陷、工艺过程危害及操作性问题；分析每个工艺单元或操作步骤，识别出那些具有潜在危险的偏差。

4.预先危害分析（preliminary hazard analysis，PHA） PHA是基于适用的以往的经验和风险或失效的知识，分析、识别未来的危险、危险状态和可能发生危害的事件，并估计它们在某一具体活动、厂房、产品或系统内发生的可能性。

该工具潜在使用领域：已存在的系统更适用；针对产品、工艺和设施设备设计；适用于普通产品、分类产品和特殊产品；开发早期，在设计细节或操作程序方面仅有少量信息时使用，常常是进一步研究的先驱。

实施步骤：确定风险事件发生的可能性；对健康可能导致的伤害或损伤的程度的定性评估；确定可能的补救措施。

5. 其他质量风险管理工具 一些简易的质量风险管理工具可以支持风险的识别，如：流程图、检查表、工序图、因果图（石川图/鱼骨图）、风险排序和筛选、统计学工具、头脑风暴法等。

一般情况下，简易的质量风险管理工具常常会和其它工具结合应用，来完成一项具体的质量风险管理流程，如部件关键性评估常常和FMEA联用执行设备/系统的功能/部件风险评估。

▶ 目标检测 ◀

重点小结　　参考答案

一、选择题

（一）单项选择题

1.（　　）系致力于提供质量要求会得到满足的信任，为确保药品符合其预定用途并达到规定的质量要求所采取的所有措施的总和。

A.质量改进　　　　　　B.质量控制　　　　　　C.质量保证　　　　　　D.质量目标

2.（　　）是在整个产品生命周期中采用前瞻或回顾的方式，对质量风险进行评估、控制、沟通、审核的系统过程。

A.质量管理　　　　　　B.质量方针　　　　　　C.质量策划　　　　　　D.质量风险管理

3.质量保证的缩写是（　　）。

A. QA　　　　　　　　B. QC　　　　　　　　C. ISO　　　　　　　　D. WTO

4.下列选项属于风险评估的是（　　）。

A.风险控制　　　　　　B.风险识别　　　　　　C.风险沟通　　　　　　D.风险审核

5.GMP与ISO的区别在于（　　）。

A. GMP仅适用于药品生产　　　　　　　　　　B. ISO不适用于药品生产

C. ISO有法律强制性　　　　　　　　　　　　D. GMP有法律强制性

6.企业高层管理人员应当确保实现既定的（　　），不同层次的人员以及供应商、经销商应当共同参与并承担各自的责任。

A.质量方针　　　　　　B.质量目标　　　　　　C.管理职责　　　　　　D.战略目标

7.（　　）思想的提出，为质量管理的系统化、科学化提供了指南和依据，对现代质量管理的发展起着深远的影响。

A.国际标准　　　　　　B.全面质量管理　　　　C.统计质量管理　　　　D.质量检验管理

8.（　　）是采取一定的措施避免和改变风险事件发生的可能性和后果的过程。

A.风险控制　　　　　　　B.风险评价　　　　　　　C.风险识别　　　　　　　D.风险沟通

9.企业必须建立质量保证系统，同时建立完整的（　　），以保证系统有效运行。

  A.组织机构　　　　　　　B.文件体系　　　　　　　C.质量控制系统　　　　　D.质量管理体系

10.质量保证系统应当确保：生产管理和（　　）活动符合本规范的要求。

  A.质量管理　　　　　　　B.质量改进　　　　　　　C.质量控制　　　　　　　D.质量保证

11.质量控制的缩写是（　　）。

  A. QA　　　　　　　　　B. QC　　　　　　　　　C .ISO　　　　　　　　　D. WTO

12.不是制药企业质量管理的发展阶段（　　）。

  A.质量检验阶段

  B.生产过程的质量控制阶段

  C.建立并有效实施质量管理体系的阶段

  D.传统质量管理阶段

13.应当根据（　　）对质量风险进行评估，以保证产品质量。

  A.科学知识和经验　　　　B.确认与验证　　　　　　C.产品检验结果　　　　　D.产品生产工艺

14.质量风险管理过程所采用的方法、措施、形式及形成的文件应当与（　　）相适应。

  A.产品质量　　　　　　　　　　　　　　　　　　　B.产品工艺

  C.洁净级别　　　　　　　　　　　　　　　　　　　D.存在风险的级别

15.（　　）系指建立质量方针和质量目标，并为达到质量目标所进行的有组织、有计划的活动。

  A.质量体系　　　　　　　B.风险管理体系　　　　　C.质量管理体系　　　　　D.质量评价体系

（二）多项选择题

16.企业应当配备足够的、符合要求的（　　），为实现质量目标提供必要的条件。

  A.人员　　　　　　　　　B.厂房　　　　　　　　　C.设施和设备　　　　　　D.管理文件

17.风险管理流程包括（　　）。

  A.风险评估　　　　　　　B.风险控制　　　　　　　C.风险沟通　　　　　　　D.风险审核

18.以下哪几项是药品生产质量管理的基本要求？（　　）

  A.制定生产工艺，系统地回顾并证明其可持续稳定地生产出符合要求的产品

  B.生产工艺及其重大变更均经过验证

  C.操作人员经过培训，能够按照操作规程正确操作

  D.生产全过程应当有记录，偏差均经过调查并记录

19.风险高低跟（　　）有关。

  A.风险对产品质量影响的严重程度　　　　　　　　　B.风险发生的概率

  C.风险发生的原因　　　　　　　　　　　　　　　　D.风险检测的难易程度

20.常用的风险管理工具有（　　）。

  A. FMEA　　　　　　　　B. PHA　　　　　　　　　C. HACCP　　　　　　　D.HAZOP

二、简答题

1.简述全面质量管理的思想。

2.简述质量风险管理流程。

项目三 机构与人员

PPT

> **项目导入**

　　药品生产和质量管理的组织机构对于保证药品生产全过程受控起着至关重要的作用。因此建立一个高效、合理的组织机构是我们实施GMP的前提。人员是影响药品质量诸多因素中最直接、最活跃的因素，人员对GMP的认识程度、理解程度以及态度都对GMP的贯彻实施起着直接的影响。因此我们要通过合理的组织机构把人这个因素管理起来，让每一个员工都能清楚的认识到GMP是药品质量保证的最低标准，并能够明确理解自己的职责、熟悉与其职责相关的要求。

> **学习目标**

知识目标

1. 掌握关键人员、质量受权人资质及职责，直接接触药品的人员健康要求、人员管理的内容，培训管理的内容，卫生、污染、人员卫生的概念。
2. 熟悉人员进入洁净区的更衣顺序，生产负责人与质量负责人的资质及职责。
3. 了解药品生产企业的机构组成和部门职责。

技能目标

1. 能够根据规定及岗位要求，制定员工培训计划及方案。
2. 能够严格执行标准操作规程，进出洁净区时正确更衣。

思政目标

1. 培养学生诚实守信，真实客观的从业精神。
2. 明确药品生产企业各机构职责，规划自己的职业生涯。

·任务一· 机构设置

　　建立企业组织机构是实施 GMP 的基础，所以药品生产企业完善的组织机构，是药品生产质量管理活动的载体，药品生产企业建立组织机构应严密，对决策层、管理层和执行层的人员素质都应有明确要求。

一、机构设置的基本原则

一个健全的组织机构可以高效组织和发挥全企业职工的潜能；可以相互协调、相互促进以及建立必要的监督制度，最大限度地调动全企业各部门，最终确保企业能顺利实施GMP。机构设置的基本原则如下。

1.因事设人原则　这里所说的"事"就是 GMP 对药品生产质量管理的基本要求及在此原则要求下企业根据自己的产品的特殊要求应采用的技术和管理手段。"人"系指人员和组织。如果在药品生产与质量管理活动中，人员配备不完整或员工承担过多的职责，工作现场就会没有秩序，就会发生差错或混乱；相反，如果人员配备过多，也会发生同样的混乱。因此，根据药品生产与质量管理的实际需要，进行人员配置非常重要，这个原则是保证工作现场有序的关键。

2.系统整体原则　这个原则要求药品生产企业的GMP组织应系统严密，结构完整，要素齐全。药品生产企业的组织系统应由决策层、职能管理层、执行层及监督层构成，在工作中要求集权、协调和高效。同时，要求各个组成体系保持完整，比如，有独立完备的生产管理部门、物流管理部门、工程维护部门和质量管理部门等，确保质量管理工作得到充分的组织保证和人员保障。

3.权责对应原则　理论研究和实践经验都证明，权责不对应将对管理组织的效能造成极大损害，使组织难以正常高效地运转。发达国家的GMP就再三强调，各部门要职责明确，权责对应，并要求用书面规程将各部门及其负责人的具体职责和权利都明确规定下来，并照章严格执行。我们可以学习国外的这种人事授权制，先建立系统的组织机构，再加以明确的工作职务规范，规范各部门人员的具体职责和权力，确保各个组织和机构有能力完成各自的工作。

4. 统一指挥原则　在生产质量管理活动中，确保工作指令统一，使工作现场井然有序，不发生混乱。统一指挥原则是建立在明确的权力系统上的，根据发达国家药品GMP实施的实践，采用一长负责制，是达成工作指令统一的好方法。各组织和机构职能只设一个负责人，便于责任明确，统一指挥。这样既可避免工作指令不明确，又可避免责任区分不清晰，可以从根本上提高管理效率。

5.有效管理幅度原则　一个人能力无论多强，也只能有效地直接管理有限的人或事，否则工作就会发生混乱或者造成效率低下。管理幅度就是指一名上级主管人员直接管理的下级人数，或者一个工作人员直接负责的事务。在保证岗位职责不得遗漏、交叉，职责应当有明确规定的基础上，每个人所承担的职责不应当过多。这个原则对于GMP组织能否高效无误地实施GMP起着非常重要的作用。药品生产企业应根据具体的部门、工艺流程、岗位等选择合理的管理幅度。

【GMP（2010年修订）】第三章　机构与人员

第十六条　企业应当建立与药品生产相适应的管理机构，并有组织机构图。

企业应当设立独立的质量管理部门，履行质量保证和质量控制的职责。质量管理部门可以分别设立质量保证部门和质量控制部门。

第十七条　质量管理部门应当参与所有与质量有关的活动，负责审核所有与本规范有关的文件。质量管理部门人员不得将职责委托给其他部门的人员。

第十八条　企业应当配备足够数量并具有适当资质（含学历、培训和实践经验）的管理和操作人员，应当明确规定每个部门和每个岗位的职责。岗位职责不得遗漏，交叉的职责应当有明确规定。每个人所承担的职责不应当过多。

所有人员应当明确并理解自己的职责，熟悉与其职责相关的要求，并接受必要的培训，包括上岗前培训和继续培训。

第十九条 职责通常不得委托给他人。确需委托的，其职责可委托给具有相当资质的指定人员。

二、机构设置及机构职责

建立结构合理的组织机构并具有清晰的组织结构图，是药品生产企业实施GMP确保药品质量的基础，也是药品生产质量管理活动的载体。药品生产企业的组织机构因企业管理方式、产品类型等不同而各具特色。企业内部是以书面管理标准来规定各部门的职责。

我国某药品生产企业的组织机构设置如图3-1所示。

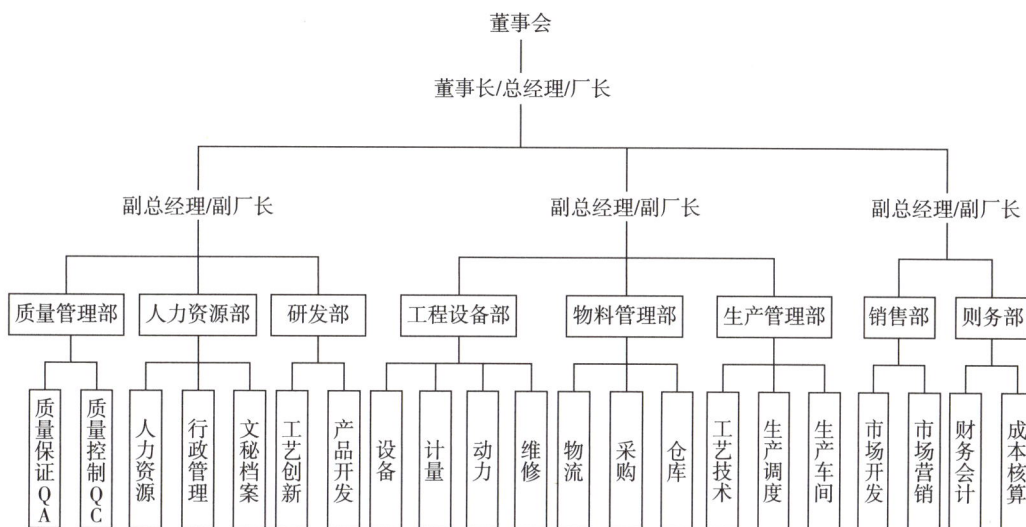

图3-1 某药品生产企业组织机构图

1.生产管理部 生产管理部主要负责药品的生产，是药品生产企业的第一线部门，更是药品合格的基础保障部门。某药品生产企业生产管理部门组织结构如图3-2所示。

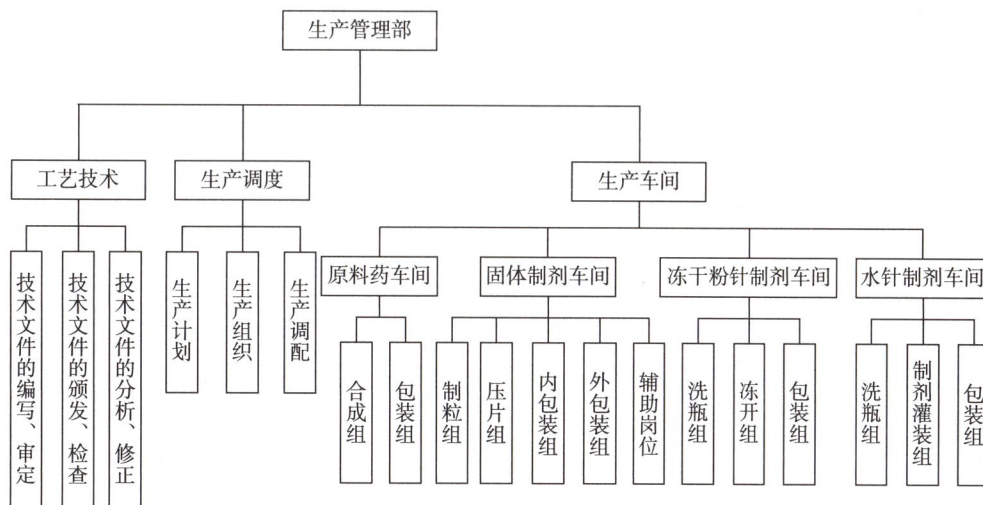

图3-2 某药品生产企业生产管理部门组织结构图

（1）工艺技术部门 主要协助和督促各生产车间切实执行GMP，负责按 GMP 要求进行生产过程中一系列技术管理工作，如技术文件（规程、岗位技术安全操作法等）的组织编写、审定，工艺控制点、原始记录的检查，开展技术分析等。

（2）生产调度部门　主要负责按计划均衡组织生产，做好原辅材料、动力供应的限额领用和平衡调度工作。并按 GMP 要求坚持做到不合格原辅料未经技术部门批准不安排投料，不合格成品不予统计交仓库。

（3）各生产车间　在实际生产操作中负责实施 GMP 中有关生产技术管理、设备管理、原辅料领用管理、质量管理、工艺卫生管理等规定，严格按照各项规程标准操作、文明生产。

2.质量管理部　质量管理部门是为了实施质量管理的组织机构，负责根据公司质量方针与目标，组织、建立、运行公司质量管理体系。质量管理部门的管理职责是在质量保证和质量控制内容基础上的扩展。质量管理部门应至少包括质量保证部门和质量控制部门。某药品生产企业质量管理部门组织结构如图3-3所示。

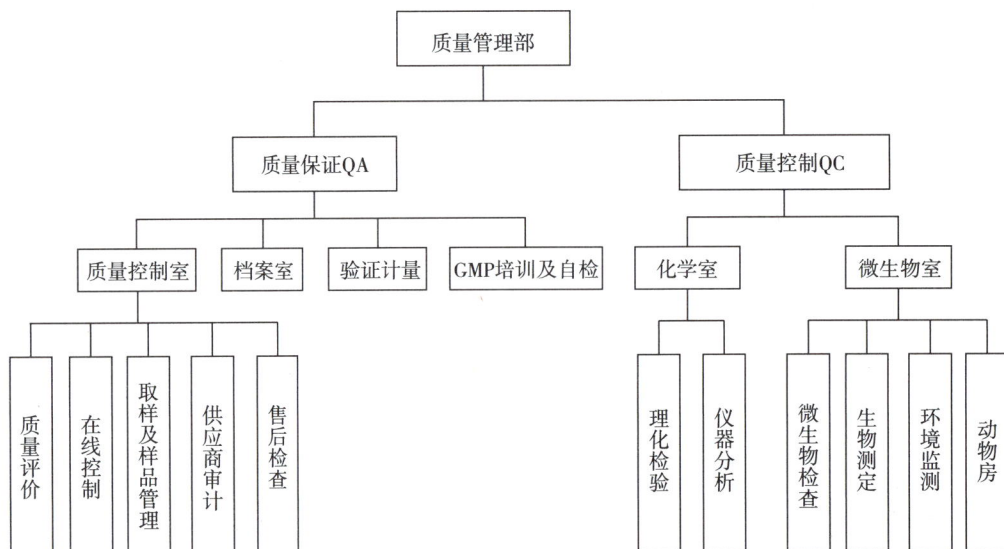

图3-3　某药品生产企业质量管理部门组织结构图

（1）质量保证部门　GMP 明确了质量保证是质量管理体系的一部分。实际上就是要求建立由机构与人员、硬件和软件等各个资源组成的质量体系。负责制定、审核和批准药品生产与质量管理的所有文件，并进行培训，监督实施；负责对物料供应企业的质量审计，并负责物料进入企业、进入生产、产品出厂等进行放行；负责对所有与药品质量有关的活动进行必要的监督等。

（2）质量控制部门　GMP 规定的质量控制应包括相应的组织机构、文件系统以及取样、检验等，确保物料或产品在放行前完成必要的检验，确认其质量符合要求。

3.工程设备部　对企业所有的硬件装备，包括厂房设施、设备仪器、计量器具等进行维护，实施三级保养，确保这些装备在生产等活动中处于被维护的良好运行状态。负责编制设备操作规程、设备确认和系统验证方案，并组织实施。负责企业的公用工程，"水、电、汽、气"的供应和管理工作。按GMP要求进行计量管理，做好计量器具的校准、检定和维护等工作。

4.物料管理部　物料管理部主要负责物料（产品）的采购、运输和仓储。

（1）采购部门　按照GMP的要求和质量管理部门的审计结果和要求，采购符合规定标准的有关生产与质量活动所需要的物料等。

（2）运输部门　按照GMP的要求，根据所运输物料（产品）的特性，对运输条件进行控制，确保物料（产品）的在途运输质量。

（3）仓储部门　按照GMP的要求，根据物料（产品）的特性，对仓储条件进行控制和区域划分，进行物料（产品）验收、入库、养护、发货、售后等管理工作，确保物料（产品）的仓储质量。

5.销售部　负责客商及其产品销售管理。负责开拓新市场，搞好市场调查和预测，为新产品开发提供决策依据。参与用户访问工作，了解考察本企业产品质量情况和包装质量情况，并提出改进包装质量措施，不断提高产品质量。负责产品退货并参与药品的召回、产品质量投诉的处理。

合理完备的组织机构，是药品生产企业实施GMP的关键所在，也是保证药品质量的基础。一个健全的组织机构可以高效组织和发挥全企业职工的潜能；促使各部门可以相互协调、通力合作、相互促进、互相监督形成良好的生产氛围，最终使整个企业的运行获得最好的生产及经营效益。

·任务二· 人员管理

在生产要素中，人的因素是第一位的。一切工作离不开人，人员素质高低对实施GMP将起决定性的作用。因此，药品生产企业应配备足够数量并具有适当资质（含学历、培训和实践经验）的人员从事管理和各项操作，所有人员应明确并理解自己的职责。GMP对关键人员的具体要求如下。

【GMP（2010年修订）】

第二十条　关键人员应当为企业的全职人员，至少应当包括企业负责人、生产管理负责人、质量管理负责人和质量受权人。

质量管理负责人和生产管理负责人不得互相兼任。质量管理负责人和质量受权人可以兼任。应当制定操作规程确保质量受权人独立履行职责，不受企业负责人和其他人员的干扰。

第二十一条　企业负责人

企业负责人是药品质量的主要责任人，全面负责企业日常管理。为确保企业实现质量目标并按照本规范要求生产药品，企业负责人应当负责提供必要的资源，合理计划、组织和协调，保证质量管理部门独立履行其职责。

第二十二条　生产管理负责人

（一）资质：

生产管理负责人应当至少具有药学或相关专业本科学历（或中级专业技术职称或执业药师资格），具有至少三年从事药品生产和质量管理的实践经验，其中至少有一年的药品生产管理经验，接受过与所生产产品相关的专业知识培训。

（二）主要职责：

1.确保药品按照批准的工艺规程生产、贮存，以保证药品质量；

2.确保严格执行与生产操作相关的各种操作规程；

3.确保批生产记录和批包装记录经过指定人员审核并送交质量管理部门；

4.确保厂房和设备的维护保养，以保持其良好的运行状态；

5.确保完成各种必要的验证工作；

6.确保生产相关人员经过必要的上岗前培训和继续培训，并根据实际需要调整培训内容。

第二十三条　质量管理负责人

（一）资质：

质量管理负责人应当至少具有药学或相关专业本科学历（或中级专业技术职称或执业药师资格），具有至少五年从事药品生产和质量管理的实践经验，其中至少一年的药品质量管理经验，接受过与所生产产品相关的专业知识培训。

（二）主要职责：

1.确保原辅料、包装材料、中间产品、待包装产品和成品符合经注册批准的要求和质量标准；

2.确保在产品放行前完成对批记录的审核；

3.确保完成所有必要的检验；

4.批准质量标准、取样方法、检验方法和其他质量管理的操作规程；

5.审核和批准所有与质量有关的变更；

6.确保所有重大偏差和检验结果超标已经过调查并得到及时处理；

7.批准并监督委托检验；

8.监督厂房和设备的维护，以保持其良好的运行状态；

9.确保完成各种必要的确认或验证工作，审核和批准确认或验证方案和报告；

10.确保完成自检；

11.评估和批准物料供应商；

12.确保所有与产品质量有关的投诉已经过调查，并得到及时、正确的处理；

13.确保完成产品的持续稳定性考察计划，提供稳定性考察的数据；

14.确保完成产品质量回顾分析；

15.确保质量控制和质量保证人员都已经过必要的上岗前培训和继续培训，并根据实际需要调整培训内容。

第二十四条　生产管理负责人和质量管理负责人通常有下列共同的职责：

（一）审核和批准产品的工艺规程、操作规程等文件；

（二）监督厂区卫生状况；

（三）确保关键设备经过确认；

（四）确保完成生产工艺验证；

（五）确保企业所有相关人员都已经过必要的上岗前培训和继续培训，并根据实际需要调整培训内容；

（六）批准并监督委托生产；

（七）确定和监控物料和产品的贮存条件；

（八）保存记录；

（九）监督本规范执行状况；

（十）监控影响产品质量的因素。

第二十五条　质量受权人

（一）资质：

质量受权人应当至少具有药学或相关专业本科学历（或中级专业技术职称或执业药师资格），具有至少五年从事药品生产和质量管理的实践经验，从事过药品生产过程控制和质量检验工作。

质量受权人应当具有必要的专业理论知识，并经过与产品放行有关的培训，方能独立履行其职责。

（二）主要职责：

1.参与企业质量体系建立、内部自检、外部质量审计、验证以及药品不良反应报告、产品召回等质量管理活动；

2.承担产品放行的职责，确保每批已放行产品的生产、检验均符合相关法规、药品注册要求和质量标准；

3.在产品放行前，质量受权人必须按照上述第2项的要求出具产品放行审核记录，并纳入批记录。

一、人员资质管理

企业中的人员可以分为高层管理人员、中层管理人员、基层管理人员和普通员工。各级人员都必须符合GMP的要求，对一些必须持有资格证书上岗要求专业技术人员，企业应对资格证书进行审查。关键人员是药品生产的重要管理角色，在 GMP 中对他们的专业、学历、资质、专业知识和解决生产、质量工作中实际问题的能力都有要求。

1.人员岗位设置　药品生产企业要制定明确的聘用标准、考核方法等，并在聘用时对人员进行全面的考核。GMP中对关键人员的岗位设置有明确要求：关键人员应当为企业的全职人员，至少应当包括企业负责人、生产管理负责人、质量管理负责人和质量受权人。质量管理负责人和生产管理负责人不得互相兼任。质量管理负责人和质量受权人可以兼任。

2.学历或职称　由于药品的特殊性以及药品生产质量的严格性，基层员工和操作工要求有一定的相关知识经验、学历在中专或高中以上；物流和仓储人员必须要有物流相关专业学历以及药品储存、运输的相关知识基础；工程设备人员必须有机械控制相关学历；特殊工种要有相应的上岗证，如电工、锅炉工、叉车工等；药品生产与质量管理人员要有药学相关专业学历。中药制剂生产企业主管药品生产和质量管理的企业负责人，除药学专业者外，其他相关专业者还须经中药专业知识的培训和学习，如：药用植物学、中药鉴定学、中草药植物化学、中药制剂学、中药炮制学等。

3.职责委托　药品生产企业中每个岗位的职责都应该形成详细的书面材料，并写明相应的职权以及职责委托的相关要求。其中质量管理部门的职责不可委托给其他部门人员，只可委托给本部门具有相同资质的人员，并报相关部门负责人审批。每个人的职责不宜过多，以免造成质量风险；每个岗位职责不得空缺；岗位职责不应重叠，确需重叠的情况应有明确的书面解释。

二、人员职责管理

按照组织机构和企业的实际情况来确定各级部门和人员的职责。这里的各级部门是指企业所有的部门，人员是指从企业负责人至普通操作工的全体人员。由人力资源部和企业负责人按 GMP 要求确定部门职责初稿，再由确定下的部门负责人修改补充。部门负责人根据部门职责申报所需岗位及人数，由企业负责人批准后，编写岗位及人员的职责。在编写职责时应写明工作范畴、权利和义务。GMP中对关键人员的岗位职责有明确要求。

·任务三· 人员培训

相对于传统生产管理过程，GMP操作过程中工作环节增加，工作量增大，工作中的细节问题增多，给操作人员带来的许多压力，如果不能非常熟练的操作，就不能满足GMP要求。因此，不断提高企业全体人员的综合素质是实施GMP管理的根本保障。

GMP（2010年修订）对人员培训有如下要求。

【GMP（2010年修订）】

第二十六条　企业应当指定部门或专人负责培训管理工作，应当有经生产管理负责人或质量管理负责人审核或批准的培训方案或计划，培训记录应当予以保存。

第二十七条　与药品生产、质量有关的所有人员都应当经过培训，培训的内容应当与岗位的要求相适应。除进行本规范理论和实践的培训外，还应当有相关法规、相应岗位的职责、技能的培训，并定期评估培训的实际效果。

第二十八条　高风险操作区（如：高活性、高毒性、传染性、高致敏性物料的生产区）的工作人员应当接受专门的培训。

一、培训原则

培训是实施药品 GMP 的重要环节，培训内容复杂，培训工作量大。而企业培训工作要讲效率和效果，就一定要采取一定的方法，遵循一定的理论进行有效培训。

1. 规范化、制度化原则　企业应根据实际情况成立一个长期机构，负责开展人员培训工作，制定相应制度对培训工作进行管理。从培训计划的制定到培训计划的实施再到培训结果的评价都要严格按照规章制度规范进行，并建立人员培训方案。

2. 循序渐进原则　药品生产企业进行人员培训的目的就是让企业每一个员工都能按照GMP的要求进行规范化操作。要想实现这一目标，仅凭短时间一次性的培训是不可能实现的，首先应该让员工在思想上形成GMP的意识，然后再培训其岗位的规范化操作。既要让其知道该怎么做，还要让其明白为什么要这么做，达到操作过程中对出现的问题能灵活处理。

3. 理论联系实际原则　培训的目的就是学以致用，理论与实践紧密结合。GMP培训和专业技术培训是药品生产企业质量保证的需要，具有实践性。企业发展需要什么、员工缺什么，企业就要培训什么。基层员工的培训要从实际操作练习开始，通过实际操作发现问题，针对问题讲授方法和理论依据。

4. 多层次分级培训原则　不同岗位应该掌握的知识和技能不一样，比如参与药品直接生产的一线员工重点要掌握生产设备的操作、清洁技能，而供职于质量控制部门的员工则倾向于掌握分析仪器的使用和分析方法的开发。这就要求企业把培训对象进行分层次，根据各层次工作需要及发展目标，确定对人员培训的目标。

某药品生产企业人员培训体系如图3-4所示。

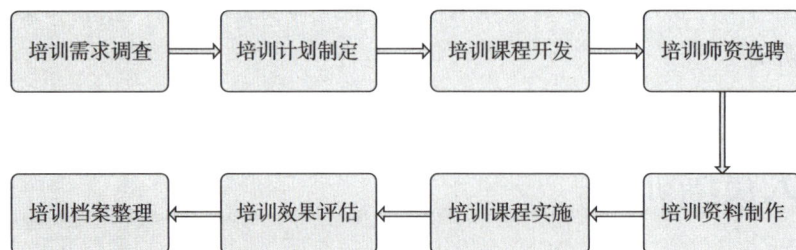

图3-4　某药品生产企业人员培训体系

二、培训计划

药品生产企业应当指定部门或专人负责培训管理工作。每年度应有员工培训年度计划，其内容包括培训日期、培训内容、培训对象、参加人数、授课人、课时安排、考核形式以及负责部门等。培训计划必须由生产管理负责人或质量管理负责人审核或批准，然后颁发至有关部门实施。培训管理部门要对培训的实施进行监督检查并及时将培训结果整理归档。除此之外各部门也应该制定部门培训计划，培训周期可以按月进行。

三、培训形式

根据培训组织机构不同，GMP培训形式一般分为外部培训和内部培训。外部培训以食品药品监督管理局直属机构举办的培训班为主，而民间机构举办的培训班参加相对较少，外部培训的参加人员以企业关键人员、质量管理部门人员为主。内部培训是药品生产企业比较常见的培训形式，按照培训的目的可以将内部培训分为新员工培训、岗位培训和继续培训。

1.新员工培训 对新员工综合介绍企业及产品、企业的质量方针和要求、以及如何通过严格执行有关的标准操作程序来达到质量要求。使其了解药品的特殊性和产品质量的重要性，组织参观生产操作现场，了解企业的规章制度。

2.岗位培训 岗位培训不仅使员工对所在岗位专业知识、技能应知应会，更重要的是促使其能够按照质量管理要求和SOP正确做好本岗位工作，达到标准化、规范化。

3.继续培训 继续培训可以采取会议形式进行，有关人员向大家介绍新的药政法规、有关的国家政策法规、新的标准操作程序、重复巩固原程序培训、操作失误的补培训、检查质量管理要求及标准操作程序，不断更新质量管理和岗位操作的技能。

四、培训内容

培训内容以GMP为主，同时对质量法规、质量管理基本知识、专业基础知识、岗位技能、岗位操作、岗位责任、卫生规范等相关内容进行培训教育。根据不同对象，培训教育的侧重点应有所不同。

对从事洁净区、无菌生产区、高生物活性、高毒性、强污染性、高致敏性及有特殊要求的生产操作和管理人员应给予特殊的培训教育；从事生物制品制造的全体人员（包括清洁人员、维修人员）应根据其生产的制品和所从事的生产操作进行专业（卫生学、微生物学等）和安全防护培训；从事放射性药品生产操作人员及检验人员应经专业技术及辐射防护知识培训；从事原料药生产的人员应接受原料药生产操作的有关知识培训。某药品生产企业的具体培训内容见表3-1。

表3-1 某药品生产企业各类人员培训内容

培训对象	培训内容
企业负责人、部门负责人	1.GMP的基本概念，GMP的发展趋势等 2. 与管理有关的知识技能，如决策、沟通、时间管理等 3. 与组织运营有关的知识，如财务、营销、生产等 4. 与组织领导有关的技能，如质量决策、对人员的评价、激励、责任的分配及组织计划、控制决策、领导等方面的能力，授权等 5. 新知识、新进展、新技能、最新信息

续表

培训对象	培训内容
基层管理人员	1. GMP的基本概念，与本职工作有关的 GMP 基本知识 2. 与本职工作相关的组织运作知识和技能，如风险管理、变更控制、纠偏与预防措施、编写各种书面规程、控制药品质量等 3. 培训、指导和监督所管辖员工的工作能力 4. 基本的工作技能
操作人员	1. GMP的基本概念，与本岗位工作有关的 GMP 基本知识 2. 与岗位工作有关的专业技能 3. 本岗位工作职责 4. 本岗位操作规程及其他岗位文件
新进企业员工	1. 企业及产品综合培训 2. GMP的基本概念，药品生产质量管理规范，药品管理法等 3. 企业管理标准，岗位专业技能，职业道德 4. 安全生产知识、消防安全知识、环保知识、注意事项、个人卫生、应急预案等 5. 部门基本情况、规章制度等

五、培训考核与归档

1. 培训考核　员工接受培训后一定要进行培训考核 考核形式可以采取笔试、提问方式、现场实际操作考核，也可以采用讨论方式看学员是否理解。对于新招聘的人员应在考核合格后方可上岗。对于在岗人员培训考核不合格的采取转岗等方式处理。专业技术人员及专业技术工人的培训与考核记录作为其晋升和评定专业技术职称以及专业资格所要求的一个继续教育的依据。

2. 培训归档　培训结束后需将相关资料归档后由培训管理部门保存。公司应为每一名员工建立个人培训档案，每次培训后，负责培训的人员应及时整理员工的培训资料，并归入个人培训档案，并由培训管理部门保存。员工个人培训档案内容可以包括姓名、性别、出生年月、学历、职称、岗位或职务、每次培训的日期、名称、内容、课时、培训形式、考核情况及结果、培训部门等。

培训档案一般可分为四大类。

（1）人员培训档案（汇总表和档案袋）。

（2）公司级年度培训档案（有签名表、评估表、教材）。

（3）部门级年度培训档案（有签名表、评估表、教材）。

（4）年度培训需求调查计划和总结。为方便查阅追踪，档案按时间排序（个人档案袋除外）。

·任务四·人员卫生

在药品生产过程中，人是生产操作的实施者，同时人也是风险源。根据药品生产过程中的风险因素的来源，可以分为外源性和内源性，厂房公用设施、药品生产工艺规程、包装材料和原辅料的质量、制药生产设备、生产操作的SOP等，都属于内源性的风险因素，人属于内源性的风险因素。

GMP（2010年修订）对人员卫生有如下要求。

【GMP（2010年修订）】

第二十九条　所有人员都应当接受卫生要求的培训，企业应当建立人员卫生操作规程，最大限度地降低人员对药品生产造成污染的风险。

第三十条　人员卫生操作规程应当包括与健康、卫生习惯及人员着装相关的内容。生产区和质量控制区的人员应当正确理解相关的人员卫生操作规程。企业应当采取措施确保人员卫生操作规程的执行。

第三十一条　企业应当对人员健康进行管理，并建立健康档案。直接接触药品的生产人员上岗前应当接受健康检查，以后每年至少进行一次健康检查。

第三十二条　企业应当采取适当措施，避免体表有伤口、患有传染病或其他可能污染药品疾病的人员从事直接接触药品的生产。

第三十三条　参观人员和未经培训的人员不得进入生产区和质量控制区，特殊情况确需进入的，应当事先对个人卫生、更衣等事项进行指导。

第三十四条　任何进入生产区的人员均应当按照规定更衣。工作服的选材、式样及穿戴方式应当与所从事的工作和空气洁净度级别要求相适应。

第三十五条　进入洁净生产区的人员不得化妆和佩带饰物。

第三十六条　生产区、仓储区应当禁止吸烟和饮食，禁止存放食品、饮料、香烟和个人用药品等非生产用物品。

第三十七条　操作人员应当避免裸手直接接触药品、与药品直接接触的包装材料和设备表面。

一、健康档案

企业应对人员健康进行管理，并建立健康档案。企业应采取适当措施，避免体表有伤口、患有传染病或其他可能污染药品疾病的人员从事直接接触药品的生产。因病离岗的工作人员在疾病痊愈、身体恢复健康以后要持有医生开具的健康合格证明方可重新上岗。直接接触药品的生产人员上岗前应接受健康检查，以后每年至少进行一次健康检查。有精神疾病的患者不能上岗工作，在工作岗位安排时，对色盲、色弱、残疾人员以及对产品过敏人员要进行合理安排，根据其身体状况合理安排工作岗位，避免安排到无法胜任的工作岗位。对溶剂或某些药品过敏的人员，不能安排到工作时与过敏原有接触的工作岗位。

二、个人基本卫生管理

从业人员应随时注意个人清洁卫生，勤洗头、勤洗澡、勤理发、剃须、勤剪指甲、勤换衣。操作人员应随时注意保持手的清洁，不得裸手直接接触药品及与药品直接接触的包装材料和设备表面，不可避免时，手部应及时消毒；生产区、仓储区应禁止吸烟和饮食，禁止存放食品、饮料、香烟和个人用药品等非生产用物品。

三、人员进入生产区卫生管理

GMP（2010年修订）对洁净室（区）的净化级别要求分为A、B、C、D四级标准。

A级：高风险操作区，如灌装区、放置胶塞桶和与无菌制剂直接接触的敞口包装容器的区域及无菌装配或连接操作的区域，应用单向流操作台（罩）维持该区的环境状态。单向流系统在其工作区域必须均匀送风，风速为0.36~0.54m/s（指导值）。应有数据证明单向流的状态并经过验证。在密闭的隔离操作器或手套箱内，可使用较低的风速。

B级：指无菌配制和灌装等高风险操作 A 级洁净区所处的背景区域。

C级和D级:指无菌药品生产过程中重要程度较低操作步骤的洁净区。

为使洁净室（区）的洁净度能满足GMP（2010年修订）的要求，企业应制订人员进入洁净生产区的管理规程，严格按照控制区更衣程序进出生产区。

1.一般生产区人员更衣程序

（1）进入更衣室换上一般生产区工作服、鞋、帽（工作帽必须罩住所有头发）后方可进入。

（2）进入车间一般生产区后，如要进入洁净区，则按洁净区人员进出SOP执行。

（3）如出车间，则应先在更衣室换去工作服、鞋帽后再出车间。不得穿工作服进入卫生间。

（4）人员进出必须随手关门。

2. C/D级生产区的更衣程序

（1）进入生产区大厅，将个人携带物品（雨具等）存放于指定位置。

（2）在更鞋区脱下自己鞋放入鞋柜中，更换拖鞋，进入一更室，换工作服、帽子，摘除各种饰物（如手表、手链等）。

（3）进入盥洗室，用流动的纯化水、药皂洗手和面部。

（4）进入二更室，更换工作鞋，脱去工作服，按各人编号从标示"已灭菌"或"已清洗"的容器中领取自己的洁净服，按从上到下的顺序更换洁净服，戴洁净帽、口罩，将衣袖口扎紧，扣好钮扣、领口。戴工作帽时必须将头发完全包在帽内，不外露。换好洁净服后从二更室进入缓冲间（气闸室），手部用75%乙醇溶液或其他消毒液喷洒擦洗消毒。

（5）通过走道进入C级洁净区各工作间。

（6）工作结束更衣：按工作前更衣的程序逆向顺序洗手，在二更室换下工作服，将工作服（包括衣服、裤子、帽子）装入原衣袋中，统一收集，贴挂"待清洗"标识，更换工作鞋，离开二更室，返回一更室。在一更室换下拖鞋在指定鞋柜内，离开洁净区。

某药品生产企业人员进入C级洁净区更衣程序如图3-5所示。

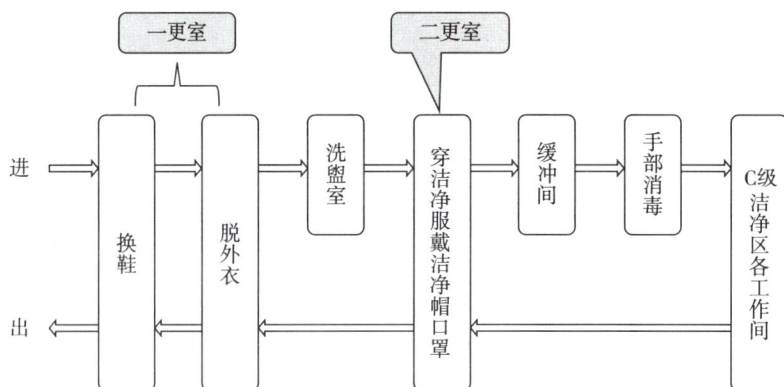

图3-5　某药品生产企业人员进入C级洁净区更衣程序

3. A/B级生产区的更衣程序

（1）人员进入生产区域大厅，将个人携带物品（雨具等）存放于指定位置，然后在更鞋室脱下自己鞋放入鞋柜中，更换拖鞋，进入一更室。

（2）人员在一更室脱去外衣裤放入柜内，换上白大衣，摘除各种饰物（如手表、手链等），进入盥洗室。

（3）用流动的纯化水对手部、面部进行清洗，用药皂反复搓洗至手腕上5cm处。应注意对指缝、手背、掌纹等处加强搓洗。从盥洗室进入缓冲间，更换拖鞋，手部用消毒剂喷洒式消毒。用75%乙醇溶液喷洒双手进行手部消毒，全部浸湿2~3分钟。

（4）二更室更衣程序：从"已灭菌"标志的A袋，按各人编号取出装有无菌衣的洁净袋，检查里外标志是否一致，附件是否齐全、确认无误后换上内衣裤。

（5）通过缓冲间，手部喷洒消毒，进入三更室。

（6）三更室更衣程序：更换三更工作鞋，手部消毒。从"已灭菌"标志的B袋，按各人编号取出装有无菌衣的洁净袋，检查无误再更衣，戴无菌帽、口罩。注意不得将无菌服接触地面，更衣时人员可站在更衣凳上，扎紧领口、袖口，头发全部包在帽内，不得外露。衣裤、帽的更换顺序，按照"由上至下的顺序"进行。穿戴好无菌服后在衣镜前检查确认穿戴是否合适。

（7）手部再次消毒：在三更缓冲间用75%乙醇喷洒消毒手部后，进入操作间。

（8）退出洁净区时，按进入时逆向顺序进行。在二更室（不需要手部消毒）将无菌服换下装入原袋中，统一收集，贴挂"待清洗"标志，离开工作室。

某药品生产企业人员进入B级洁净区更衣程序如图3-6所示。

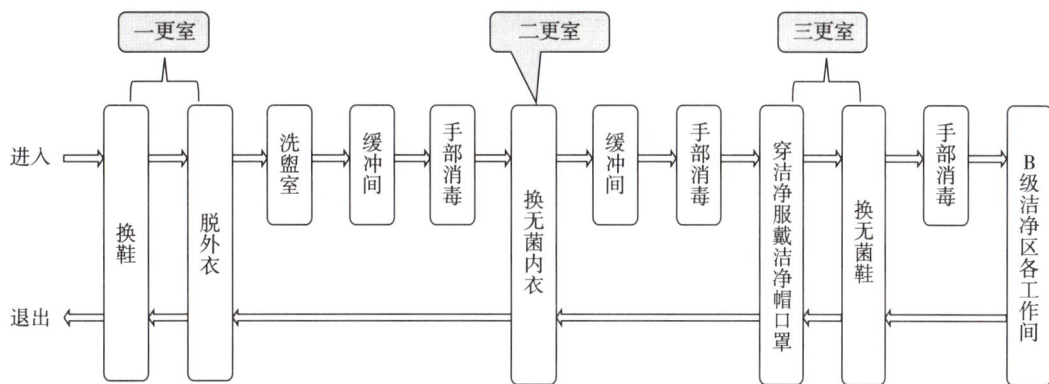

图3-6 某药品生产企业人员进入B级洁净区更衣程序

目标检测

重点小结　　参考答案

一、选择题

（一）单项选择题

1.（　　）不得相互兼任。

　A.质量管理负责人和质量授权人　　　　　　　　B.质量管理负责人和生产管理负责人

　C.以上都是　　　　　　　　　　　　　　　　　D.以上都不是

2.企业对新录用的员工进行集中的培训，这种方式叫（　　）。

　A.离岗培训　　　　　B.在岗培训　　　　　C.岗前培训　　　　　D.业余自学

3.生产管理负责人具有至少（　　）年从事药品生产和质量管理的实践检验，其中至少有（　　）年的药品生产管理经验。

　A.2，1　　　　　　　B.1，2　　　　　　　C.3，1　　　　　　　D.3，2

4. 质量保证的英文缩写是（　　）。

  A. QA   B. QC   C. OOS   D. ICH

5. GMP 对洁净区级别划分为（　　）。

  A. 2 级   B. 6 级   C. 4 级   D. 8 级

6. 质量受权人的核心职责是（　　）。

  A. 物料的放行   B. 产品的放行   C. 半成品的放行   D. 取样

7. 每批药品均由（　　）签名批准放行。

  A. 仓库负责人   B. 财务负责人   C. 质量受权人   D. 生产负责人

8. 只有经（　　）部门批准放行并在有效期或复验期内的原辅料方可使用。

  A. 物料供应   B. 质量管理   C. 生产管理   D. 工程管理

9. 进入洁净区的程序是（　　）。

  A 换鞋→换外衣→穿洁净服→洗手→消毒→进入净化区

  B 换鞋→换外衣→洗手→穿洁净服→消毒→进入净化区

  C 换鞋→换外衣→消毒→洗手→穿洁净服→进入净化区

  D 换鞋→洗手→换外衣→穿洁净服→消毒→进入净化区

10. 直接接触药品的生产人员上岗前应当接受健康检查，以后每年至少（　　）健康检查。

  A. 四次   B. 一次   C. 两次   D. 三次

（二）多项选择题

11. GMP 对质量管理负责人资质要求（　　）。

  A. 本科

  B. 具有至少五年从事药品生产和质量管理的实践经验

  C. 专科

  D. 具有至少三年从事药品生产和质量管理的实践经验

12. GMP 洁净级别划分主要参照以下依据（　　）。

  A. 空气悬浮粒子数   B. 温度   C. 照度   D. 微生物数

13. 药品生产企业的关键人员至少包括（　　）。

  A. 质量受权人   B. 企业负责人   C. 生产管理负责人   D. 质量管理负责人

14. GMP 要求所有与生产质量有关的人员要进行培训，培训的内容与岗位要求一致，培训内容包括
  （　　）。

  A. 法规规范培训   B. 技能培训   C. 岗位职责培训   D. 特殊培训

15. 下列哪些职责属于生产管理负责人（　　）。

  A. 确保药品按照批准的工艺规程生产、贮存，以保证药品质量

  B. 确保厂房和设备的维护保养，以保持其良好的运行状态

  C. 确保在产品放行前完成对批记录的审核

  D. 确保完成各种必要的验证工作

16. 下列哪些属于质量管理负责人和生产管理负责人的共有职责（　　）。

  A. 批准并监督委托生产

  B. 批准并监督委托检验

  C. 确保完成生产工艺验证

D.确保药品按照批准的工艺规程生产、贮存，以保证药品质量

17.以下职责不属于质量管理负责人的是（　　）。

A.确保药品按照批准的工艺规程生产、贮存，以保证药品质量

B.确保严格执行与生产操作相关的各种操作规程

C.确保批生产记录和批包装记录经过指定人员审核并送交质量管理部

D.确保在产品放行前完成对批记录的审核

18.机构设置的基本原则有（　　）。

A.因事设人原则　　　　　B.系统整体原则　　　　　C.权责对应原则

D.统一指挥原则　　　　　E.有效管理幅度原则

二、简答题

1.GMP（2010）对洁净室（区）的净化级别划分有哪些？

2.请简要描述A/B级生产区的更衣程序。

项目四 厂房与设施管理

PPT

项目导入

优良规范的厂房、设施是药品生产企业实施GMP的硬件基础。洁净厂房是资金投入比较大的部分，一般由企业根据生产品种的具体工艺提出要求，由设计单位设计图纸，经企业充分论证后交由专业队伍施工。洁净厂房建成后，能否达到设计目的，是否符合GMP的要求，最终需要通过验证和现场确认。那么GMP对洁净厂房和设施的管理有哪些具体要求呢？

本项目将学习药品生产企业厂址选择和厂区总体布局的基本原则；厂房设计与空气净化系统管理以及其他设施管理。

学习目标

知识目标

1. 掌握洁净区与非洁净区之间、不同级别洁净区之间的压差规定；洁净区、气锁间概念；空气净化系统的结构、过滤器分类及净化原理。
2. 熟悉GMP对洁净厂房和主要设施管理的要求。
3. 了解厂区选址、设计及装修的基本原则。

技能目标

1. 能根据药品生产的剂型及工艺判断各工序空气洁净度级别。
2. 能落实对洁净区主要设施的GMP管理要求。

思政目标

1. 培养"质量第一、良好的生产环境直接关系到药品质量"的意识。
2. 培养规范设计、质量达标、易于清洁、注重细节的工作作风。
3. 培养善于沟通、团队合作、科学认真的综合素质。

·任务一· 厂址选择和厂区总体布局

药品生产企业在异地改建、新建或扩建药厂时，面临的第一步就是厂址的选址。这是一项政策性、科学性、经济性很强的综合性复杂工程。除了要考虑一般企业建设所应考虑的环境条件外，还需要按照洁净厂房的特殊性，对周边环境提出相应要求。

一、厂址选择的基本原则

GMP（2010年修订）对制药企业厂址以及总体布置提出了以下明确的要求。

【GMP（2010年修订）】第四章 厂房与设施

第三十八条 厂房的选址、设计、布局、建造、改造和维护必须符合药品生产要求，应当能够最大限度地避免污染、交叉污染、混淆和差错，便于清洁、操作和维护。

第三十九条 应当根据厂房及生产防护措施综合考虑选址，厂房所处的环境应当能够最大限度地降低物料或产品遭受污染的风险。

第四十条 企业应当有整洁的生产环境；厂区的地面、路面及运输等不应当对药品的生产造成污染；生产、行政、生活和辅助区的总体布局应当合理，不得互相妨碍；厂区和厂房内的人、物流走向应当合理。

具体来说，厂址的选址应当遵循以下原则。

1.符合自然环境要求 有洁净厂房的药品生产企业，厂址宜选择在大气含尘、含菌浓度低，无有害气体，自然环境较好的地区；应远离铁路、码头、机场、交通要道以及散发大量粉尘和有害气体的工厂、堆场等严重空气污染、振动或噪声干扰的区域。当不能远离严重空气污染源时，应根据风向频率玫瑰图选址布局，应位于其最大频率风向上风侧。我国某地风向频率玫瑰图见图4-1。

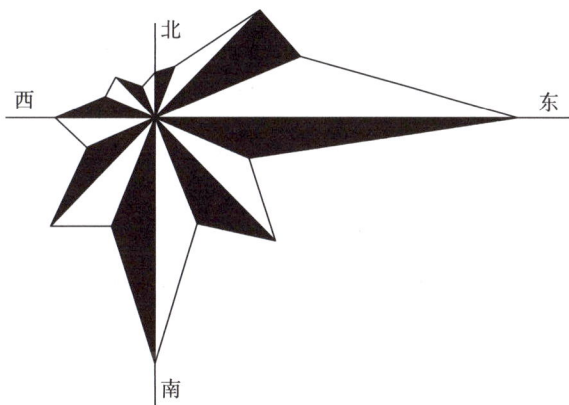

图4-1 风向频率玫瑰图

2.满足水、电、气供给条件 水、电、气是药品生产的必须条件，良好充足的水源是药品生产的基本保证。

3.符合交通便利要求 药品生产企业的货物运输较为频繁，交通运输的便利性和成本是选址考虑的必要因素。

4.满足具有长远发展余地的要求 随着经济和科技的发展，药品生产的品种多，且产品更新换代也较频繁，企业应有长远发展规划，选择厂址时应考虑以后发展的余地。

二、厂区总体布局的基本原则

厂区总体布局不仅要符合GMP相关要求，还应满足环境保护的要求，同时应防止交叉污染。企业应当有整洁的生产环境，厂区的地面、路面及运输不应当对药品生产造成污染。

1.符合功能区域规划的原则 厂区应按生产、行政、生活、仓储、动力和其他辅助区域合理布局，符合卫生、安全防火等要求，不得互相妨碍。

2.符合工艺及洁净原则　合理进行厂区的总体布局，妥善处理洁净厂房与非洁净厂房、洁净厂房与各种污染源之间的相对位置。兼有原料药和制剂生产的企业，原料药生产区应位于制剂生产区全年最大频率风向的下风侧。三废处理、锅炉房、动物房等严重污染的区域应置于工厂最大频率下风侧。危险化学品仓库应设于厂区安全位置，应有必要的安全防护措施。

3.考虑设施配套原则　除了设计药品生产所需的生产厂房、设施以外，还应设置行政办公区、生活设施区等，并与生产区域分开。

4.符合人流、物流分开原则　厂区主要道路应遵循人流与物流分开的原则。物流在外围，环绕厂区，人流在内部，互不穿越。厂区道路特别是洁净厂房周围的道路应选用整体性能好、坚固、尘灰少的材料，消防车道宜在厂房周围，尤其是洁净厂房周围设置成环形或沿厂房两边设置。

厂区应绿化。可铺植草坪、不宜种植散发花粉、花絮、有花植物、苗木等，不得对药品生产产生不良影响，不得妨碍消防作业。厂区布局规划见图4-2。

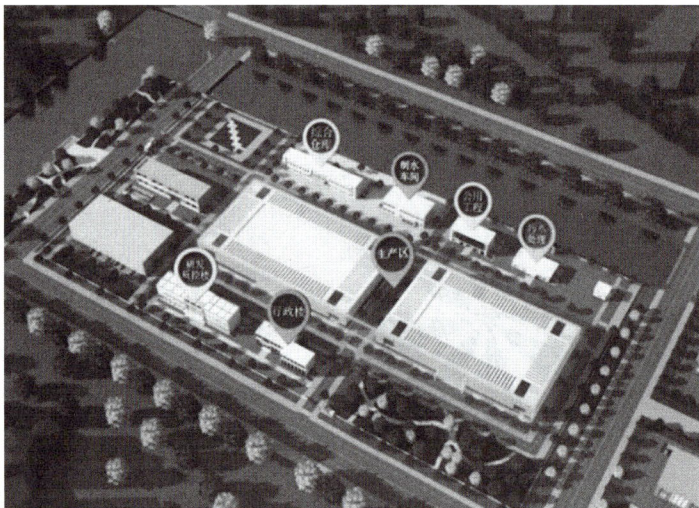

图4-2　厂区布局规划图

三、洁净区术语与设计内容

1.洁净区　也称洁净室，是指对环境中空气中的悬浮粒子、微生物浓度以及温度、湿度、压差、气流速度与气流分布、噪声、振动及照明等参数受控的建筑或房间。其建筑结构、装备及其使用应当能够减少该区域内污染物的引入、产生和滞留。

2.气锁间　指设置于两个或数个房间之间（如不同洁净度级别的房间之间）的具有两扇或多扇门的隔离空间。其特点是具备机械送排风系统、压力可监控、整体消毒灭菌条件，其门具有互锁功能，不能同时处于开启状态。

设置气锁间的目的是在人员或物料出入时，对气流进行控制。气锁间有人员气锁间和物料气锁间两种。

3.缓冲间　一般在C级和D级洁净区之间设置的密闭通道间。缓冲间是在非洁净区和洁净区之间，它对非洁净区是正压，对洁净区是负压，主要作用是防止非洁净区对洁净区的污染，作用是单向的。其设计特点与气锁间类似。但也有区别，气锁间一般隔断的是两个不同的洁净区，它对两个区域都是负压，主要作用是防止两个洁净区的交叉污染。

洁净区设计应当特别注意防止微生物污染，根据产品的预定用途、工艺要求、药品品种、生产操作要求及外部环境状况进行总体设计。主要设计内容如下。

1. 确定工艺流程布局。

2. 确定生产、净化、暂存、清洁、公共工程及辅助区域。

3. 确定公共工程、清洁、辅助区域。

4. 确定设施、设备型号和安装位置。

5. 确定水、电、气（汽）供排方式及连接位置。

6. 确定不同洁净度区域物料进出方式。

7. 确定人流物流规划和消防进出口。

8. 确定噪声控制要求和微振控制要求。

企业固体制剂车间平面总体设计图，见图4-3。

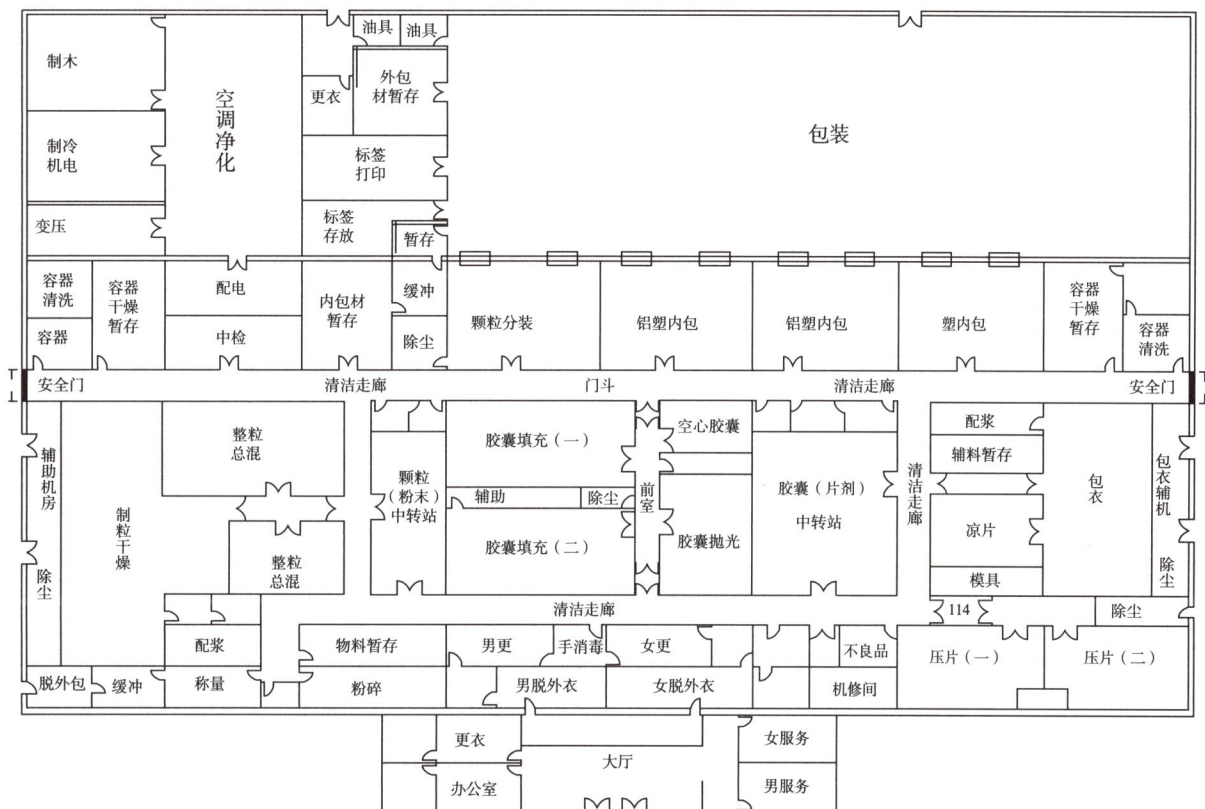

图4-3 某企业固体制剂综合车间平面设计图

·任务二·厂房管理

厂房包含一般厂房和洁净厂房。一般厂房按一般工业生产条件和工艺要求，洁净厂房按新版GMP及其附录、《医药工业洁净厂房设计规范》和国家关于建筑、消防、环保、能源等方面的规范进行设计。

洁净厂房是指对环境中尘粒、微生物浓度以及温度、湿度、压力、气流速度与气流分布等参数受控的建筑或房间。其建筑结构、装备及其使用应当能够减少该区域内污染物的引入、产生和滞留。

一、洁净厂房的管理要求

GMP（2010年修订）对洁净厂房的生产区提出了明确要求。

【GMP（2010年版）】

第四十六条　为降低污染和交叉污染的风险，厂房、生产设施和设备应当根据所生产药品的特性、工艺流程及相应洁净度级别要求合理设计、布局和使用，并符合下列要求：

（一）应当综合考虑药品的特性、工艺和预定用途等因素，确定厂房、生产设施和设备多产品共用的可行性，并有相应评估报告；

（二）生产特殊性质的药品，如高致敏性药品（如青霉素类）或生物制品（如卡介苗或其他用活性微生物制备而成的药品），必须采用专用和独立的厂房、生产设施和设备。青霉素类药品产尘量大的操作区域应当保持相对负压，排至室外的废气应当经过净化处理并符合要求，排风口应当远离其他空气净化系统的进风口；

（三）生产 β－内酰胺结构类药品、性激素类避孕药品必须使用专用设施（如独立的空气净化系统）和设备，并与其他药品生产区严格分开；

（四）生产某些激素类、细胞毒性类、高活性化学药品应当使用专用设施（如独立的空气净化系统）和设备；特殊情况下，如采取特别防护措施并经过必要的验证，上述药品制剂则可通过阶段性生产方式共用同一生产设施和设备；

（五）用于上述第（二）、（三）、（四）项的空气净化系统，其排风应当经过净化处理；

（六）药品生产厂房不得用于生产对药品质量有不利影响的非药用产品。

第四十七条　生产区和贮存区应当有足够的空间，确保有序地存放设备、物料、中间产品、待包装产品和成品，避免不同产品或物料的混淆、交叉污染，避免生产或质量控制操作发生遗漏或差错。

第四十八条　应当根据药品品种、生产操作要求及外部环境状况等配置空调净化系统，使生产区有效通风，并有温度、湿度控制和空气净化过滤，保证药品的生产环境符合要求。

洁净区与非洁净区之间、不同级别洁净区之间的压差应当不低于10帕斯卡。必要时，相同洁净度级别的不同功能区域（操作间）之间也应当保持适当的压差梯度。

口服液体和固体制剂、腔道用药（含直肠用药）、表皮外用药品等非无菌制剂生产的暴露工序区域及其直接接触药品的包装材料最终处理的暴露工序区域，应当参照"无菌药品"附录中D级洁净区的要求设置，企业可根据产品的标准和特性对该区域采取适当的微生物监控措施。

第四十九条　洁净区的内表面（墙壁、地面、天棚）应当平整光滑、无裂缝、接口严密、无颗粒物脱落，避免积尘，便于有效清洁，必要时应当进行消毒。

第五十条　各种管道、照明设施、风口和其他公用设施的设计和安装应当避免出现不易清洁的部位，应当尽可能在生产区外部对其进行维护。

第五十一条　排水设施应当大小适宜，并安装防止倒灌的装置。应当尽可能避免明沟排水；不可避免时，明沟宜浅，以方便清洁和消毒。

第五十二条　制剂的原辅料称量通常应当在专门设计的称量室内进行。

第五十三条　产尘操作间（如干燥物料或产品的取样、称量、混合、包装等操作间）应当保持相对负压或采取专门的措施，防止粉尘扩散、避免交叉污染并便于清洁。

第五十四条　用于药品包装的厂房或区域应当合理设计和布局，以避免混淆或交叉污染。如同一区域内有数条包装线，应当有隔离措施。

第五十五条　生产区应当有适度的照明，目视操作区域的照明应当满足操作要求。

第五十六条　生产区内可设中间控制区域，但中间控制操作不得给药品带来质量风险。

二、洁净厂房的建筑与装修

洁净厂房的设计应该根据药品品种、生产操作要求及外部环境状况等配置空调净化系统，使生产区有效通风，并有温度、湿度控制和空气净化过滤，保证药品的生产环境符合要求。还应该考虑消防要求。应当符合国家现行《建筑设计防火规范》和《爆炸和火灾危险环境电力装置设计规范》，设置安全出口，满足人员疏散距离要求，见图4-4某中药洁净厂房消防疏散及设施平面图。

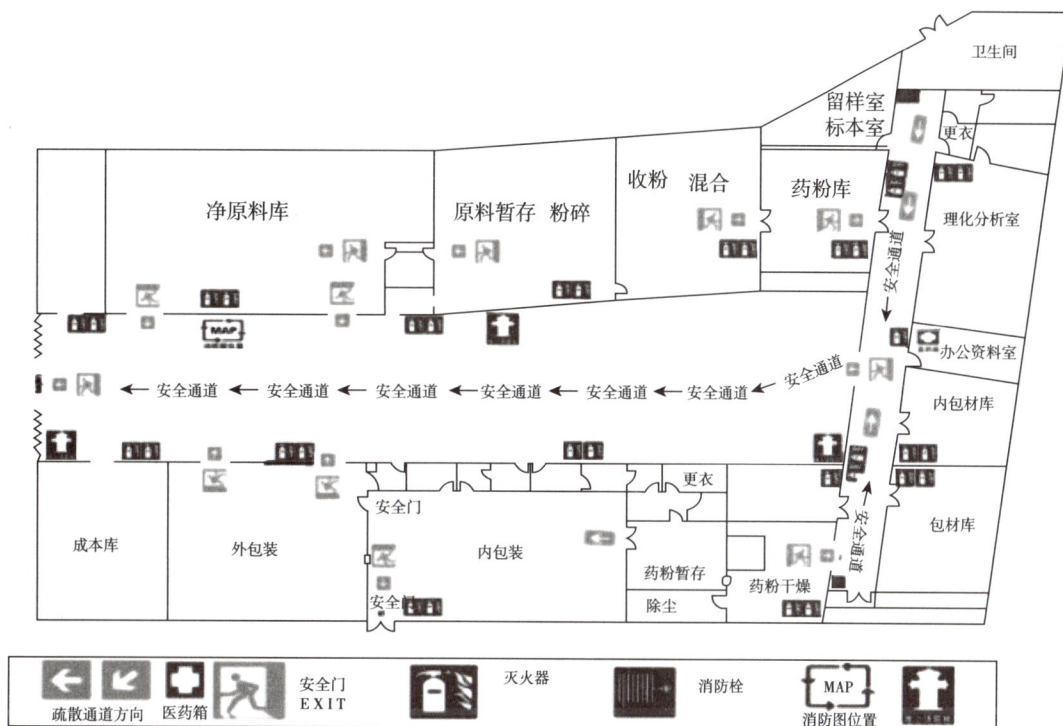

图4-4　某中药洁净厂房消防疏散及设施平面图

1.洁净厂房主体装修　洁净厂房主体的装修材料选用，参见表4-1。

表4-1　洁净厂房装修材料选用参考表

项目	材料举例
吊顶	夹层彩钢板，塑料贴面板，泰柏板，聚酯类表面涂料，防霉涂料，乳胶漆
墙面	夹层彩钢板，铝合金板、塑料钢板材、泰柏板，聚酯类涂料（仿瓷涂料），防霉涂料，乳胶漆
隔断	夹层彩钢板，玻璃板、铝合金板、泰柏板
地面	水磨石（间隙用铜条）、环氧树脂类材料、PVC塑胶地板、半硬质橡胶等

洁净室内的墙壁和顶棚表面应确保表面平整、光滑、无裂缝、不起灰、不落尘、耐腐蚀、耐冲击、易清洗、减少凸凹面。踢脚不应突出墙面。地面采用环氧树脂或耐磨PVC塑胶地板或现浇水磨石地面，地面垫层应做防潮处理，见图4-5、图4-6。

图 4-5　PVC 地面

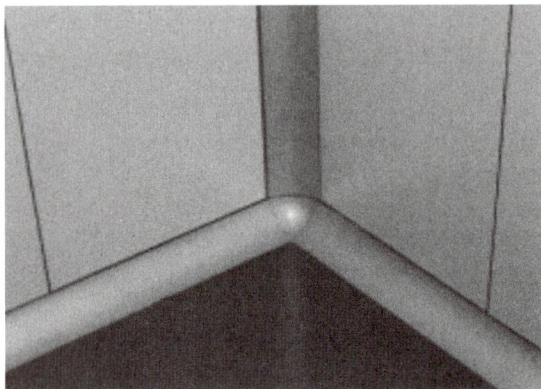

图 4-6　环氧自流平地面

洁净室的门窗造型要简单、平整、不易积尘、易于清洗，密封性能好。门窗不应采用木质等引起微生物繁殖的材料，以免生霉或变形。门窗与内墙宜平整，不设门槛，见图 4-7、图 4-8。门宜安装带有自动闭门器功能的铰链或者电子锁，门底应装密封条。洁净室尽量不留窗台，采用钢化安全玻璃减少灰尘点，采用专用密封胶密封，安装时与墙板双面齐平。气闸室、风淋室的出入门应设置气锁间措施，不能同时打开。

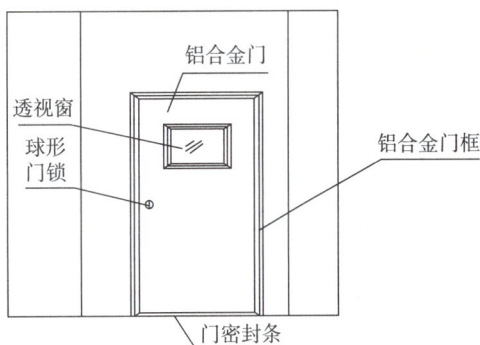

图 4-7　洁净室门的结构

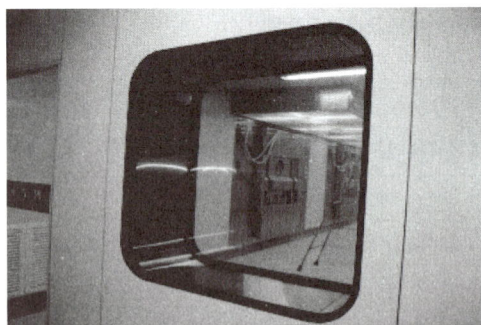

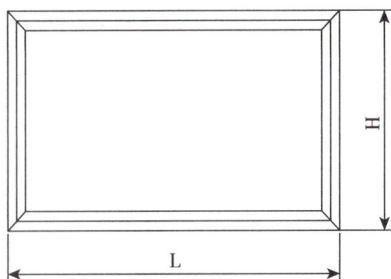

图 4-8　洁净室窗户的结构

2.管线　洁净厂房的管线应敷设在上、下技术夹层或夹道内。易燃易爆有毒物质的管道应该明敷。整体管道系统应该尽量短，应设置必需的吹除口、放净口和取样口。空调系统的送风口、回风道、回风地沟的表面装修应与整个送、回风系统相适应，并易于除尘。送风应当能够确保对周围低级区域的正压维持良好的气流方向和净化功能。

3.洁净室水池和地漏　洁净室内安装的水池、地漏不得对药品生产产生污染。地漏通常采用易于清洁且带有空气阻断功能的装置，以防倒灌。同时外部排水系统的连接方式应当能够防止微生物的侵入，见图4-9。无菌生产的A/B级洁净区（室）不得设置地漏。

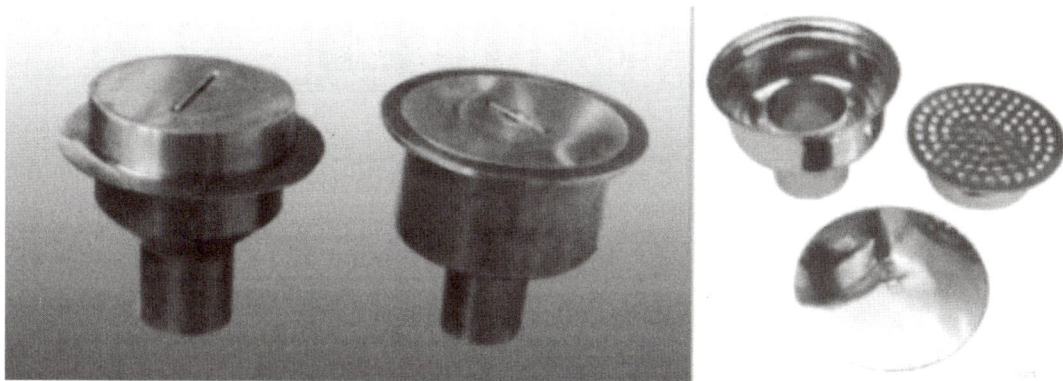

图4-9 洁净室地漏的结构

4. 电气 洁净室（区）内电气装置应可靠接地。进入室内的管线口应该用聚硅氧烷等嵌缝密封。电源插座采用嵌入式。洁净室内应设报警装置，当发生火灾危险时，能发生报警信号，自动切断电源。

5. 其他方面 厂房、设施的设计和安装应当能够有效防止昆虫或其他动物进入，一般采取挡鼠板和灭蝇灯等措施，见图4-10，避免所使用的灭鼠药、杀虫剂、烟熏剂等对设备、物料、产品造成污染。

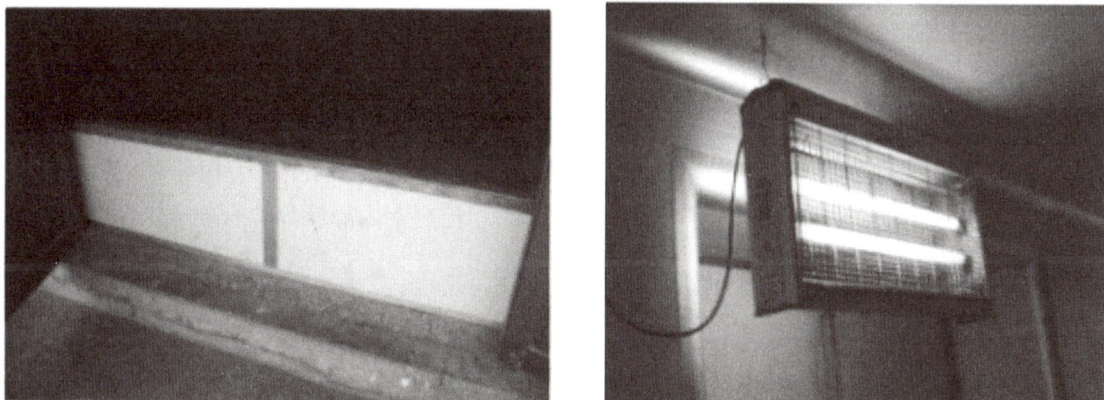

图4-10 挡鼠板和灭蝇灯

三、空气净化系统

空气净化系统（简称HVAC），其技术要求是对进入洁净室（区）的空气进行过滤除尘处理，使之达到生产工艺要求的空气洁净度级别。满足生产工艺条件的前提下，利用循环回风，调节新风比例，合理节省能源，确保洁净室内的空气洁净度、温度和相对湿度。

HVAC系统通常由净化型空调机组、风管、洁净室及冷源与热源组成，结构示意图见图4-11。

空气净化过程多采用各种空气过滤器。空气过滤器按过滤效率高低分类可分为：初效过滤器、中效过滤器、亚高效过滤器和高效过滤器等，其分类和功能见表4-2。

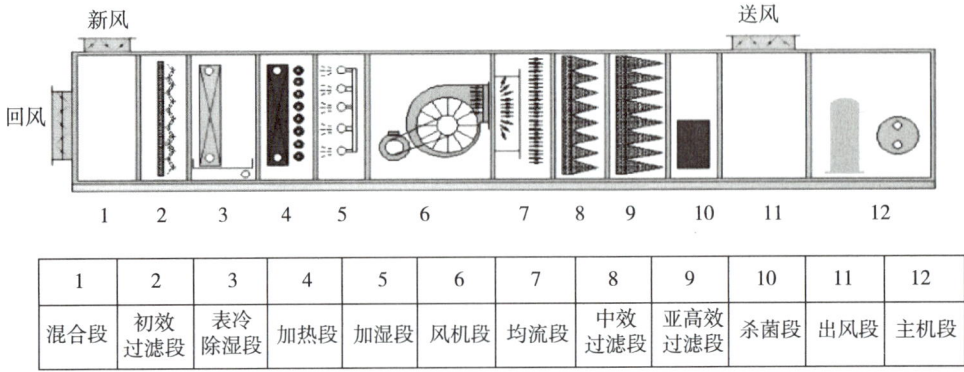

1	2	3	4	5	6	7	8	9	10	11	12
混合段	初效过滤段	表冷除湿段	加热段	加湿段	风机段	均流段	中效过滤段	亚高效过滤段	杀菌段	出风段	主机段

图4-11 空调净化系统的组成

表4-2 常用空气过滤器的分类

性能 指标类别	额定风量下效率 η（%）		额定风量下初阻力（Pa）
初效	粒径≥5.0μm	80 > η ≥ 20	≤ 50
中效	粒径≥1.0μm	70 > η ≥ 20	≤ 80
亚高效	粒径≥0.5μm	99.9 > η ≥ 95	≤ 120
高效	粒径≥0.3μm	A级 ≥ 99.9	≤ 190
		B级 ≥ 99.99	≤ 220

空气净化系统的原理是通过风管和过滤器将空气过滤；通过辅助系统对空气进行冷却、加热、加湿、干燥；通过预定的换气次数，由送风口将一定流量的空气向室内送入；同时室内滞留的灰尘和细菌被洁净空气稀释后由回风口排除室外，或者由回风口经空气过滤除去灰尘和细菌，再进入系统。

经过空气净化处理，能够实现维持洁净室内的温度、湿度、维持洁净室与相邻环境的正压和负压要求，满足室内通风要求，包括空气过滤、组织气流排污、控制室内静压等综合要求。空气净化原理见图4-12。

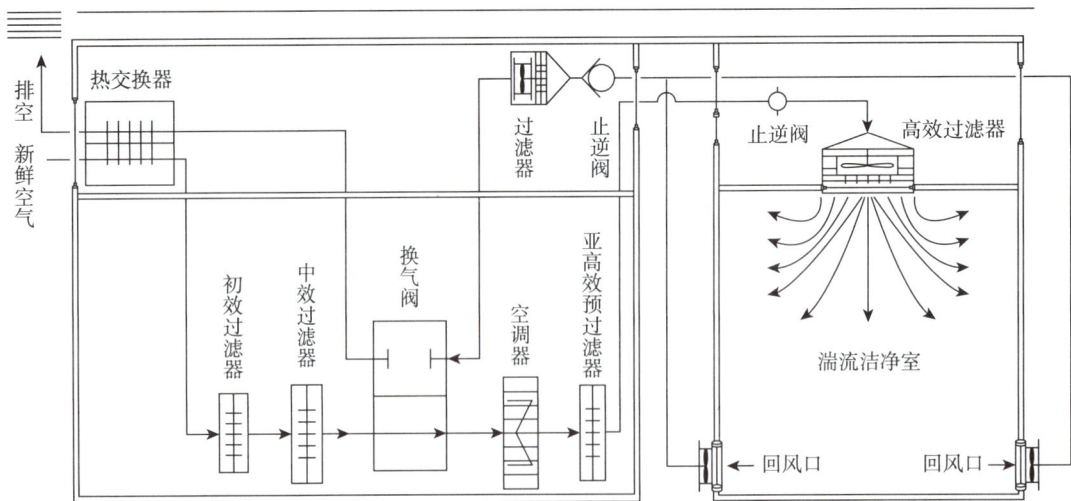

图4-12 空气净化原理示意图

1. 空气过滤器 空气过滤是指利用过滤器有效地控制从室外引入室内的全部空气的洁净度，是空气净化最重要的手段。在室内环境中，悬浮于空气中的尘粒粒径绝大多数小于10μm，而且其粒度分布在 1μm 以下的占 98% 以上，因此，空气过滤通常把粒径小于10μm的粒子作为主要处理对象，在洁净室技术中以 5.0μm 和 0.5μm 作为划分洁净度等级的标准粒径。

由于污染空气中所含尘粒的粒度范围非常广，不宜只用一个过滤器同时除掉所有粒度范围的尘粒，因此过滤器的组合通常选用初效过滤器、中效过滤器、亚高效过滤器、高效过滤器中的两级或三级组合过滤方式。

初效过滤器有板式、折叠式、袋式等样式，外框材料可采用纸质框、铝合金框等，过滤材料有无纺布、活性炭过滤棉等，滤材支撑防护网可用不锈钢拉板网、冲孔板等；主要用作对新风及大颗粒尘埃的控制，主要过滤对象是大于10μm的尘粒，见图4-13。

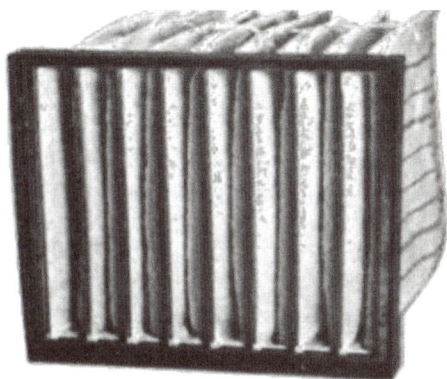

图4-13 初效过滤器   图4-14 中效过滤器

中效过滤器设置于空气净化系统机组的中间段，位于高效过滤器的前端，主要用于空气经过初效过滤后进一步过滤，主要用作对末级过滤器的预过滤和防护，主要过滤对象是 1~10μm 尘粒，见图4-14。

亚高效过滤器用做终端过滤器或作为高效过滤器的预过滤，主要过滤对象是小于 5μm 的尘粒；高效过滤器作为送风及排风处理的终端过滤，主要过滤对象是0.3μm 以上的尘粒，分有隔板和无隔板两种，见图4-15。

图4-15 有隔板和无隔板高效过滤器

2. 空气过滤器的技术参数　评价空气过滤器的主要技术性能参数有四项，包括效率、空气阻力、过滤材质和用途。不同空气过滤器的捕尘粒径、风压阻力及适用范围见表4-3。

表4-3　空气过滤器的技术性能参数

过滤器类别	捕尘粒径（μm）	风压损失（Pa）	捕集效率（%）	滤材材质	用途
超高效	0.1~0.3	~250	≥99.99（DOP 0.12μm）	玻璃纤维	A级无尘室最终滤网
高效	≥0.3	≤500	≥99.97（DOP 0.3μm）	玻璃纤维	A级、B级洁净室终端
亚高效	≥0.3	≤150	≥95（DOP 0.3μm）	玻璃纤维	C级、D级洁净室终端
中效	≥1	≤100	60~95（比色法）	合成纤维	高效过滤器前、循环空气前端
初效	≥5	≤30	70~80（重量法）	合成纤维	进气处理，空调机前端

3.洁净空气的气流形式　气流组织形式指经过HVAC系统净化的空气在药品生产洁净室内流动所形成的流动状态。合理地组织洁净气流的流动可以满足洁净室内空气的温度、湿度、速度和洁净度满足工艺和人们的舒适感的需要。洁净空气气流按流动状态分乱流和层流。层流又分为垂直层流和水平层流见图4-16、图4-17。

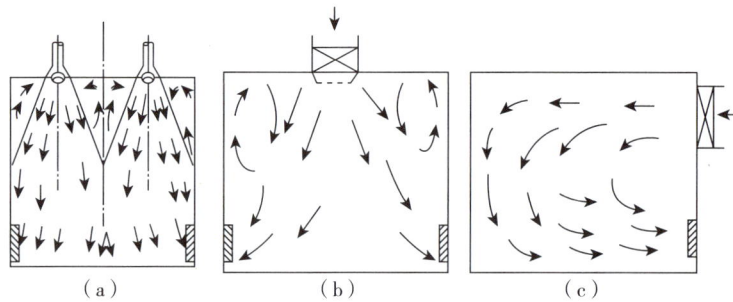

（a）　　　（b）　　　（c）

图4-16　湍流洁净室示意图

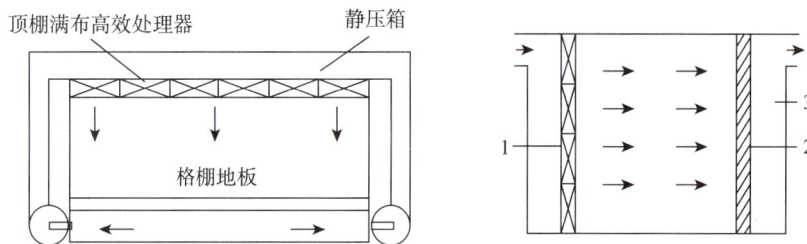

图4-17　垂直层流示意图

4.空气洁净度的级别　洁净区的设计必须符合相应的洁净度要求，GMP（2010年修订）将药品生产洁净厂房的空气洁净度划分为A、B、C、D四个级别。洁净度监测要求达到"静态"和"动态"两个标准。具体检测内容见表4-4。

表4-4　我国洁净室（区）空气洁净度级别限度标准表

洁净度级别	尘粒				微生物			
	悬浮粒子最大允许数/立方米				浮游菌 cfu/m³	沉降菌 Φ90mm cfu/小时	表面微生物	
	静态		动态				接触 Φ55mm cfu/碟	5指手套 Φ55mm cfu/手套
	≥0.5μm	≥5.0μm	≥0.5μm	≥5.0μm				
A	3520	20	3520	20	<1	<1	<1	<1
B	3520	29	352000	2900	10	5	5	5
C	352000	2900	3520000	29000	100	50	25	—
D	3520000	29000	不作规定	不作规定	200	100	50	—

　　A级指高风险操作区，如灌装区、放置胶塞桶和与无菌制剂直接接触的敞口包装容器的区域及无菌装配或连接操作的区域，应当用单向流操作台（罩）维持该区的环境状态。单向流系统在其工作区域必须均匀送风，风速为0.36~0.54m/s（指导值）。应当有数据证明单向流的状态并经过验证。在密闭的隔离操作器或手套箱内，可使用较低的风速。B级指无菌配制和灌装等高风险操作A级洁净区所处的背景区域。C级和D级指无菌药品生产过程中重要程度较低操作步骤的洁净区。

■知识链接

洁净区生产环境的监测

　　洁净区悬浮粒子、微生物、温湿度、压差监测的内容见表4-5。

表4-5　洁净区的监测

监测项目	监测内容
尘埃粒子	静态和动态：0.5μm和5.0μm
微生物	动态：沉降菌、浮游菌和表面微生物
压差	洁净区与非洁净区之间、不同级别洁净区之间的压差应当不低于10Pa。必要时，相同洁净度级别的不同功能区域（操作间）之间也应当保持适当的压差梯度，以防止污染和交叉污染，洁净级别高的房间呈相对正压，压差应从洁净级别最高的到最低的房间逐渐递减。工艺过程中产生大量粉尘、有害物质、易燃易爆物质的工序，其操作室与其他房间之间应维持相对负压，如青霉素类高致敏性药品的分装室压差
温湿度	环境的温湿度应当保证操作人员的舒适性；无特殊要求时，温度可控制在18~26℃，相对湿度可控制在45%~65%

　　药品生产洁净室空气洁净度级别的具体要求见表4-6、表4-7。

表4-6　无菌制剂生产工序的洁净级别要求

最终灭菌产品	非最终灭菌产品
A级（C级背景）： ●高污染风险的产品灌装或灌封 C级： ●产品灌装（或灌封） ●高污染风险产品的配制和过滤 ●眼用制剂、无菌软膏剂、无菌悬浮剂等的配制、灌装（或灌封） ●直接接触药品的包装材料和器具最终清洗后的处理 C级： ●扎盖 ●灌装前物料的准备 ●产品配制（指浓配或采用密闭系统的配制）和过滤直接接触药品的包装材料和器具的最终清洗	A级（B级背景）： ●处于未完全密封状态下产品的操作和转运，如灌装、分装、压塞、扎盖等 ●灌装前无法除菌过滤的药液或产品配制 ●直接接触药品的包装材料、器具灭菌后的装配以及处于未完全密封状态下的转运和存放 B级： ●处于未完全密封状态下产品置于完全密封容器内的转运 ●直接接触药品的包装材料、器具灭菌后处于密闭容器内的转运和存放 C级： ●灌装前可除菌过滤的药液或产品的配制 ●产品过滤 D级： ●直接接触药品的包装材料、器具的最终清洗、装配或包装、灭菌

表4-7　非无菌制剂和原料药生产工序适用洁净级别要求

非无菌制剂	原料药
D级 ●口服液体和固体制剂、腔道用药（含直肠用药）、表皮外用药品等非无菌制剂生产的暴露工序区域及其直接接触药品的包装材料最终处理的暴露工序区域，应当参照"无菌药品"附录D级洁净区的要求设置，企业可根据产品的标准和特性对该区域采取适当的微生物监控措施	A级（B级背景）： ●无菌原料药的粉碎、过筛、混合、分装 D级： ●非无菌原料药精制、干燥、粉碎、包装等生产操作的暴露环境应当按照D级洁净区的要求设置

·任务三· 其他设施管理

一、仓储设施

（一）仓库

仓库有足够的空间，必须满足物料、成品的储存要求。原料、辅料、包装材料、中间产品、成品、待检品、合格品和不合格品或回收品等，应按秩序合理储存，并有明显状态标志。对于青霉素类、激素类原料应分开放置专库或专室。

仓库一般设计为全封闭式，而且采用灯光照明，对光照有一定的要求。仓库周围不允许有窗，既便有窗也才有封闭式或不允许开启，以防积尘、防鼠、防虫进入。

仓库至少应有人流通道和物流通道并设有更衣室、盥洗室、沐浴等设施，仓库与洁净厂房之间应有缓冲间如图4-18。

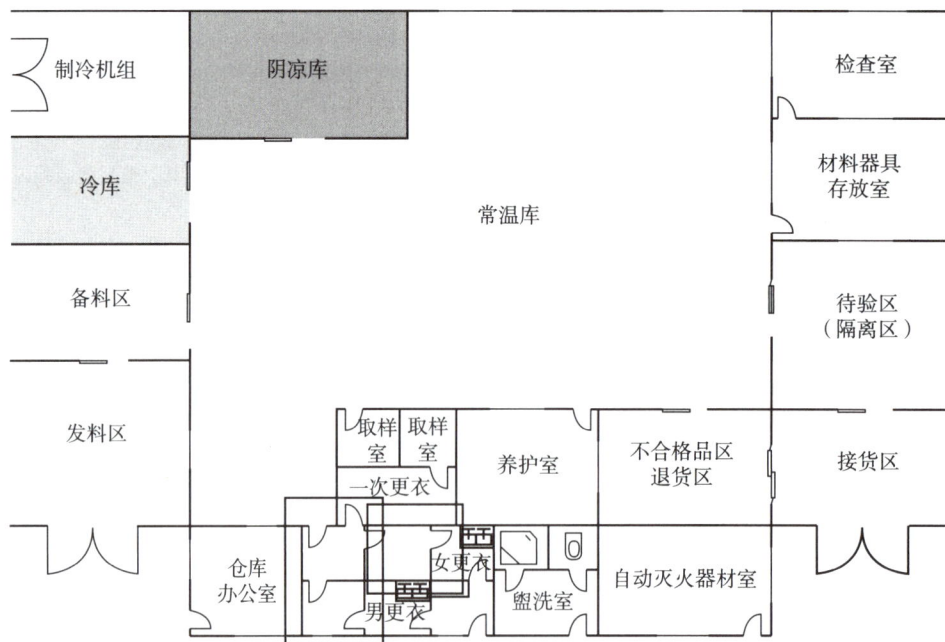

图4-18　原料仓库平面布局

GMP（2010年修订）对其他设施管理也有明确的规定。

【GMP（2010年修订）】

第五十七条 仓储区应当有足够的空间，确保有序存放待验、合格、不合格、退货或召回的原辅料、包装材料、中间产品、待包装产品和成品等各类物料和产品。

第五十八条 仓储区的设计和建造应当确保良好的仓储条件，并有通风和照明设施。仓储区应当能够满足物料或产品的贮存条件（如温湿度、避光）和安全贮存的要求，并进行检查和监控。

第五十九条 高活性的物料或产品以及印刷包装材料应当贮存于安全的区域。

第六十条 接收、发放和发运区域应当能够保护物料、产品免受外界天气（如雨、雪）的影响。接收区的布局和设施应当能够确保到货物料在进入仓储区前可对外包装进行必要的清洁。

第六十一条 如采用单独的隔离区域贮存待验物料，待验区应当有醒目的标识，且只限于经批准的人员出入。

不合格、退货或召回的物料或产品应当隔离存放。

如果采用其他方法替代物理隔离，则该方法应当具有同等的安全性。

第六十二条 通常应当有单独的物料取样区。取样区的空气洁净度级别应当与生产要求一致。如在其他区域或采用其他方式取样，应当能够防止污染或交叉污染。

（二）中间站、暂存室

在药品洁净生产区域内应设置与生产规模相适应的原辅材料备料室、中间体、中间产品、成品存放区域。存放区域内安排待检区、合格品区和不合格品区以及中间站和原辅料暂存室。备料室和中间站应该有相应的称量室或称量罩。为防止粉尘或挥发物外泄，称量室或称量罩均为负压。其洁净度级别应与产品洁净度相适应，应按产品特性设计。

（三）照明设施

所有生产区、仓库均应有充足的照明设施，控制区照明光源宜采用荧光灯；照明度不低于300lx；照明灯具宜明装，但不宜悬吊。

二、辅助区

GMP（2010年修订）对厂房与设施中辅助区提出以下要求。

【GMP（2010年修订）】

第六十八条 休息室的设置不应当对生产区、仓储区和质量控制区造成不良影响。

第六十九条 更衣室和盥洗室应当方便人员进出，并与使用人数相适应。盥洗室不得与生产区和仓储区直接相通。

第七十条 维修间应当尽可能远离生产区。存放在洁净区内的维修用备件和工具，应当放置在专门的房间或工具柜中。

另外，气锁室（气闸室）为穿/脱洁净服、消毒、净化等操作提供场所。一般设置在洁净室的出入口，用以阻隔外界污染气流和控制压差而设置的缓冲间，这些气锁室通过若干扇门对出入空间进行控制。其出入门应有电子连锁功能，可以防止打开见图4-19。

图 4-19　气锁室（气闸室）示意图

三、质量控制设施

质量控制实验室这里指质量控制（QC）实验室，其规模和布局应当与产品性质和生产规模相适应。

根据GMP相关要求质量控制实验室通常应与生产区分开，制药企业 质量控制区的设置通常应与生产区相对独立的或分区设置。企业可根据实际需要设置各种理化检验、仪器分析、生物检定、微生物检验、中药标本、留样观察室以及其他实验室，生物检定、微生物检验和放射性同位素检定应设分室进行。质量控制实验室的总体布局见图4-20。

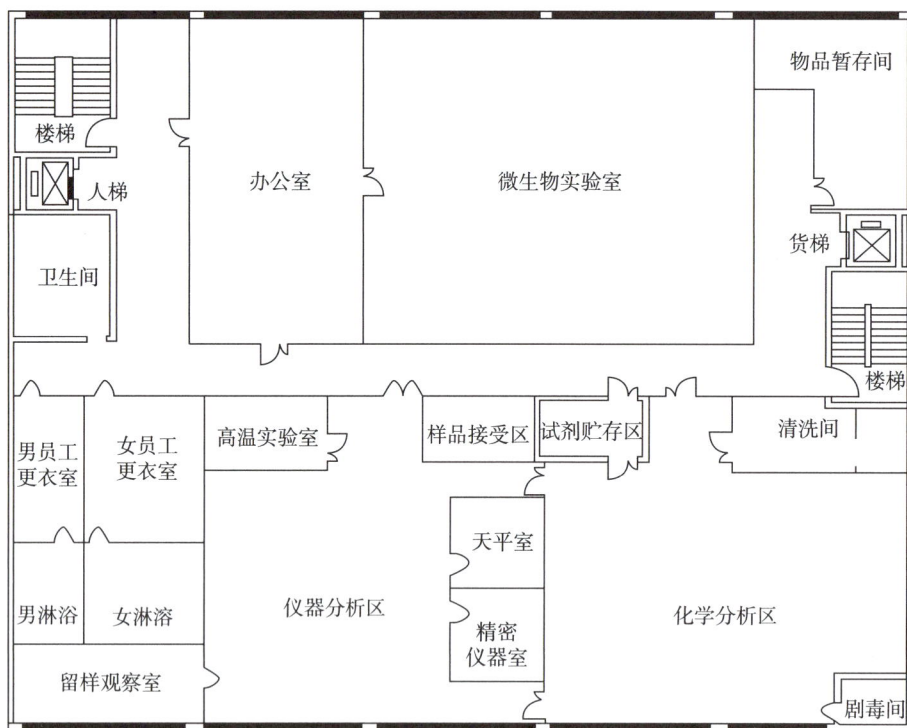

图 4-20　质量控制区总体布局示意图

一般应有以下主要功能房间或区域。

1.送检样品的接收/贮存区。

2.独立的试剂存放间。试剂存放间的设计应满足相关化学品存放要求，对于易燃 、易爆试剂的存放应符合相关安全规范，并有防爆和防止泄露的设施。实验室内不宜存放大量的化学试剂。普通化学试剂和毒性化学试剂应分开存放。

对照品或标准品、基准试剂应按规定存放，并有专人管理，使用及配制应有记录。

3.用于实验用器皿，如试管等的清洗的清洁洗涤区的设置应靠近相关实验室。

4.用于放置干燥箱、烘箱、马弗炉等高温设备的实验室，一般应远离试剂存放间及冷藏室，房间设置温感、烟感报警器，并设置机械排风。考虑到散热和安全，高温设备离墙应有一定距离，不得少于15cm。

5.留样观察室应分开分区设置；室内注意通风和防潮设计，有阴凉贮存要求的还应设置温湿度监测装置，分常温留样观察室、阴凉留样观察室、冷藏（冷冻）留样观察室。

6.分析实验室应具备必要的通风设施和避光设施。

7.微生物实验室一般由微生物检测室及相配套的培养间、准备间、清洗间、灭菌间等构成。因为无菌室是洁净区域，人员出入应设置更衣及缓冲间，物料或物品出入也应设置缓冲间（或传递窗），培养皿、培养基等均需进行灭菌方能进入。

▶ 目标检测 ◀

重点小结　　参考答案

一、选择题

（一）单项选择题

1.洁净区与非洁净区之间、不同级别洁净区之间的压差应当不低于（　　）。

  A. 5Pa   B. 10Pa   C. 15Pa   D. 20Pa

2.应当保存厂房、共用设施、固定管道建造或改造后的（　　）。

  A.图纸   B.设计图纸   C.施工图纸   D.竣工图纸

3.各种管道、照明设施、风口和其他公用设施的设计和安装应当避免出现（　　）的部位。

  A.不易清洁   B.不能清洁   C.不易消毒   D.不能消毒

4.排水设施应当大小适宜，并安装（　　）的装置。

  A.排气   B.防止倒灌   C.过滤   D.消毒

5.药品生产洁净厂房设置气锁间的目的是人员或物料出入时，控制（　　）。

  A.人员   B.气流   C.物料   D.气体

6.对洁净区级别划分不起主要影响的参数是（　　）。

  A.空气悬浮粒子   B.温湿度   C.浮游菌   D.沉降菌

7.洁净级别要求A级别的操作岗位是（　　）。

  A.压片   B.口服液配制   C.粉针分装   D.输液灭菌

8.洁净级别要求D级别的操作岗位是（　　）。

  A.粉针轧盖   B.胶囊填充   C.粉针分装   D.输液灭菌

9.在药品生产厂区规划布局设计应遵循的原则中，下列选项中叙述错误的是（　　）。

  A.应符合功能区域规划原则   B.应符合工艺及洁净原则

  C.应符合设施配套原则   D.应符合物流随人流统一配置原则

10.下列空调系统的空气可以循环使用的是（　　）。

  A.麻醉药品生产区

B.病原体操作区

C.放射性药品生产区

D.生产中使用有机溶媒且因空气积聚可构成爆炸或火灾危险的工序

11.关于洁净室的叙述正确的是（   ）。

A.安装有空调净化系统的活动空间

B.具有杀灭微生物的功能

C.无菌药品生产的暴露工序必须在A级或B级洁净区进行

D.具有控制微粒和微生物的功能

12.不需要专用设施和设备生产的品种的是（   ）。

A.卡介苗   B.青霉素类   C.β-内酰胺类   D.维生素类

13.高污染风险不包括（   ）。

A.产品容易长菌   B.罐装用容器为非广口瓶

C.罐装速度慢   D.容器须暴漏数秒后才密封

14.下面叙述正确的是（   ）。

A.休息室的设置不应当对生产区、仓储区和质量控制区造成不良影响

B.盥洗间可以与生产区直接相通

C.盥洗间可以与仓储区直接相通

D.维修间应当尽可能靠近生产区

（二）多项选择题

15.应设置独立空气净化系统的是（   ）。

A.生产细胞毒性类药品   B.生产β-内酰胺类药品

C.生产性激素类避孕药品   D.生产毒性药品

16.下列工序中洁净度要求为D级别的是（   ）。

A.药材炮制岗位   B.粉碎过筛岗位   C.铝塑包装岗位   D.胶囊填充岗位

17.关于洁净区人员的卫生要求正确的是（   ）。

A.进入洁净区的人员不得化妆或佩戴饰物

B.员工按规定更衣

C.操作人员应当避免裸手直接接触药品、与药品直接接触的包装材料和设备表面

D.参观人员按要求更衣后即可进入洁净区

18.应设置压差的指示装置的是（   ）。

A.不同洁净度等级的房间之间   B.洁净与非洁净的房间之间

C.无菌与非无菌的房间之间   D.人员净化和物料净化的气闸室

二、简答题

1.什么是洁净厂房？药品生产洁净厂房的空气洁净度等级有哪些？

2.简述空气净化系统的净化原理。

项目五 设备管理

PPT

〉项目导入

"甲氨蝶呤"事件中,上海某药厂将甲氨蝶呤、盐酸阿糖胞苷、硫酸长春新碱三种药物放在一条设备生产线生产。在生产甲氨蝶呤及盐酸阿糖胞苷注射液之前先生产过硫酸长春新碱注射液,由于设备清场不彻底,现场人员将硫酸长春新碱尾液混入注射用的甲氨蝶呤及盐酸阿糖胞苷批号中,导致了多批药品被污染。全国多地区总计130多位患者出现严重不良反应,下肢疼痛、乏力、进而行走困难,无法直立。

企业在设备管理中应该从哪些环节入手才能尽可能降低污染、交叉污染、混淆和差错,保障药品质量。

本项目将学习设备的设计与选型安装;设备的维护与维修;设备的使用与清洁;计量管理;制药用水的制备等内容。

〉学习目标

知识目标

1.掌握设备的使用和管理要求;计量管理内容;制药用水种类。

2.熟悉设备设计、使用、清洁、维护内容;计量器具的管理要求。

3.了解设备的特点;检定管理的依据和分类,纯化水、注射用水的制备。

技能目标

1.能按规程操作设备,填写记录。

2.能按规程选择、采购、安装、调试、维护、维修设备。

3.能按规程正确使用制药用水系统,做好记录、验证和在线清洗消毒。

思政目标

1.具备设备全生命周期管理的质量意识,增强责任感,夯实设备质量要求。

2.具备"质量第一、安全第一"的工匠精神。

3.具备自主思考、团队合作、自主探究的学习能力。

·任务一· 设备的设计与选型安装

制药企业中使用的设备有许多,如用于药品生产、加工和包装的设备,用于产品检测、分析和控制的仪器，还有制药用水系统的设备、管路及分配系统。设备管理包括设备设计、选型和购入、安装、调试和校准；设备的使用、清洁和维护以及设备的调拨、鉴定和报废等生命周期管理。

中国GMP（2010年修订）对设备的设计和选型提出如下要求。

【GMP（2010年修订）】第五章 设备

第七十一条　设备的设计、选型、安装、改造和维护必须符合预定用途，应当尽可能低产生污染、交叉污染、混淆和差错的风险，便于操作、清洁、维护，以及必要时进行的消毒或灭菌。

第七十二条　应当建立设备使用、清洁、维护和维修的操作规程，并保存相应的操作记录。

第七十三条　应当建立并保存设备采购、安装、确认的文件和记录。

第七十四条　生产设备不得对药品质量产生任何不利影响。与药品直接接触的生产设备表面应当平整、光洁、易清洗或消毒、耐腐蚀，不得与药品发生化学反应、吸附药品或向药品中释放物质。

第七十五条　应当配备有适当量程和精度的衡器、量具、仪器和仪表。

第七十六条　应当选择适当的清洗、清洁设备，并防止这类设备成为污染源。

第七十七条　设备所用的润滑剂、冷却剂等不得对药品或容器造成污染，应当尽可能使用食用级或级别相当的润滑剂。

第七十八条　生产用模具的采购、验收、保管、维护、发放及报废应当制定相应操作规程，设专人专柜保管，并有相应记录。

一、设备的设计原则

设备的设计应结合企业的产品、剂型、工艺要求、设备未来的发展、适应性以及灵活性等多方面综合考虑。

（1）设备性能应能满足产品工艺的要求。

（2）设备生产能力应满足生产要求、保障设备的质量均一性和可靠性。

（3）设备操作应安全方便、数据尽可能实现可自动记录。

（4）设备的材料选择、结构选择、检测功能、对公用工程以及在线清洗应综合考虑，在防污染、防交叉污染和防差错等性能方面应合理考虑。

（5）应当配备有适当量程和精度的衡器、量具、仪器和仪表。

二、设备的选型原则

设备选型一定要注意防止设备成为生产的污染源。药液、注射用水及净化压缩空气管道的选型和安装应避免死角、盲管。

1. 符合生产性原则　特指设备的生产效率，主要体现在设备的高效率上。高效率设备的主要特点是大型化、高速化、自动化。

2. 符合工艺性原则　是指设备满足生产工艺要求的能力。机器设备最基本的考虑是要符合产品工艺的技术要求。根据生产工艺提出对设备功能的需求，如温度范围、精度要求、速度范围、混合均匀度要求、供料装置需求、传输装置需求、灌装精度要求等。

3. 符合可靠性原则　具体指一台设备在规定的时间内、在规定的使用条件下、无故障地发挥规定机能的程度，即在设备的寿命周期内符合工艺条件、能源条件、媒介条件及转速等。

4.符合可维修原则 指设备结构简单，零部件组合合理；维修的零部件可迅速拆卸，易于检查，易于操作，实现了通用化和标准化，零件互换性强等。

5.符合节能原则 指原材料消耗、能源消耗要尽可能节能。

6.符合安全原则 机械部件、电气件布局不应对生产产品和人员造成危害。

7.符合环保原则 机械转动部分产生的噪声、排放有害物质应符合规范。

8.符合操作性原则 设备应当满足操作简便、自动化程度高、数据能自动记录、设备性能应满足所生产的产品剂型、黏度、热性能、pH 值、氧化反应、腐蚀性、稳定性等其他特殊要求。

三、设备档案管理

药品生产企业须建立设备管理组织，设备使用部门应配备专职设备管理人员，负责设备的基础管理工作，建立完整的设备档案。

所有设备、仪器仪表、衡器均应当建立设备固定资产的账、卡、册见表5-1。

表5-1 设备台账

序号	设备编码	设备名称	规格/型号	生产厂家	出厂编号	出厂日期	使用部门	安装设置	使用人
1	07021-01	××干衣机	GDZ-15	××有限公司	2002407	2002.4	生产部	万级洗衣室	陈艳
2	07021-02	××干衣机	GDZ-15	××有限公司	2002427	2002.4	生产部	洗衣室	陈艳
3	07022-01	××干衣机	XGB-150	××有限公司	2002408	2002.4	生产部	万级洗衣室	陈艳
4	07022-02	××干衣机	XGB-150	××有限公司	2002426	2002.4	生产部	洗衣室	陈艳
5	07023	电热蒸汽发生器	HZF-68	××有限公司	2002000	2002.4	生产部	万级洗衣室	陈艳
6	07025	机动门真空灭菌柜	XGI.DME.0.18单扉	××医疗器械股份有限公司	2002066	2002.5.13	生产部	洗衣室	陈艳
7	07027	机动门真空灭菌柜	XGI.DME.0.18双扉	××医疗器械股份有限公司	2002066	2002.5.13	生产部	工器具清洁室	安丽香
8	07031	机动门真空灭菌柜	XGI.DME.0.18双扉	××医疗器械股份有限公司	2002330	2002.5.13	生产部	工器具灭菌室	崔润鹏
9	07036	机动门多功能安全灭菌柜	XGI.DME.0.18双扉	××医疗器械股份有限公司	2002330	2002.5.13	生产部	器具清洁	刘峰
10	07037	对开门干燥灭菌烘箱	DMH-3	××制药设备有限公司	020405	2002.4	生产部	器具清洁	崔润鹏
11	07038	不锈钢过滤系统	DMH-3	××制药设备有限公司	020404	2002.4	生产部	工器具灭菌室	安丽香

设备档案的主要内容。

（1）设备编号、名称、型号、规格、生产厂家、生产能力、项目计划、购买合同、技术要求、用户需求、到货装箱单等。

（2）设备图纸、使用说明书、随机附件、易损件、验收文件、工具清单、装箱单、安装位置、施工图等。

（3）设备运行记录、检修、维护、保养记录、设备改造记录、事故记录等。

（4）设备故障记录、验证记录、维修手册、备件清单、外购件技术资料仪。

（5）所有管线（水、电、气、汽、真空、空压、空调系统图）。

设备档案管理的内容见图5-1。

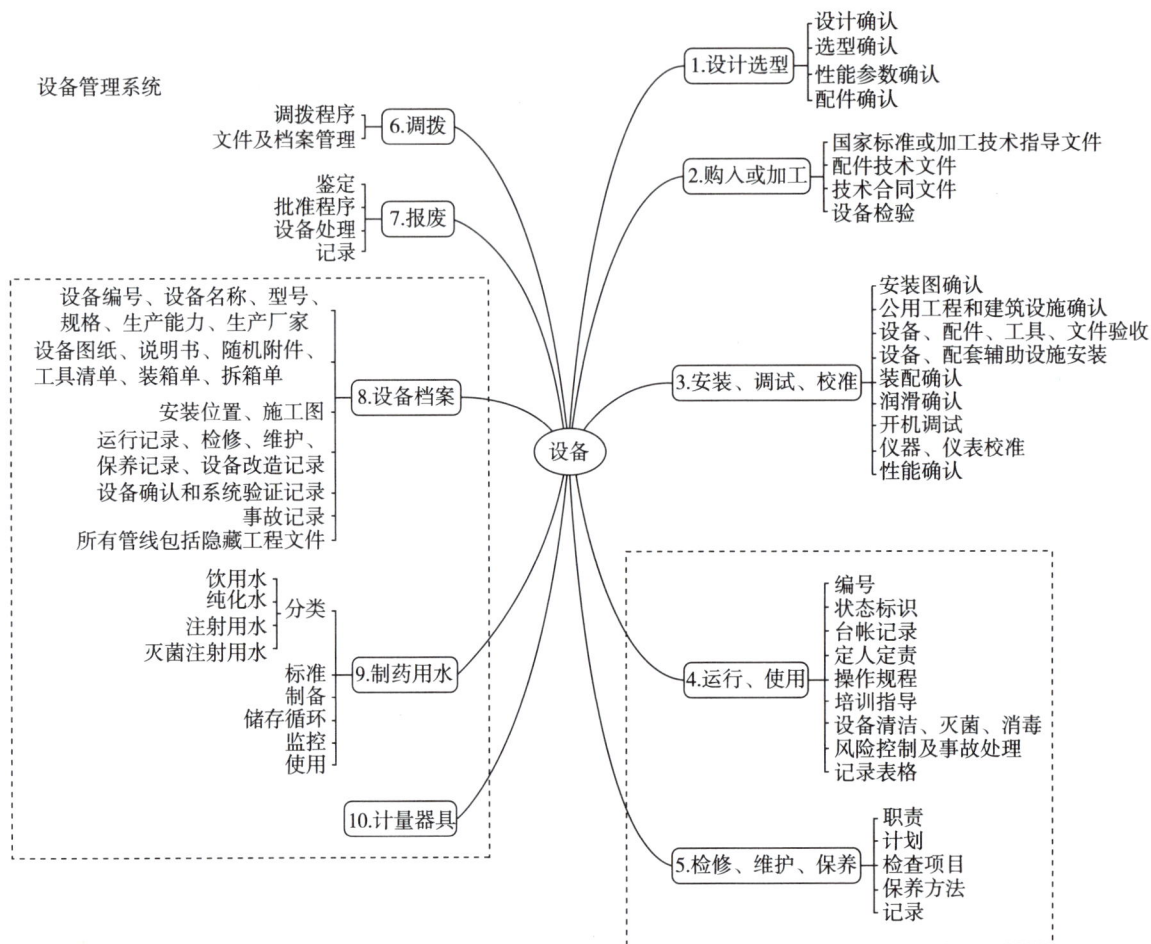

图5-1　设备管理的内容

·任务二· 设备的维护与维修

设备的维护与维修是 GMP 的基本要求之一。建立标准的设备安装、调试和维护、维修作业等规范，一方面可以确认设备运行条件的稳定性与可靠性，另一方面还可以通过合理的维修方法延长设备的使用寿命，延缓投资，进一步增加企业的利益。

一、设备安装、调试与校准

（1）设备的安装调试应符合其设计要求，符合相关行业标准规范，符合安全、环保、消防等方面相关的规定。

（2）设备的安装调试应有施工记录，并组织专业人员对施工全过程进行检查和验收。

（3）设备安装过程需要进行确认；设备完成调试后需要运行确认和性能确认。

（4）设备启用前需要建立日后运行和维护所需的基本信息，即设备档案。

（5）设备操作和维修人员应该得到培训。

（6）设备应安装在车间内适当位置，设备之间，设备与厂房的墙、顶棚及地坪之间应该有适当的距离，以方便生产操作和维修保养。

（7）产尘量大的设备如粉碎机、混合机、压片机等应安装在除尘罩下方，并远离净化送风口。

（8）当设备跨越不同洁净级别的房间或墙壁时，应采用隔断密封措施，以达到不同级别的洁净度要求。

（9）不同洁净级别房间的传送带不应穿过墙壁，以防止交叉污染。

二、设备维护与维修

中国GMP（2010年修订）对设备的维护和维修提出如下要求。

【GMP（2010年修订）】

第七十九条　设备的维护和维修不得影响产品质量。

第八十条　应当制定设备的预防性维护计划和操作规程，设备的维护和维修应当有相应的记录。

第八十一条　经改造或重大维修的设备应当进行再确认，符合要求后方可用于生产。

一般来说，设备维护、维修管理分日常维护、事先维护和定期维护三种情况。

日常维护是指设备操作人员应按设备维护保养SOP执行并做好逐项逐点检查。比如设备润滑的"五定"记录，见表5-2。

表5-2　设备润滑五定记录表

单位：

设备名称	润滑点位置	润滑油牌号	润滑时间	润滑油加入量	润滑责任人

事先维护又叫预防性维护，是指通过一定技术手段，对设备各部位进行状态监测，提前发现设备故障的发生趋势，在设备故障还未发生时采取措施，提前排除故障隐患。具体要求：①设备的维护和维修不得影响产品质量；②应当制定设备维护规程，由设备维修和操作人员负责执行，包括维修保养职责、检查内容、保养方法、计划、记录等；③自动化设备、机械设备、电子设备及精密仪器，每次清洁完毕后应做好校正、核对，并做好完整的记录。

定期维护是指设备管理部门以计划形式下达执行，由操作维修人员按设备维护保养SOP进行定期维护。对设备大、中修计划，设备管理部门应同生产计划部门协商。根据设备运行记录和设备状况，每年年初制定合理完善的年度检修计划，并提前做好设备备件的购置和加工工作，确保大、中检修计划顺利实施。

另外，设备拆检、更新、修复易损件，局部拆卸、检查清洗流通油路、更换不合格的密封垫；调整配合间隙；紧固各部位；检修各种管道、照明设施、风口和其他公用设施等均应在洁净区隔离维修或在洁净区外部维护。检修完毕，清洗设备，并应填写交接班记录和设备中修保养记录，见表5-3。

表5-3　设备中修保养记录

设备编号		设备名称	
型号规格		使用部门	
检修保养日期		完成日期	
检修保养要点			
更换零部件情况			
试运行情况			
检修保养人		验收人	

注：本记录一式两份，一份交设备使用部门，一份交设备管理部门。

设备大修更换记录，见表5-4。

表5-4　设备大修记录

设备编号		设备名称		规格型号		使用部门	
本次大修时间		承担部门		上次大修时间		承担部门	
主要零部件	检修			大修要点：			
	更换						
试运转情况	空负荷			验收人员	车间设备员		
	带负荷				岗位使用人员		
维修人				大修完成日期			

三、设备调拨、退役

1. 设备调拨　应由使用部门提出申请，由企业工程部统一办理。车间无权擅自处理设备资产的外借外调。对于车间不用的固定资产设备及低值设备，应首先在厂内部调节使用，对外处理应实行有偿调拨。设备管理处应对调出或调入厂的设备按设备进出厂规定办理手续，并报财务科进行财务结算。

2. 设备报废　凡无使用价值的固定资产、低值设备需要报废应由设备使用部门向工程部提出报废申请，工程部会同有关人员认真鉴定，审批核准后，方可报废。

设备报废参考条件如下。

（1）超过使用年限，设备主要结构及关键部件陈旧、低劣，有形磨损严重，无修理价值。

（2）虽然设备尚有新度，但其设计、结构落后，不堪改造更新；生产效率低、能耗和使用成本高；无形磨损严重，不适应生产发展和质量管理规范。

（3）不能迁移的设备，因厂房改造或工艺改革调整而必须拆毁者。因腐蚀过甚、事故或其他灾害使设备严重破坏而无法修复。

（4）设备未经报废又无主管领导批准，任何人不得自行拆卸或挪用设备的零部及配配件。

设备的调拨、报废，须填写《设备调拨报废审批记录》见表5-5。

表5-5 设备调拨报废审批记录

使用部门	类别	设备名称	型号规格	上报单位	设备现状							调拨报废原因
					数量	采购价格	已报折旧	净值	估计残值	已使用年限	尚可使用年限	
厂审批意见							有关部门审批意见					

·任务三· 设备的使用和清洁

一、设备的使用和清洁管理

用于药品生产或检验用的主要或关键设备应有使用和清洁日志。其目的是为了有效控制设备在使用过程中对药物可能造成的各种污染。

GMP（2010年修订）对设备使用和清洁提出以下要求。

【GMP（2010年修订）】

第八十二条 主要生产和检验设备都应当有明确的操作规程。

第八十三条 生产设备应当在确认的参数范围内使用。

第八十四条 应当按照详细规定的操作规程清洁生产设备。

生产设备清洁的操作规程应当规定具体而完整的清洁方法、清洁用设备或工具、清洁剂的名称和配制方法、去除前一批次标识的方法、保护已清洁设备在使用前免受污染的方法、已清洁设备最长的保存时限、使用前检查设备清洁状况的方法，使操作者能以可重现的、有效的方式对各类设备进行清洁。

如需拆装设备，还应当规定设备拆装的顺序和方法；如需对设备消毒或灭菌，还应当规定消毒或灭菌的具体方法、消毒剂的名称和配制方法。必要时，还应当规定设备生产结束至清洁前所允许的最长间隔时限。

第八十五条 已清洁的生产设备应当在清洁、干燥的条件下存放。

第八十六条 用于药品生产或检验的设备和仪器，应当有使用日志，记录内容包括使用、清洁、维护和维修情况以及日期、时间、所生产及检验的药品名称、规格和批号等。

第八十七条 生产设备应当有明显的状态标识，标明设备编号和内容物（如名称、规格、批号）；没有内容物的应当标明清洁状态。

第八十八条 不合格的设备如有可能应当搬出生产和质量控制区，未搬出前，应当有醒目的状态标识。

第八十九条 主要固定管道应当标明内容物名称和流向。

除此之外，还应该注意以下问题。

1.设备的使用、清洁与维护、维修均要制定相应的文件。包括标准操作规程和各种记录。

2.正常生产中的设备状态标识有"运行中""已清洁""待清洁""维修""试机"等内容。与设备连接的固定管道应标明管内物料的名称；应以不同色标箭头标明管内物料的流向；没有内容物的标明清洁状态，见图5-2。

（1）绿色表示运行中或者已清洗，表示正在进行生产操作的设备或者已清洁的设备。一般配合标志牌使用，标明加工物料的品名、批号、数量、生产日期、操作人等。

（2）黄色表示维修中或待清洗，表示处于修理中或待清洗的设备，应标明维修的起始时间、维修负责人。

（3）红色表示停用或维修中，表示因更换生产品种或工艺技术原因等暂时不用的设备。

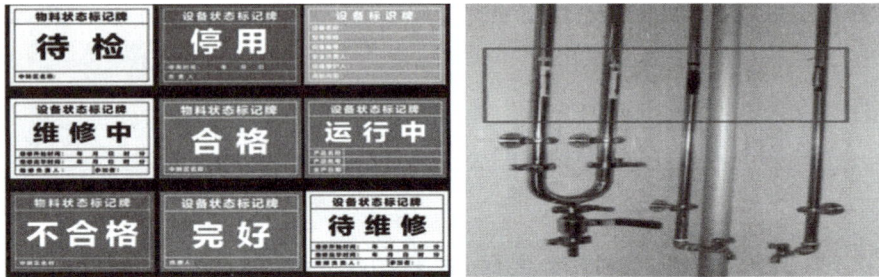

图5-2　设备状态标识和主要管道标识

3.设备使用应当进行操作培训。岗位操作人员应当熟悉设备的用途、调试、使用方法及注意事项，结构及工作原理以及常规的清洁、养护方法，经考核合格后，方可独立操作设备。

■ 知识链接

CHL-250高速混合制粒机标准操作规程

1.准备工作：

1.1接通气源，调节压力至0.4Mpa，接通电源及操作气源。（供气源应为洁净的过滤空气）

1.2检查水、电是否正常，混合容器是否干净。

1.3手动检查卸料操作气缸动作是否正确。

2.设备操作：

2.1观察电器操作板，打开锅盖，将原辅料投入混合容器中，每次投料，只能按容器容积的1/3~2/3进行。

2.2关闭容器。

2.3按所需时间调整时间继电器，把操作气压设定到0.4MPa，选择电机档位。

2.4先启动混合电机，后启动切碎电机。

2.5制粒机搅拌慢速一分钟后，绞刀慢速转动，搅拌3分钟转为快速，搅拌5分钟后，绞刀转为快速，8分钟后自动停止。

2.6混合法制粒，由于原料的特性，粘合剂选定等因素不同，要改变调速运转的工作条件：

2.6.1要使颗粒大，必须采取：缩短绞刀时间；降低绞刀快速段落持续时间；增大粘合剂浓度。

2.6.2要使颗粒小，则要采取相反措施。

2.7制粒完成后，关闭搅拌电机及切碎电机，将料车放在出料口下，开启卸料阀，起动搅拌电机把颗粒排出。（注从准备加料至整个过程中，应始终通气）。

3.按《高速混合制粒机的清洁标准操作规程》（SOP-WS-030-00）进行清洁，清洗完毕挂上

"已清洁"状态牌。

4.填写《设备运行记录》文件编码为REC-SB-007-00和《设备清洁记录》，编码为REC-WS-016-00

二、设备编号管理

每一台设备应该对应一个唯一的设备编号。设备编号应当遵循如下原则。

1.设备编号基本能体现所属的使用部门。

2.用于同一剂型和规格的设备在编号中能体现统一性。

3.设备编号应该遵守《设备分类及编号管理规定》。

设备编号方法：部门代号+设备大类+设备流水号，即第一层为设备和计量器具仪器仪表使用部门的编号，第二层为设备和计量器具仪器仪表属性大类的编号，第三层为设备流水号。通常A代表药品生产设备，B代表检测计量设备，C代表公用设备，D代表其他设备，WB代表温湿度表，YC代表压差表，Y代表压力表，JM代表电子监管码设备，部门代号：1-3代表车间，4代表公用系统，5代表质检部门，6代表仓库，8代表生产技术部门。比如：1A01表示一车间1号生产设备；5WB03表示质检部门3号温湿度计。企业常见的设备台账见表5-6。

表5-6　设备档案台账

序号	设备名称	附属设备名称	单位	数量	单重	规格	型号	来源	单价（元）	出厂编号	出厂时间	备注

三、设备清洁管理

设备清洁内容主要包括清洁、消毒、灭菌、干燥等。通常可分为就地清洁、移动清洁和混合清洁等方式。移动清洁又可分为整机移动清洁和拆卸式移动清洁。企业应根据生产实际和设备情况，选择合适的清洁方式。

1.无菌设备的清洗，尤其是直接接触药品的部位和部件必须保证无菌，并标明灭菌日期和有效期，灭菌有效期应根据设备清洗、无菌验证的结果来确定。

2.关键设备的清洁、消毒（灭菌）应经过验证，并有完整的验证方案和验证记录。

3.非专用设备更换品种时，必须对设备进行彻底的清洁，防止交叉污染。

4.生产设备必须每批进行清洁，应在生产结束2小时内对设备进行清洗清洁。

5.同一设备连续生产同一原料药或阶段性生产连续数个批次时，宜间隔适当的时间对设备进行清洁，防止污染物（如降解产物、微生物）的累积。如有影响原料药质量的残留物，更换批次时，必须对设备进行彻底的清洁。

6.无菌设备的清洗，尤其是直接接触药品的部位和部件的灭菌，应标明灭菌日期，必要时进行无菌效果验证。设备清洗最好配备CIP及SIP（在线清洗灭菌）系统。

设备要挂有清洁状态标识，见图5-3。

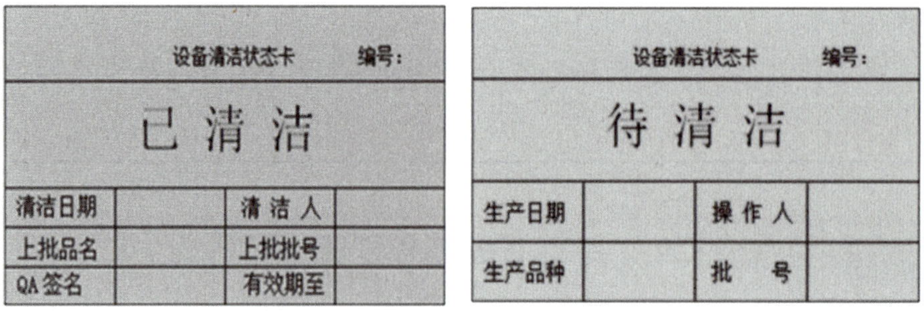

图5-3　"已清洁""待清洁"状态标识

·任务四· 计量管理

　　药品生产的各个环节离不开计量。从原材料进厂的检测分析，到生产工艺流程中各工序的质量监测控制、工艺参数的控制、直至成品、半成品检验，都需要有计量测试层层把关，严格控制。一切用数据说话，数据必须准确可靠，这就要依靠完善的计量检测来实现。通过GMP认证，应该首先通过计量和各等级认证。而校准就是计量确认的核心。

　　校准是指在规定条件下，确定测量、记录、控制仪器或系统的示值或实物量具所代表的量值，或与对应的参照标准所复现的量值之间关系的一组操作。校准不需要判定计量器具的合格与否，直接可以确定量值误差，给出被测量的示值。校准结束后可以发校准证书或校准报告，保证自下而上的量值溯源。

一、计量器具的分类

　　1.按计量学用途分类　计量器具是指能用于直接或间接测出被测对象的装置、仪器仪表、量具和用于统一量值的标准物质，包括计量基准、计量标准、工作计量器具。

　　（1）计量基准器具　简称计量基准是指用以复现和保存计量单位量值，经国家技术监督局批准，作为统一全国量值最高依据的计量器具。

　　（2）计量标准器具　是指准确度低于计量基准的，用于检定其他计量标准或工作计量器具。计量标准器具简称计量标准，计量标准在量值传递中起着承上启下的作用。计量标准包括社会公用计量标准、部门计量标准和企、事业单位计量标准。

　　（3）工作计量器具　用于现场测量而不用于检定工作的计量器具称为工作计量器具。我们常见的家用水表、煤气表、血压表（计）、工作用电能表、多用表等等都属于工作计量器具。

　　根据《中华人民共和国计量法》第九条规定：县级以上人民政府计量行政部门对社会公用计量标准器具、部门和企业、事业单位使用的最高计量标准器具，以及用于贸易结算、安全防护、医疗卫生、环境监测方面的列入强制检定目录的工作计量器具，实行强制检定。未按规定申请检定或者检定不合格的，不得使用。

　　2.按管理标准分类　根据计量器具的可靠性和在生产管理中的作用，将不同用途的计量器具分为A、B、C三类管理。

　　（1）A类计量器具　关系到公司量值向上溯源到国家标准，向下传递到生产现场使用的测量仪表，如企业砝码、磅秤、电子天平、压力表、温度计等。

（2）B类计量器具 准确度等级和位置的重要程度方面都不高，常用于非强制检定的计量器具，如流量表、可见光光度计等。

（3）C类计量器具 A类、B类外的计量器具，常为监视仪表，准确度较低，如万用表。仪器性能在使用过程中会发生变化，检测结果会发生漂移，所以企业根据《国家计量检定规程》和生产使用情况，应对各种计量器具和仪器进行校准管理。

二、校准与检定

（一）校准

校准是计量确认的核心。计量确认包含校准、调整、修理等，是一组密切相关的技术操作。校准一般以现场校准方式为准。校准的时机应该至少满足以下情况。

1.当设备故障排查中发现仪表损坏、校验结果超出允许误差、仪表损坏、显示功能不正常时，应该进行校准。

2.当需要改变仪表的控制参数、分类等级、允许偏差、校准执行日时应该进行校准。

3.当规定的校验范围出现偏差时，如仪表的测量范围、仪表精度、工艺需求等，需要控制一个更小的工艺操作范围时应该执行校准。

校准的执行部门应该是法定的或经授权的计量技术机构或校准实验室。他们使用自己的测试设备进行校准，保证校准数据能溯源到国家标准。

GMP（2010年修订）对校准提出以下规定。

【GMP（2010年修订）】

第九十条 应当按照操作规程和校准计划定期对生产和检验用衡器、量具、仪表、记录和控制设备以及仪器进行校准和检查，并保存相关记录。校准的量程范围应当涵盖实际生产和检验的使用范围。

第九十一条 应当确保生产和检验使用的关键衡器、量具、仪表、记录和控制设备以及仪器经过校准，所得出的数据准确、可靠。

第九十二条 应当使用计量标准器具进行校准，且所用计量标准器具应当符合国家有关规定。校准记录应当标明所用计量标准器具的名称、编号、校准有效期和计量合格证明编号，确保记录的可追溯性。

第九十三条 衡器、量具、仪表、用于记录和控制的设备以及仪器应当有明显的标识，标明其校准有效期。

第九十四条 不得使用未经校准、超过校准有效期、失准的衡器、量具、仪表以及用于记录和控制的设备、仪器。

第九十五条 在生产、包装、仓储过程中使用自动或电子设备的，应当按照操作规程定期进行校准和检查，确保其操作功能正常。校准和检查应当有相应的记录。

（二）检定

检定和校准都属于计量溯源的有效、合理的方法和手段。国际计量组织对检定给出的定义是查明和确认计量器具是否符合法定要求的程序，它包括检查、加标记和出具检定证书。

为了与计量仪器管理相衔接，检定主要为了校验计量仪器的示值与相对应的已知量值之间的偏差，使其始终小于有关计量仪器管理的标准、规程或规范中所规定的最大允许误差。检定完成之后，应发检定证书、加盖检定印记或不合格通知书，使用部门应根据检定的结果对计量仪器做出继续使用、修理、降级使用或声明报废等的决定。

（三）校准与检定的区别

校准与检定对比，见表5-7。

表5-7   校准与检定对比

主要区别 项目	校准	检定
性质不同	不具有法制性，属于市场自愿行为	具有法制性，属于政府强制行为
对象	除强制检定以外的其他计量器具	用于涉及贸易结算、安全防护、医疗卫生、环境监测等列入强制检定目录的计量器具
目的	只是评定测量装置的示值误差，确定指示的正确量值	证明计量器具能，对测量装置全面评定，满足有关计量法规的要求
执行部门	由授权的计量技术机构或校准实验室自校、外校或自校加外校相结合的方式	国家法定计量技术机构或授权的第三方机构
依据	单位的校准规程	计量检定规程
结果形式	校准报告	检定证书；检定结果通知书
周期间隔	使用单位根据维护规程，自行确定	强制性周期检定由政府法定文件规定

实际工作中，对强检计量器具进行监管的同时，对大量的非强制检定的计量器具应推广校准。校准合格证，见图5-4。

图5-4   校准合格证

三、计量管理的基本要求

《中华人民共和国计量法》明确规定：要加强计量监督管理，保障国家计量单位制的统一和量值的准确可靠，对计量器具的管理内容主要包括采购、检定或校准、使用管理、周期校准、维修和报废管理。

1.采购   质量管理部门根据所确定的检验任务及要求的准确度，选择使用的计量设备。采购的计量器具必须是国家制定生产厂家的计量产品。

质量管理部门建立《仪器仪表台账》《设备仪器仪表校验计划表》进行系统管理。所有计量设备采购入厂后，必须登记编号，在使用前经法定计量机构进行检定验证，并有状态标志。以确保检验、测量、实验数据的可靠性，并建立计量器具周期检定制度和管理记录，并登记归档。

2.检定或校准　关键计量器具和检测设备必须经法定计量机构检定，并出具证书，归档保存。属于国家强制检定的有计量基准仪器仪表、计量标准仪器仪表、用于贸易计算、安全防护、医疗防护、医疗卫生、环境监测等七类。除强制检定之外，计量器具和测量装置应执行校准管理，并标明检准日期、有效期。

校准不同于检定，进行校准的人员应经有效的考核，并取得相应的资格证书，只有持证人员方可出具校准证书和校准报告。

3.使用管理　计量器具和检测设备储存场所和使用现场应具有适宜的环境条件，保证其准确性和适用性。

未按照规定申请检定或检定不合格的，不得使用。具体原则如下。

（1）对生产和检验用的衡器、量具、仪表、记录和控制设备以及仪器进行校准和检查，并保存相关记录。

（2）校准的量程范围应当涵盖实际生产和检验的使用范围。

（3）衡器、器具、仪表用于记录和控制的设备以及仪器应当有明显的标识，表明其校准有效期。

（4）未经校准、超过校准有效期、失准的衡器、量具、仪表等不得使用。

常用的校准标识见图5-5。

图5-5　校准标识

4.校准周期管理　校准周期是指两次校准之间的特定时间或条件设定。在此之间测量装置的校准参数被认为是有效的。关键仪器校准周期一般每6个月一次。在确定测量仪器的校准周期时，应考虑以下因素。

（1）设备制造厂商的建议和要求。

（2）仪表的用途、使用场所和使用频次。

（3）相关标准或法规。

（4）以往校准记录所得的误差趋势及误差漂移量数据。

（5）仪表维护和使用记录及验证情况。

5.维修和报废管理　对于校准结果认定不合格的仪器，先进行校准有效性评估，可采用复验，确认校准过程正确、精准、有效，结果仍不合格即认定仪器不合格，对不合格的仪器采取修理、调整、限制使用、降级、报废处理。

·任务五· 制药用水管理

水是药品生产中影响药品质量的重要因素。制药用水应当适合其用途，并符合《中华人民共和国药典》（2020年版）的质量标准及相关要求。《中国药典》规定，制药用水一般包括饮用水、纯化水、注射用水和灭菌注射用水四种。

一、饮用水

饮用水是指供人类日常饮用和日常生活用水，包括自来水和天然水。饮用水是制备纯化水的原料水，应当符合《生活饮用水卫生标准》；通常用作纯化水的原料水；药材洗涤用水；与药品直接接触的设备、器具的洗涤初级用水；除中药浸膏、提取等可使用饮用水之外，其他产品不得使用饮用水参与药品的直接制造过程。

GMP规定应对制药用水及原水的水质进行定期监测，并有相应的记录。制药用水至少应当采用饮用水。

二、纯化水

纯化水是指饮用水经蒸馏法、离子交换法、反渗透法或其他适宜的方法制得的不含任何附加剂的制药用水。纯化水中的电解质几乎已完全去除，水中不溶解的胶体物质微生物微粒、溶解气体、有机物等均已降至很低限度，并在使用前于终端进行精制处理的高纯度水。

通常纯化水可作为非无菌原料药精制工艺用水、非无菌制剂用水，中药无菌制剂的提取用水；试验用水。不得用于注射剂的配制。

制备纯化水的方法有很多种，针对不同的制剂工艺要求，结合企业的水源质量、生产设备、药品的质量目标，选用合适的制备工艺，以获得符合药品生产质量要求的纯化水。纯化水的制备工艺流程如下。

1.原水处理　原水中往往含有电解质、有机物、悬浮颗粒等杂质，如果原水不经预处理，对设备的使用年限及设备的性能都会产生影响，导致出水质量不合格。

原水经自来水厂进行沉淀、砂滤和氯离子处理之后，仍然杂质较多。这时应进行多介质过滤除去大颗粒杂质，再经碳滤过滤絮凝物，并根据需要加入凝结剂、软化剂、氧化剂、杀菌剂等药液，直至达到我国对饮用水的卫生标准。活性炭过滤器和多介质过滤器见图5-6。

图5-6　活性炭过滤器和多介质过滤器

2.原水软化　为降低原水中电解质含量，原水预处理时通过离子交换树脂吸附作用，可以脱除钙、镁等阳离子，降低这类阳离子对水处理系统下游设备（如反渗透膜、离子交换树脂柱及蒸馏水机）运行性能的影响。这个过程叫作原水软化。软化器常用 304 不锈钢，内部采用环氧或衬胶防腐处理，内部在进水口设有布水器，下部设有集水装置，集水装置上填装有一定高度的离子交换树脂。本体外部装置有各种控制阀门和流量计、压力表。离子交换原理如图5-7所示。

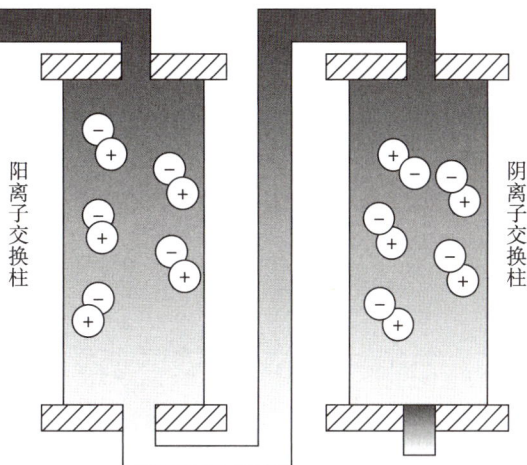

图5-7 离子交换原理

3.纯化水制备 纯化水的制备技术主要有反渗透法、离子交换法、电渗析法等。通常是多种方法联用，效果才更好、更方便、更合理。过滤+反渗透（RO系统）+离子交换方法在实际工程中使用广泛。纯化水制备的工艺流程见图5-8。

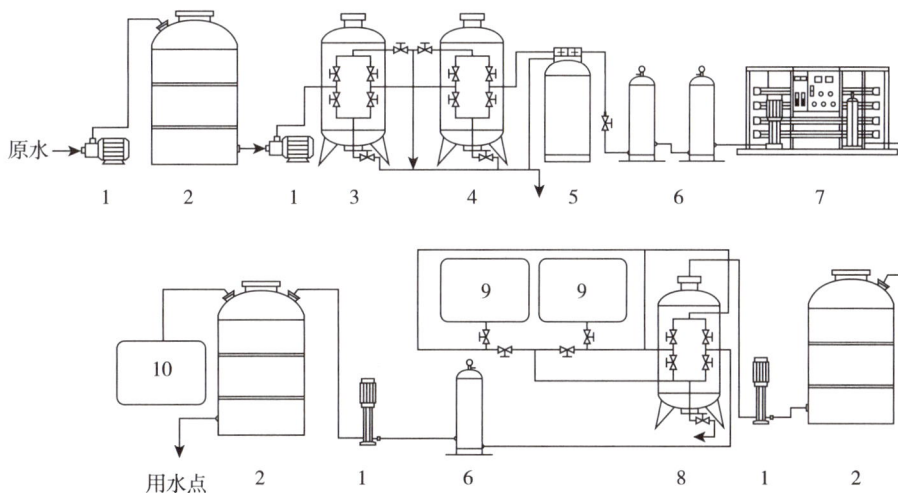

图5-8 纯化水制备流程

1.水泵；2.储水罐；3.多介质过滤器；4.活性炭过滤器；5.加药装置；6.精密过滤器；
7.一级RO；8.混床；9.再生装置；10.臭氧灭菌装置

■ **知识链接**

反渗透法制备纯化水

反渗透（RO系统）是渗透的逆过程，是指借助一定的推力（如压力差、温度差等）迫使溶液中溶剂组分通过适当的半透膜阻留某一溶质组分的过程。

反渗透（RO）法制备纯化水的技术是20世纪60年代以来，随着膜工艺技术的进步而发展起来的一种膜分离技术，水分子不断地透过膜，经过产水通道流入中心管道，然后从出水端流出，而水中的离子、有机物、细菌等杂质就会被截流在膜的进水侧，从浓水出水端流出，从而达到分离净化的目的。

反渗透过滤的工作原理见图5-9。膜元件结构见图5-10。

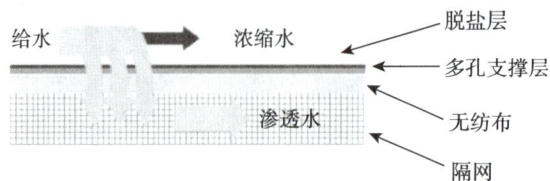

图5-9　反渗透工作原理

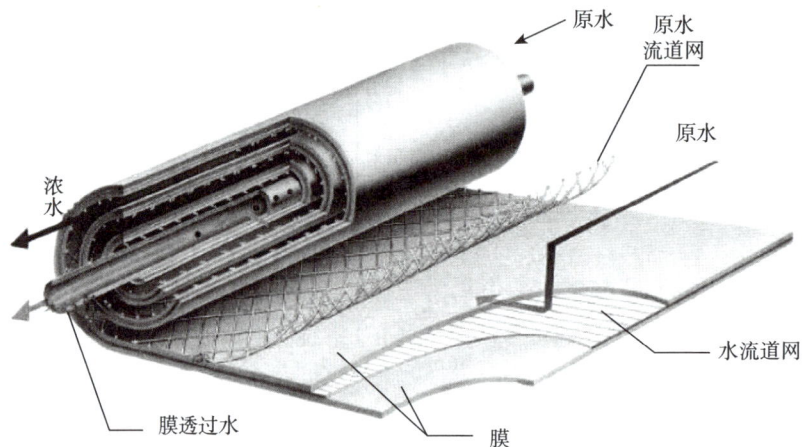

图5-10　膜元件结构示意图

三、注射用水

GMP无菌制剂附录中规定：无菌原料药的精制、无菌药品的配制、直接接触药品的包装材料和器具等最终清洗、A/B级区内消毒剂和清洁剂的配制用水应符合注射用水的质量标准。

注射用水是指在纯化水的基础上，经过进一步蒸馏处理，不含微生物和热原物质的水。注射用水可作为配制注射剂的溶剂或稀释剂。静脉用脂肪乳剂的水相及注射用容器的清洗，必要时亦可作为滴眼剂配制的溶剂。

灭菌注射用水是注射用水经灭菌所制的无菌无热原的水，主要用于注射用灭菌粉末的溶剂或注射液的稀释。

纯化水、注射用水、灭菌注射用水质量标准对比详见表5-8。

表5-8　纯化水、注射用水、灭菌注射用水质量标准对比

对比项目	纯化水	注射用水	灭菌注射用水
来源	蒸馏、反渗透等法制得	纯化水经蒸馏所得	按注射剂工艺制得
性状	无色澄明液体，无臭	无色澄明液体，无臭	无色澄明液体，无臭
pH	检验反应不得显蓝色	5.0~7.0	5.0~7.0
电导率（25℃）	≤5.1μS/cm	≤1.3μS/cm	≤5μS/cm①
氨化物	≤0.00003%	≤0.00002%	检验反应不得发生浑浊

续表

对比项目	纯化水	注射用水	灭菌注射用水
总有机碳	≤0.50mg/L	符合纯化水项下规定	符合纯化水项下规定
硝酸盐	≤0.000006%	≤6.00×10/100ml	≤6.00×10/100ml
重金属	≤0.00001%	≤0.00001%	≤0.00001%
不挥发物	遗留残渣≤1mg/100ml	—	—
需氧菌	≤100cfu/ml②	≤10cfu/100ml②	无菌生长
细菌内毒素	—	<0.25EU/ml	<0.25EU/ml

注：①表示为10ml以上时测定值；②表示采用R2A琼脂培养基培养。

　　由上表可知，注射用水与纯化水的主要区别在于内毒素的限制要求。一般情况下，注射用水的制备水源是纯化水，通过蒸馏等方法获得符合标准的注射用水。注射用水的制备方法有蒸馏法、反渗透法等。注射用水制备工艺流程见图5-11。

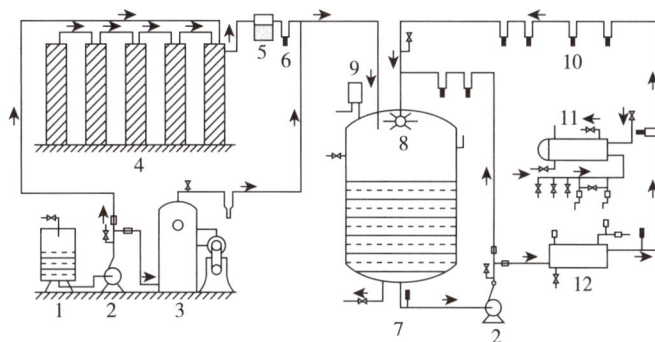

图5-11　注射用水工艺流程图

1.纯化水储罐；2.水泵；3.纯蒸汽发生器；4.多效蒸馏水机；5.冷凝器；6.取样阀；7.注射用水储罐；
8.在线清洗喷淋球；9.空气过滤器；10.用水点；11.冷却器；12.加热器

　　注射用水的制备方法有蒸馏法和反渗透法。常用三效蒸馏水机制备。三效蒸馏水机属于压力容器并按特种设备标准安装验收。在设备的构造上，蒸馏水机应具有防污染的措施。蒸馏水机的蒸发器和蒸馏水冷凝器上应具有防止污染的双列管端板的结构，防止由于设备泄漏的原因而造成蒸馏水和冷却水之间的交叉污染。另外设计上还应该有避免冷却水污染的装置。三效蒸馏机的工作原理见图5-12。

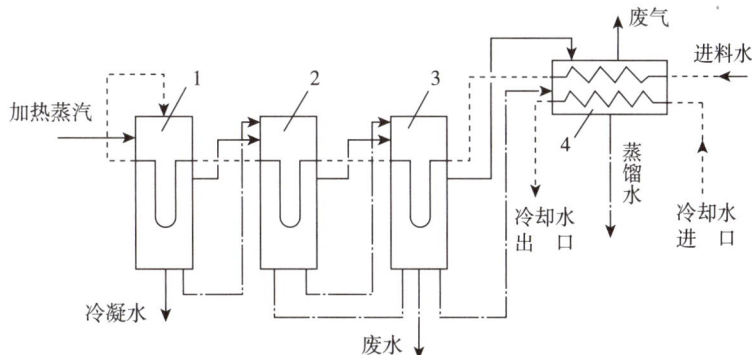

图5-12　三效蒸馏机的工作原理示意图

1.三效发生器；2.二效发生器；3.一效发生器

四、制药用水系统的管理

GMP（2010年修订）对制药用水提出以下管理要求。

【GMP（2010年修订）】

第九十六条　制药用水应当适合其用途，并符合《中华人民共和国药典》的质量标准及相关要求。制药用水至少应当采用饮用水。

第九十七条　水处理设备及其输送系统的设计、安装、运行和维护应当确保制药用水达到设定的质量标准。水处理设备的运行不得超出其设计能力。

第九十八条　纯化水、注射用水储罐和输送管道所用材料应当无毒、耐腐蚀；储罐的通气口应当安装不脱落纤维的疏水性除菌滤器；管道的设计和安装应当避免死角、盲管。

第九十九条　纯化水、注射用水的制备、贮存和分配应当能够防止微生物的滋生。纯化水可采用循环，注射用水可采用70℃以上保温循环。

第一百条　应当对制药用水及原水的水质进行定期监测，并有相应的记录。

第一百零一条　应当按照操作规程对纯化水、注射用水管道进行清洗消毒，并有相关记录。发现制药用水微生物污染达到警戒限度、纠偏限度时应当按照操作规程处理。

在企业，还有以下对制药用水的管理要求。

1.应制定"企业水系统网图"发送至制水及用水部门，内容包括管线、阀门、通气点、排水点、用水点、抽样点、清洁点、检验仪表与仪器、管斜度、流动率、水流速度、循环方式等。

2.应制定制水工艺规程及操作规程，设备使用、维护、保养、检修的SOP等。

3.应制定水系统的清洁管理规程及清洁SOP，内容包括放水、排净、消毒、清洁等操作方法和工具、清洁剂、消毒剂、频次、时间、地点等。

4.应根据验证结果，分别规定纯化水、注射用水的储存周期。如注射用水，一般应在4~8小时内使用，用于生物制品生产应在6小时内使用。

5.建立水系统档案，内容应包括水管网络图、安装厂家的有关资料附件、制水工艺规程及SOP、记录系统、水的质量标准、测定操作规程、抽样操作规程、抽样指南、测试程序、验证程序、周期性回顾检查频率、检查要点等。

▶ **目标检测** ◀

重点小结　　参考答案

一、选择题

（一）单项选择题

1.制药用水应当适合其用途，至少应当采用（　　）。

　A.自来水　　　　　　　　B.饮用水　　　　　　　　C.纯化水　　　　　　　　D.注射用水

2.对设备的设计选型和安装不合理的要求是（　　）。

　A.易于清洗消毒　　　　　　　　　　　　　B.便于生产操作、维修和保养

　C.便于现场监督　　　　　　　　　　　　　D.能够防止差错和污染

3.下面叙述错误的是（　　）。

　A.设备的设计、选型、安装、改造和维护必须符合预定用途

  B.与药品直接接触的生产设备表面应当平整、光洁

  C.与药品直接接触的生产设备表面应当易清洗或消毒、耐腐蚀

  D.与药品直接接触的生产设备表面可以吸附少量的药品

4.不需要对设备进行再确认的是（ ）。

  A.设备经过改造   B.设备经过重大维修

  C.操作人员更换   D.设备使用较长时间

5.对设备清洁的要求不合理的是（ ）。

  A.制定《设备清洁规程》

  B.清洁的内容一般为清洁、消毒、灭菌、干燥等

  C.建立并做好设备清洗记录

  D.已清洁的设备应无菌

6.注射用水的贮存应当采用（ ）。

  A.70℃以上保温   B.65℃以上保温

  C.65℃以上保温循环   D.70℃以上保温循环

7.制药设备所用的润滑剂、冷却剂应当是（ ）。

  A.无毒无色   B.不得对药品或容器造成污染

  C.药用规格   D.以上均是

8.已清洁的生产设备应当在（ ）条件下存放。

  A.清洁干燥   B.潮湿   C.外露   D.无菌

9.生产设备的物料管道应当有（ ）。

  A.状态标识、清洁状态   B.标签、流向

  C.状态标识、状态   D.物料名称和流向的标识

10.校准结果认定不合格的仪器应该使用的标签是（ ）。

  A.红色禁用标签   B.红绿限用标签

  C.黄色准用标签   D.绿色准用标签

11.关于计量管理下列描述正确的是（ ）。

  A.校准的量程范围涵盖全部实际生产使用范围

  B.校准的量程范围不必涵盖全部实际生产使用范围

  C.校准的量程范围可以小于实际使用范围

  D.校准和检定都发检定证书

12.对无菌药品生产中过滤器材要求是（ ）。

  A.禁止使用含有石棉的过滤器材

  B.能滤除热原

  C.不得吸附药液组份

  D.能滤除活多的微生物及其尸体

13.生产洁净区内清洁顺序是（ ）。

  A.墙壁—与墙壁连接的物体—管道—台面—设备—地面—天花板

  B.天花板–墙壁—与墙壁连接的物体—管道—台面—设备—地面

  C.与墙壁连接的物体—管道—台面—设备—地面—天花板–墙壁

　　D. 天花板－墙壁—与墙壁连接的物体—设备—地面—管道—台面

14. 洁净厂房清洁完毕，认真填写清洁、消毒记录，并悬挂（　　）。

　　A. 状态标识　　　　　　　B. 清场合格证　　　　　　C. 以上全对　　　　　　D. 以上全不对

15. 不需采用专用设施和设备生产的品种是（　　）。

　　A. 卡介苗　　　　　　　　B. 青霉素类　　　　　　　C. 维生素类　　　　　　D. 肿瘤药物

（二）多项选择题

16. 与设备直接接触的设备表面应当（　　）。

　　A. 光洁平整　　　　　　　　　　　　　　　B. 易清洗或消毒

　　C. 一律选用不锈钢　　　　　　　　　　　　D. 耐腐蚀和不吸附药品

17. 生产设备应当有明显的状态标识，下列哪些属于设备状态标识（　　）。

　　A. 设备运行　　　　　　　B. 设备故障　　　　　　　C. 设备停机　　　　　　D. 设备已清洁

18. . 纯化水的制备方法包括（　　）。

　　A. 机械过滤法　　　　　　　　　　　　　　B. 蒸馏法

　　C. 离子交换法　　　　　　　　　　　　　　D. 电渗析和反渗透法

19. 设备档案的内容应当包括（　　）。

　　A. 设计单位

　　B. 检修、维护、保养的内容、周期和记录

　　C. 安装位置、施工图

　　D. 工艺管线图，隐蔽工程动力系统图和验证记录

二、简答题

结合所学知识，谈一谈 GMP 对设备提出的基本要求有哪些？

实训一　过筛机的维护和维修操作

【实训目的】

　1. 掌握过筛机的操作、维护、清洗 SOP。

　2. 熟悉过筛机的用途、结构、性能和工作原理。

　3. 查阅资料，了解我国过筛机的发展状况。

【实训任务】

1. 操作前准备

　1.1 卫生检查　检查筛网有无破损、是否洁净，核对清场合格证是否在有效期内。

　1.2 设备检查　按照筛孔大小顺序逐一选放在底盘上，逐一检查过筛机每一个筛框是否破损，如果有，需要更换筛网；检查每一个紧固卡环是否锁紧；最后盖上筛盖。检查地脚螺钉紧固。

　1.3 物料检查　检查物料品名、数量、质量是否与生产要求一致，物料中是否有黑点、异物、金属屑等，发现异常上报处理。

　1.4 按 GMP 要求更衣，检查生产环境卫生符合 GMP 要求，准备好生产记录。

2. 开机运行

　2.1 启动电源。

　2.2 使过筛机空振动，检查上下振幅不应太大，声音无异常。

2.3设备运转正常后，开始投料，不可先加物料后开机，避免电机启动负载过大，引起发热甚至烧坏电机，注意加料要慢而均匀。

2.4过筛过程中应随时观察出料的大小，如放料口已满，应及时清理放料，避免电机电流较大损坏。

2.5填写生产记录。

3.停机

3.1每次使用完毕，关闭电源，及时清理设备，并悬挂状态标识。

3.2清理现场，保持环境卫生，并悬挂状态标识。

4.定期保养 根据SOP要求定期检查筛网有无破损，机身各部位是否因震动而产生损坏，需要添加润滑油的部位必须加油润滑。定期检查设备上所有螺母、螺栓和紧固件，如有松动应及时紧固。

过筛机实训记录

课程：　　　　　　　　班级：　　　　　　　　日期：

编码：REC-SB-005-00

设备名称		规格		批号	
实训前检查项目					
项　　目			有		否
1.检查岗位清场合格证，并在有效期内					
2.检查环境是否已清洁，检查桌面地面无上批次遗留物，检查地漏					
3.检查筛网规格以及设施是否完好					
4.检查设备各层筛网、底盘、筛盖是否清洁					
5.检查物料是否有物料卡					
6.挂"正在生产"或"运行中"状态牌					
7.记录室内温湿度：建议温度18~26℃，相对湿度45%~65%			温度：　　　　　　　相对湿度： 检查人：		
实训操作					
项　　目			有		否
1.按《过筛机操作规程》(简称SOP)操作			操作人：		
2.将过筛后的物料装入洁净塑料袋内，扎好袋口，填好"物料卡"称量，备用			复核人：		
3.过筛机的清理					
			操作人：　　　　　　复核人：		
过筛前物料总量（kg）		过筛后细粉量（kg）	余料重量（kg）		废料（kg）

续表

物料平衡
1.公式 =（过筛后物料总重量+余料重量）/过筛前物料总重量 × 100%
2.限度 =95% ≤限度≤ 100%
3.计算：

结论：	实际为：	符合限度□	不符合限度□
偏差分析及处理			

【实训要求】

1.严格遵守实训室工作制度，包括安全操作规则及课堂纪律等。

2.实训操作开始前要注意检查实训设备、器具、物料是否齐全和完全。

3.实训过程中一定要注意安全，未经指导教师许可，任何人不得私自动用设备，所有设备的操作要严格遵守设备的操作规程。

4.实训结束清洁卫生，关闭水、电，并做好记录。

【实训考核与评价标准】

实训项目名称	过筛机操作		
实训任务	考核内容	标准分值	得 分
预习报告	实训态度	20分	
实训前检查	实训前准备	20分	
操作规范	过程操作SOP执行情况	20分	
清场合格	过筛机的清洁SOP执行情况	20分	
记录规范	规范填写操作记录	20分	

项目六 物料与产品管理

❯ 项目导入

　　物料是产品制造过程的第一步，也是产品质量保证链条的第一环，物料管理的好坏直接影响药品的质量和安全性。建立物料管理系统，用科学的管理方法和严格的管理程序进行物料管理，是保证药品质量的基础。GMP对"物料与产品"的管理做了明确规定，范围包括对原辅料、包装材料、印刷包装材料、中间产品和待包装产品、成品、特殊管理的物料和产品的管理。

　　本项目将学习物料与产品管理的原则；原辅料、包装材料及产品等的管理要求及工作流程。

❯ 学习目标

知识目标

1. 掌握GMP对物料与产品的主要规定。

2. 熟悉物料供应商的确定及变更管理；包装材料的管理要求、物料采购原则、物料储存及发放管理。

3. 了解中间产品和待包装产品管理；供应商的评估和批准；麻醉药品、精神药品和医药用毒性药品的仓储管理要求。

技能目标

1. 能够依据GMP的相关规定，根据工作要求对物料和产品进行采购、验收、仓储、养护及发放管理。

2. 能按要求对特殊管理物料的仓储和发放进行管理。

思政目标

1. 具有"依法制药，认真规范"的意识。

2. 具有"质量第一"的质量观念。

3. 具有尊重科学、高效管理的思维。

·任务一· 物料与产品管理原则

一、物料与产品的概念

　　广义物料涉及原料、辅料、包装材料、其他辅助物料、中间产品、待包装产品、成品。中国GMP

（2010年修订）对物料和产品进行了区分。

【GMP（2010年修订）】第十四章　附　则

第三百一十二条　本规范下列术语（按汉语拼音排序）的含义是：

（二）包装材料　药品包装所用的材料，包括与药品直接接触的包装材料和容器、印刷包装材料，但不包括发运用的外包装材料。

（四）产品　包括药品的中间产品、待包装产品和成品。

（六）成品　已完成所有生产操作步骤和最终包装的产品。

（八）待包装产品　尚未进行包装但已完成所有其他加工工序的产品。

（三十五）物料　指原料、辅料和包装材料等。

例如：化学药品制剂的原料是指原料药；生物制品的原料是指原材料；中药制剂的原料是指中药材、中药饮片和外购中药提取物；原料药的原料是指用于原料药生产的除包装材料以外的其他物料。

（三十九）印刷包装材料　指具有特定式样和印刷内容的包装材料，如印字铝箔、标签、说明书、纸盒等。

（四十）原辅料　除包装材料之外，药品生产中使用的任何物料。

（四十一）中间产品　指完成部分加工步骤的产品，尚需进一步加工方可成为待包装产品。

二、物料管理目的

通常所说的物料管理系指药品生产所需物料的购入、储存、发放及相应产品的管理，涵盖从原辅料进厂到成品出厂的全过程，涉及企业生产和质量管理的所有部门。物料管理的目的在于：确保药品生产所用的原辅料、内包材符合相应的药品注册质量标准，并不得对药品质量有不利影响。

建立明确的物料和产品的处理和管理规程，确保物料和产品的正确接收、贮存、发放、使用和发运，采取措施防止污染、交叉污染、混淆和差错。

三、物料管理原则

（一）物料标准管理

1.物料标准的建立　所有同药品生产有关的物料都需要建立质量标准。质量标准的依据来源于行业标准、法规要求标准、药典标准、供应商标准和工艺特殊要求等；关注标准是否能满足生产工艺要求及药品的安全性和质量。

【GMP（2010年修订）】

第一百零二条　药品生产所用的原辅料、与药品直接接触的包装材料应当符合相应的质量标准。药品上直接印字所用油墨应当符合食用标准要求。

进口原辅料应当符合国家相关的进口管理规定。

2.物料标准的使用　按照内部程序规定在进厂检验，复验和其他相关生产活动中，作为该物料唯一的现行的质量标准在企业内部使用；以书面形式告知该物料已批准的供应商，使其可以按照该标准的要求提供物料。

（二）物料供应商管理

1.供应商管理流程 企业应按照法规要求建立供应商的评估、批准、撤销等方面的流程，明确供应商的资质、分级标准，各级供应商的选择原则、质量评估方式及评估标准等。供应商审计流程见图6-1。

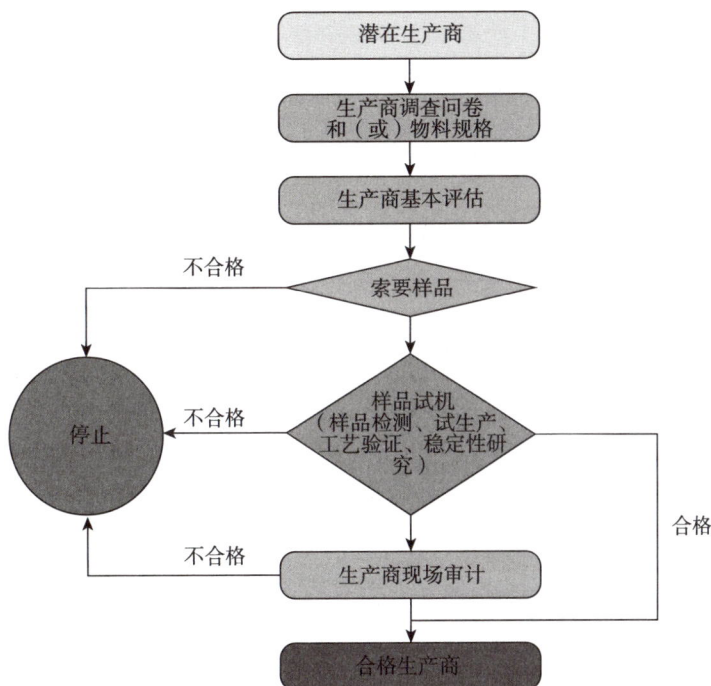

图6-1　供应商审计流程

2.供应商管理要点 应有书面的关于供应商管理的流程；用于上市产品生产的物料供应商应经过批准，然后才能采购；应对供应商进行定期的审计和质量评估；与主要物料的供应商签订质量协议；对于供应商的变更，应进行相关的研究工作。

【GMP（2010年修订）】

第一百零四条 物料供应商的确定及变更应当进行质量评估，并经质量管理部门批准后方可采购。

（三）物料流程管理

企业应建立物料从采购到使用的流程控制，包括在物料流转的过程中使用清晰准确的质量状态标识和使用适当的仓储设施，以实现物料贮存恰当，确保物料质量，并保证物料流向清晰、具有可追溯性。物料管理流程见图6-2。

【GMP（2010年修订）】

第一百零三条 应当建立物料和产品的操作规程，确保物料和产品的正确接收、贮存、发放、使用和发运，防止污染、交叉污染、混淆和差错。

物料和产品的处理应当按照操作规程或工艺规程执行，并有记录。

第一百零五条 物料和产品的运输应当能够满足其保证质量的要求，对运输有特殊要求的，其运输条件应当予以确认。

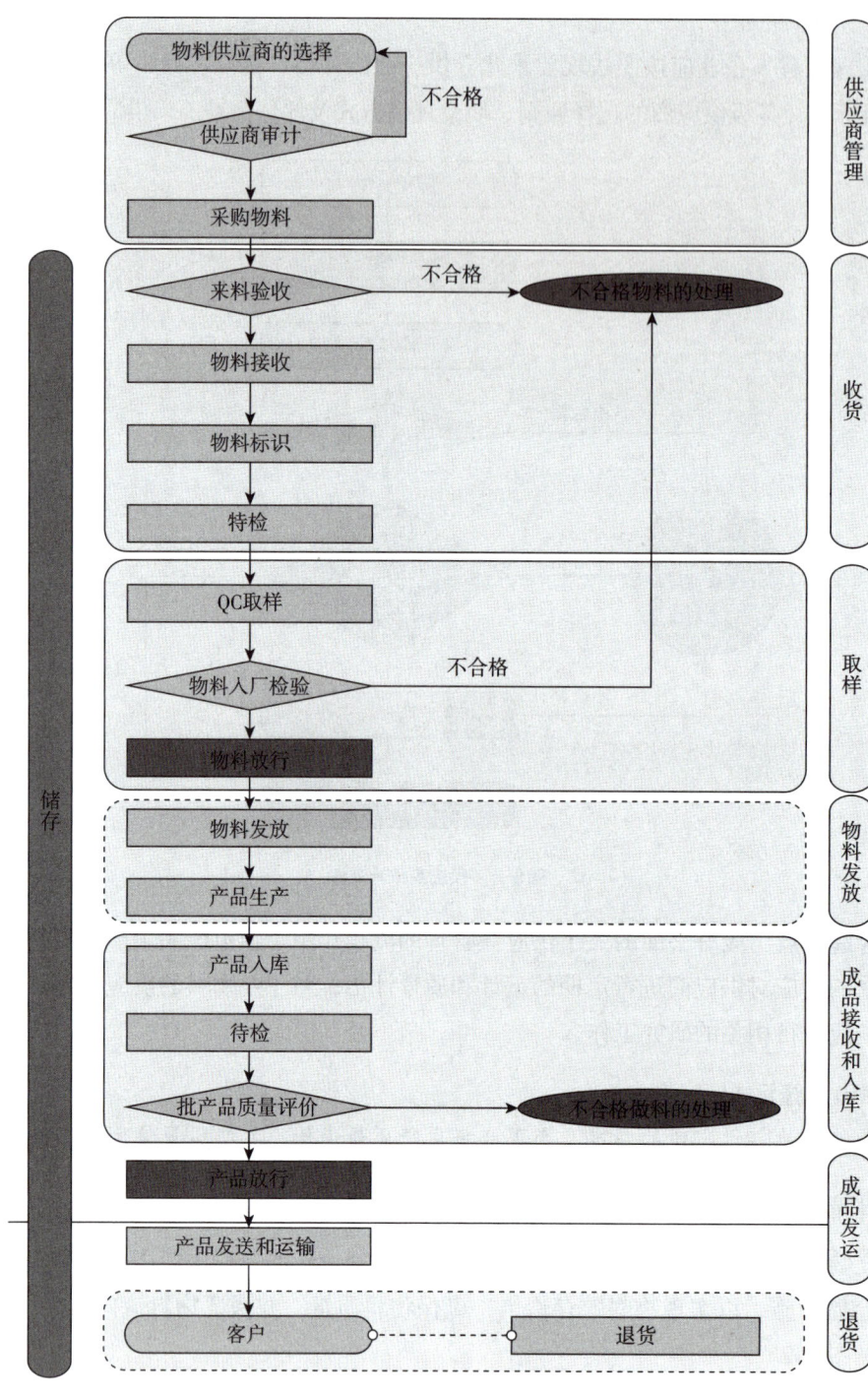

图6-2　物料管理流程

（四）物料标识管理

物料标识管理的目的在于使物料标识、质量状态明确，从而防止混淆和差错，避免物料的污染和交叉污染。企业应建立书面的管理程序规定：区域状态标识牌、货位状态标识牌等的使用、存放和管理；货位状态标签和物料状态标签的接收、发放、使用和销毁管理。质量管理部门负责建立和实施物料和产品的合格标签、不合格标签接收、发放、使用、销毁管理流程，并负责决定物料和产品质量状态的转换。

·任务二· 原辅料的管理

一、原辅料接收

物料接收是物料进入厂内的第一个环节，是物料管理的重要工作环节。物料接收包括物料从入库到存放、取样、检验、放行的全过程，其管理流程如图6-3所示。

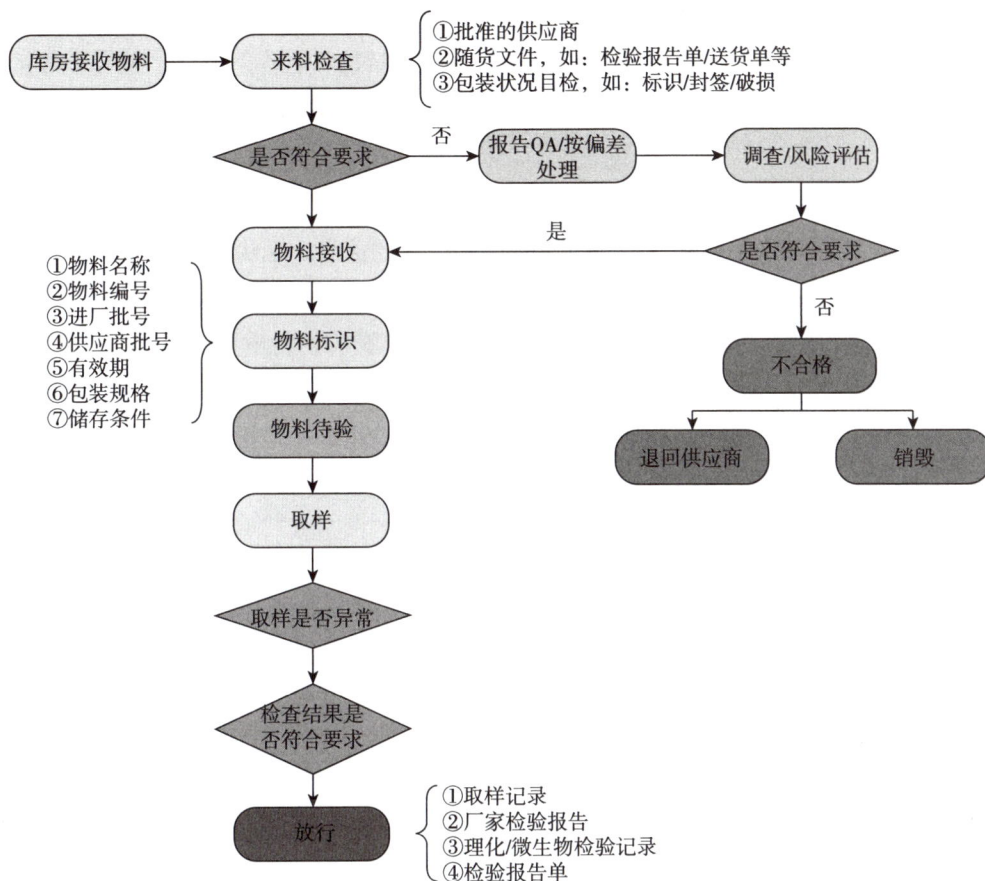

图6-3 物料接收管理流程

为保证物料质量和数量，中国GMP（2010年修订）明确规定企业应当制定物料接收的操作规程，并有接收记录，相关要求如下。

【GMP（2010年修订）】

第一百零六条 原辅料、与药品直接接触的包装材料和印刷包装材料的接收应当有操作规程，所有到货物料均应当检查，以确保与订单一致，并确认供应商已经质量管理部门批准。

物料的外包装应当有标签，并注明规定的信息。必要时，还应当进行清洁，发现外包装损坏或其他可能影响物料质量的问题，应当向质量管理部门报告并进行调查和记录。

每次接收均应当有记录，内容包括：

（一）交货单和包装容器上所注物料的名称；

（二）企业内部所用物料名称和（或）代码；

（三）接收日期；

（四）供应商和生产商（如不同）的名称；

（五）供应商和生产商（如不同）标识的批号；

（六）接收总量和包装容器数量；

（七）接收后企业指定的批号或流水号；

（八）有关说明（如包装状况）。

（一）来料检查

1.文件核对　原辅料进厂到库后，库房管理人员首先进行相关文件和凭证的检查和核对。核实装箱单和/或送货单是否与采购订单一致，核实的基本信息通常包括物料名称、规格、批号、数量、供应商，是否来自批准的供应商，还有检验报告、发票等其他文件，确定这些单据的真实性、规范性以及和所到货物的一致性。

2.外观检查　对到货的每个或每组包装容器进行包装容器的外观检查，主要包括包装容器的完整性、密封性等。检查物料包装标识是否内容清晰并注明规定的信息，至少包括物料名称、规格、批号、数量、生产厂家；检查包装是否完整，是否有污染、破损、渗漏、受潮、水渍、霉变、虫蛀、虫咬等；必要时清洁外表面后进行检查。如发现外包装损坏或其他可能影响物料质量的问题，应当向质量管理部门报告并进行调查和记录。

3.特殊事项核对　对于特殊物料及特殊条件的来料验收应注意：每批称重、核对重量、双人复核，必要时做好个人防护；温度控制的物料，还要检查送货的运输条件；对于零头包装的物料，在接收时，如必要的话，还要核实重量和数量。

（二）物料接收

1.填写物料台账　物料接收均应当有记录，内容包括物料名称、物料编号、规格、企业内部批号、厂家批号、数量、件数、生产厂家、收货人及日期、存放位置等。

2.物料码放　物料按定置管理要求放入存储区域指定货位，要求按品种、批号码放整齐，填写货位卡，物料存放位置应与货位卡描述一致。

3.填写物料标识　按要求填写物料状态标识，内容包括物料的质量状态、接收日期、批号、物料名称、物料编号、有效期或复验期、特殊存储和处理的条件、安全等级和防护措施。

（三）检验放行

【GMP（2010 年修订）】

第一百零七条　物料接收和成品生产后应当及时按照待验管理，直至放行。

第一百一十条　应当制定相应的操作规程，采取核对或检验等适当措施，确认每一包装内的原辅料正确无误。

第一百一十一条　一次接收数个批次的物料，应当按批取样、检验、放行。

根据GMP要求，物料接收后处于待验状态，应采用有效隔离方式或已验证的计算机控制物料系统，防止物料在放行前进入企业物料流转链中。

仓库管理人员及时填写物料请验单。质量控制实验室接到请验单后，即派经授权的抽样人员到仓库按规定的抽样方法进行取样，并填写取样记录。

按照标准所规定的检测项目，对原辅料进行检验，并根据检查（或检验）结果，向仓库送交检验报告单。

样品经检验合格后，质量控制实验室将检验报告单报质量管理部门或受权人审核，批准放行使用，质量管理部门根据审核结果通知仓储部门，并根据检验结果按货物件数发放绿色的合格证。

需注意：一次多批应逐批取样、检验及放行；一批多次接收，次次取样、检验及放行。

二、原辅料贮存

（一）原辅料入库

仓储部门根据质量管理部门的通知对所到的原辅料进行处理，除去原来的待验标签，将合格的原辅料移送到合格区（或挂绿色合格标识），贴上绿色"合格证"；将不合格的原辅料移送至不合格品库区，挂红色标识，贴上红色"不合格证"，并按规定通知有关部门及时处理。检验合格的原辅料入库后应填写库存货位卡，记录收发结存情况。

（二）原辅料的贮存管理与有效期

根据物料的物理化学特性、预期使用目的及物料间相互影响进行风险评估，确定物料的储存条件。合适的储存条件、正确的储存管理可保证物料的正确使用、发放，保证产品的安全有效。

1.分类贮存

【GMP（2010年修订）】

第一百零八条 物料和产品应当根据其性质有序分批贮存和周转，发放及发运应当符合先进先出和近效期先出的原则。

第一百零九条 使用计算机化仓储管理的，应当有相应的操作规程，防止因系统故障、停机等特殊情况而造成物料和产品的混淆和差错。

使用完全计算机化仓储管理系统进行识别的，物料、产品等相关信息可不必以书面可读的方式标出。

根据GMP要求，物料须按其类别、性质、储存条件分类分库储存，避免相互影响和交叉污染。通常分类原则如下：①常温、阴凉、冷藏应分开；②固体、液体原料分开储存；③挥发性及易串味原料避免污染其他物料；④原药材与净药材应严格分开；⑤特殊管理物料按相应规定储存和管理并有明显标识。

仓库管理员合理安排仓库货位，按物料的品种、规格、批号分区码放。应注意：一个货位上，只能存放同一品种、同一规格、同一批号、同一状态的物料，物料码放要安全、整齐、牢固；同一仓库内的不同物料应有明显标识，帐卡物应保持一致。

2.标识管理

企业应建立物料标识管理的书面操作规程，根据物料使用的不同阶段正确使用各类标识。中国GMP（2010年修订）对仓储区内原辅料的标识提出了具体要求。

【GMP（2010年修订）】

第一百一十二条 仓储区内的原辅料应当有适当的标识，并至少标明下述内容：

（一）指定的物料名称和企业内部的物料代码；

（二）企业接收时设定的批号；

（三）物料质量状态（如待验、合格、不合格、已取样）；

（四）有效期或复验期。

物料标识通常包括物料信息标识及物料状态标识。

物料信息标识的目的在于防止混淆和差错，从而避免物料和产品的污染和交叉污染，主要包括物料（中间产品、成品等）标签、退货标签、废料标签等。应明确指示以下物料信息：①名称，《中国药典》、国际非专利名称规定的中文名称、企业自定（通用名或商品名）；②代码，专一性的代号，代表物料唯一的数字身份，具有唯一、通用、易记、效率、分类、完整、一贯、注册可控性等特征；③批号，企业指定的批号或流水号，是物料和产品专一性的批号，具有系统性、可追溯性。

物料状态标识应标明物料的质量状态。物料的质量状态有三种，分别为待验、合格、不合格，使用黄、绿、红三种不同颜色来明显区分，避免物料在储存发放和使用时发生混淆和差错。①待验黄色，标志处于搁置、等待状态。②合格绿色，标志被允许使用或被批准放行。③不合格红色，标志不能使用或不准放行。一般实际采用的物理表现形式通常为状态标示牌和状态标签两种。主要形式有：区域状态标示牌、货位状态标示牌、货位状态标签、独立的包装/容器的物料状态标签、取样标签、限制性放行标签。

■ 知识链接

物料代码管理

GMP第一百一十二条规定，企业仓储区内的原辅料均应当有适当的标识，标明物料名称和企业内部的物料代码。GMP第一百八十二条规定，企业的物料应当有编号（或代码），并制定编制编号（或代码）的操作规程，确保编号（或代码）的唯一性。依据上述规定，药品生产过程中使用的所有物料必须由企业赋予代码，并要确保代码的唯一性。为了保证做到代码的"唯一性"，一种物料只能赋一个代码，不允许出现一物多码现象。

1.编制方法　一般采用分类＋流水号的方法，如02369，Y089。前面两位（前面字母）：表示物料的类别；后面三位：表示某一类物料的序列号。

2.管理要点　为保证代码的唯一性，只能由物料管理部门负责指定或取消，并以物料清单或台帐的书面形式发放至相关部门；代码意味着标准，同一物料名称如其质量标准不同，就必须使用不同的代号；删除了的代码一般永远不再使用，以防日后产生混淆。

3.规定条件下贮存

【GMP（2010年修订）】第四章　厂房与设施

第五十七条　仓储区应当有足够的空间，确保有序存放待验、合格、不合格、退货或召回的原辅料、包装材料、中间产品、待包装产品和成品等各类物料和产品。

第五十八条　仓储区的设计和建造应当确保良好的仓储条件，并有通风和照明设施。仓储区应当能够满足物料或产品的贮存条件（如温湿度、避光）和安全贮存的要求，并进行检查和监控。

根据GMP要求，仓储区的空间和面积要求应与生产规模相适应，确保能有序分批贮存各种物料，最大限度地减少差错和交叉污染。同时做好仓库"五防"设施即做好防蝇、防虫、防鼠、防霉、防潮。落实"五距"码放原则即注意垛距、墙距、行距、顶距、灯距（热源）。

仓储区应当能满足物料或产品的贮存条件（如温湿度、避光）和安全贮存的要求，并进行检查和监控。规定的贮存条件如下：①冷藏，2~10℃；②阴凉，20℃以下；③常温，10~30℃；④相对湿度：一般为35%~75%，特殊要求按规定储存；⑤储存要求，遮光、干燥、密闭、密封、通风等。

物料贮存条件确定原则如下：①根据生产厂家标识；②根据物料性质、稳定性数据并结合使用的适用性，选择存储条件；③根据风险评估的结果：确定物料的贮存条件；④当改变一种物料的贮存条件时，应进行风险评估，并得到QA批准。

GMP规定：根据物料性质定期检查养护，采取必要的措施预防或延缓其受潮、变质、分解等，对已发生变化的物料要及时处理避免污染其他物料。

4. 规定期限内使用 物料应在规定限期内使用，防止贮存时间过长，造成物料不稳定或变质。中国GMP（2010年修订）规定原辅料应当按照有效期或复验期贮存。企业应根据自身特点及物料稳定性制定物料的复验SOP，确定物料的复验周期。物料的复验期不得超过物料的有效期。

【GMP（2010年修订）】

第一百一十四条 原辅料应当按照有效期或复验期贮存。贮存期内，如发现对质量有不良影响的特殊情况，应当进行复验。

【GMP（2010年修订）】

第三百一十二条 本规范下列术语（按汉语拼音排序）的含义是：

（十一）复验期

原辅料、包装材料贮存一定时间后，为确保其仍适用于预定用途，由企业确定的需重新检验的日期。

三、原辅料发放

（一）原辅料发放

【GMP（2010年修订）】

第一百零八条 物料和产品应当根据其性质有序分批贮存和周转，发放及发运应当符合先进先出和近效期先出的原则。

第一百一十三条 只有经质量管理部门批准放行并在有效期或复验期内的原辅料方可使用。

第一百一十五条 应当由指定人员按照操作规程进行配料，核对物料后，精确称量或计量，并作好标识。

第一百一十六条 配制的每一物料及其重量或体积应当由他人独立进行复核，并有复核记录。

第一百一十七条 用于同一批药品生产的所有配料应当集中存放，并作好标识。

根据GMP要求，企业应建立生产物料发放管理程序；物料按批发放使用；只有经放行并有合格状态标识的物料方可发放；根据生产指令和/或物料提取单核对发放物料；物料发放时应检查物料的外包装情况。物料发放遵循先进先出、近效期先出以及零头先发、整包发放的原则。

物料领用应有批生产指令、领取物料的凭证或单据等文件。仓储所发物料包装要完好，须有有合格证、检验报告单等。保管人员接到物料领用出库文件后，按其所列项目一一进行检查无误，先核实实物货位卡片上的实际存库量，然后按文件所需，从货位上发放物料，按次序排列于待运货区，并按规定要求进行称量计量，并填写称量计量记录。

复核人员待物料全部配发齐后，一一核对清点物料，以保证其数量准确、质量良好。复核内容包括复核单货是否相符、货位结余量存量是否正确。并及时在库存货位卡和台账上登记货料去向，结存情况。

原辅料发放时应注意以下问题。

（1）仓库所发出的原辅料应包装要完好，有合格标识。物料的标签、合格证应与物料一致。

（2）分次领用的辅料、分装件也应附有标签和合格证的复印件。按规定要求称重计量，并填写仓库称量记录。

（3）装在容器内的原辅料如分数次领用时，发料人应在容器上标已领发料清单，发料时应复核存量，如有差错，应查明原因。

■知识链接

物料发放原则

1. "三查六对"原则　"三查"是指对领料凭证进行以下三项检查：检查领用部门是否符合要求；检查领料指令（生产指令）是否符合要求；检查领用物品是否符合要求。

"六对"是指将领用凭证与需领用实物进行以下六项核对，分别对货号、品名、规格、单位、数量、包装一一进行核对。

2. "四先出"原则　"四先出"是指先产先出、先进先出、易变先出、近效期先出。

（1）先产先出　由于储存环境条件和储存物料本身等因素的影响，物料储存时间越长，可变因素也越多，当物料储存超过一定期限就会引起变质，以致造成损失。故一般针对库存同一物料，采取"先产先出"原则。"先产先出"的优点在于，有利于库存物料不断更新，确保其质量的稳定性。

（2）先进先出　针对同一物料的进货时间，采取"先进先出"的原则。有利于保持库存物料的轮换，不至于出现"死区"积压物料而影响生产。

（3）易变先出　针对同一物料不宜久贮、易于变质的则先出库。有的物料虽然后入库，但由于受到阳光、气温、湿气、空气等外界因素的影响，比先入库的物料易于变质。在这种情况下，当物料出库时就不能机械地采用"先产先出"，而应该根据物料的质量情况，将易霉、易坏、不易久贮的尽先出库。

（4）近效期先出　企业对库存有"效期"规定的相同物料，对接近失效期的先行出库。所谓"近失效期"还应包括给这些物料留有调运、供应和使用的时间，使其在"失效"之前投入使用。

3. 按批发放的原则　物料出库应采取按批发货，尽可能把同一批完整发出，如果遇到物料一个批次数量不够，也要尽可能使得混合的批次越少越好，这样便于日后的质量追踪，也防止尾料过多，防止包装被拆除过多，影响物料在库质量。

（二）原辅料在生产场所的存放

送料员与仓库管理人员核对实物后，把原辅料送到生产部门指定地点，码放整齐，由生产部门收料人员点收。发料、送料、收料人均应在需料送料单上签字。

原辅料必须在规定的房间、区域，按规定的贮存条件进行存放，并做好标识。如需在生产场所进行配料，应当由指定人员按照操作规程，并在指定的区域或房间进行配料。配制的每一种物料及其重量或体积应当由他人独立进行复核，并有复核记录。用于同一批药品生产的所有配料应当集中存放，并作好标识。

（三）物料退库

不连续生产或更换品种时，车间不得存放与现品种生产有关的原辅料。退库应注意以下几点。

（1）物料退库时，退库的班组负责人须在物料领用退库记录中填写退库数量和退库日期，并填写退库单，交车间领料员退料。

（2）车间领料员核对退库物料名称、物料编号、检验单号、数量，无误后将物料、退库单及物料领用退库记录退往车间指定地点。

（3）仓库送料员到车间指定地点接料。

（4）仓库保管员接料后，与仓库送料员物料交接时，仓库送料员核对物料名称、物料编号、检验单号和数量，无误后将物料及退料单、物料领用退库记录交仓库保管员。

（5）退货人和收货人均应在退库清单上签字，怀疑质量有变化时，应复验合格后收回。

（6）仓库保管员根据物料领用、物料退库情况及时做好物料台账，调整货位卡。

▶ 实例分析 ◀

参考答案

| 实例 |　某制药有限公司生产的"XXX"片剂，在化验室出具的检验报告中，金属铁含量严重超标。铁超标可促使药物有效成分的氧化，直接影响药物的有效期，甚至产生有毒氧化物，给临床应用带来严重的后果。追溯药品的整个生产过程，最后得出结论：药用辅料碳酸钙有两种标准，成品"XXX"片剂的生产必须使用含量低于百万分之十的碳酸钙，成品B生产则可使用含铁量高达百万分之二百的碳酸钙。而由于该药厂物料管理人员的失误，使"XXX"片剂生产时发放了含铁量高达百万分之二百的碳酸钙。

| 问题 |　该事件发生的原因是什么？如何整改？

·任务三· 包装材料的管理

一、包装材料分类

影响药品质量的因素除药品本身品质外，药品包装材料也是非常重要的因素。包装材料的管理，直接关系到药品的质量和方便患者安全用药。通常可把药品包装材料分成三类。

1. 直接接触药品的包装材料和容器　也称内包材或药包材，药用胶塞、药用铝箔、输液瓶、安瓿、药用瓶（管、盖）、药用软膏管（盒）等。

2000年10月1日，原国家食品药品监督管理局颁布《药品包装用材料、容器管理办法（暂行）》，将药包材按使用方式分为Ⅰ/Ⅱ/Ⅲ三类：Ⅰ类，直接接触药品且直接使用的药品包装用材料、容器；Ⅱ类，直接接触药品，但便于清洗，在实际使用过程中，经清洗后使用并可以消毒灭菌的药品包装用材料、容器；Ⅲ类，Ⅰ、Ⅱ类以外其他可能直接影响药品质量的药品包装用材料、容器。

2004年7月20日，原国家食品药品监督管理局颁布《直接接触药品的包装材料和容器管理办法》，明确以下类别药包材产品实施注册管理：①输液瓶（袋、膜及配件）；②安瓿；③药用（注射剂、口服或者外用剂型）瓶（管、盖）；④药用胶塞；⑤药用预灌封注射器；⑥药用滴眼（鼻、耳）剂瓶（管）；

⑦药用硬片（膜）；⑧药用铝箔；⑨药用软膏管（盒）；⑩药用喷（气）雾剂泵（阀门、罐、筒）；⑪药用干燥剂。

2019年7月16日，国家药监局发布了《关于进一步完善药品关联审评审批和监管工作有关事宜的公告》（2019年第56号），明确了实行关联审评的剂型与包装系统的类别。

2.印刷包装材料   指具有特定式样和印刷内容的包装材料，如印字铝箔、标签、说明书、纸盒等。

3.其他包装材料   包括发运用包装材料、胶带、缠绕膜、打包带等。

二、直接接触药品的包装材料和容器管理

【GMP（2010年修订）】

第一百二十条   与药品直接接触的包装材料和印刷包装材料的管理和控制要求与原辅料相同。

根据GMP要求，直接接触药品的包装材料和印刷包装材料的管理和控制原则与原辅料相同，即贮存、接收、发放以及质量控制等与对原辅料的要求一致。直接接触药品的包装材料和容器若外表印制标识，仍按内包材管理，标识印字部分按印刷包装材料管理。

企业可根据自己的产品特性、包装材料的特性、工艺的使用要求、供应商的评估结果等多种因素，确定内包装材料的检验项目，建立自己的验收质量标准，在标准上规定哪些项目是企业每批必需自行检验的，哪些项目是参考供应商的检验结果（索要供应商检验报告来证明合格），根据自己检验情况和供应商的检验结果来综合判断是否放行使用。如有可能，对于非自检项目宜定期（每年一次或半年一次）送有关专业机构检测。

与原辅料要求一样，包装材料如没有标示有效期限，企业须根据物料的特性、贮存条件、物料关键质量属性的影响因素或稳定性试验数据确定贮存期，并根据物料的稳定性情况、物料关键质量属性等因素制订复验期，确保内包材的质量稳定。

包装材料应当由专人按照操作规程发放，并采取措施避免混淆和差错，确保用于药品生产的包装材料正确无误。

为防止差错的发生，应对每批/次发放的包材设置合理标识，要标明与药品直接接触的包装材料或印刷包装材料的名称、批号、数量以及用于对应的产品的名称和批号。如果一批包材用于多批待包装产品时，对于整卷发出的材料要标明首次使用产品的名称和批号，剩余部分可按文件规定退库或在车间暂存，但每次使用情况均要用物料卡进行记录。PVC可以直接用于下批生产，在阶段性生产结束后剩余包装材料不宜存放在生产现场，需要进行退库处理。

三、印刷包装材料管理

印刷包装材料应根据药品的特性选用不易破损的包装材料，以保证药品在运输、贮藏、使用过程中的质量。在正常储运条件下，包装材料必须保证合格的药品在有效期内不变质。

（一）印制管理

【GMP（2010年修订）】

第一百二十二条   应当建立印刷包装材料设计、审核、批准的操作规程，确保印刷包装材料印制的内容与药品监督管理部门核准的一致，并建立专门的文档，保存经签名批准的印刷包装材料原版实样。

第一百二十三条   印刷包装材料的版本变更时，应当采取措施，确保产品所用印刷包装材料的版本

正确无误。宜收回作废的旧版印刷模版并予以销毁。

　　第一百二十七条　过期或废弃的印刷包装材料应当予以销毁并记录。

　　印刷包装材料是药品外在质量的主要体现，印刷性包装材料必须与药品监督管理部分核准的一致。根据GMP要求，企业应建立印刷包装材料印刷前的设计、审批管理程序，以保证印刷包装材料印制的合法性（内容、式样等与药品监督管理部门核准的一致）和可控性（防止印刷包装材料的流失，确保印刷包装材料的质量）。同时建立相关的档案来保存经签名批准的印刷包装材料原版实样，以便于质量追溯。

　　GMP还对印刷包材版本变更提出了明确要求，以规范印刷厂商的模版管理，便于版本变更时采取措施确保产品所用印刷包装材料的内容正确无误。对于收回作废的旧版印刷模板要求及时销毁、有销毁人、监督人签字，并有记录，以防止出现差错。同时提出过期或废弃的印刷包装材料也应建立销毁记录。

（二）贮存管理

【GMP（2010年修订）】

　　第一百二十四条　印刷包装材料应当设置专门区域妥善存放，未经批准人员不得进入。切割式标签或其他散装印刷包装材料应当分别置于密闭容器内储运，以防混淆。

　　为防止印刷包装材料的流失，确保质量，根据GMP要求，印刷包装材料应当由专人保管，设置专门区域妥善存放。同时，为了预防印刷包装材料在储存、转运、发放过程中因散落等原因造成混淆，提出了对于切割式标签和散装印刷包装材料（指的是从最小包装拆开的印刷包装材料）采取"密闭方式"进行转运的要求。

（三）发放管理

【GMP（2010年修订）】

　　第一百二十五条　印刷包装材料应当由专人保管，并按照操作规程和需求量发放。

　　第一百二十六条　每批或每次发放的与药品直接接触的包装材料或印刷包装材料，均应当有识别标志，标明所用产品的名称和批号。

　　根据GMP要求，印刷包装材料应按操作规程和需求量进行发放，修订了GMP（1998年修订）"凭批包装指令发放，按实际需要量领取"的方式，即企业按实际需要整包发放和管理即可，不需要按照实际包装数量计数发放。同时为了防止差错的发生，提出对每批或每次发放的包装材料应设置识别标志，标明所用产品的名称和批号。

·任务四· 中间产品、待包装产品与成品的管理

　　根据不同的生产阶段，产品一般分为：中间产品、待包装产品、成品。

一、中间产品与待包装产品管理

1.中间产品与待包装产品的质量控制　中间产品、待包装产品均应有产品质量标准，由质量管理部

门审核并执行。一般在洁净厂房内流动转移交接，必须按照人员及物料进出洁净区等相关管理规程进行管理。中间产品、待包装产品放入洁净区中间站后，其质量应符合企业质量标准。如离开洁净厂房长距离运输须执行并启动变更控制程序和质量风险管理程序，并做好纠正和预防措施。

2.中间产品、待包装产品的贮存管理 生产车间应当有足够的空间确保能有序地存放中间产品和待包装产品，避免不同产品的混淆、交叉污染，避免生产或质量控制操作发生遗漏或差错。在中间站的中间产品、待包装产品，盛于洁净容器内，必须按照品种、批号、规格分类分区存放，摆放整齐，不同品种、不同规格、不同批号的产品之间应有一定的距离，要求附着明显货位卡和产品状态标识。中间产品的贮存管理，同样要求必须做到账、卡、物相符。

生产过程中的中间产品和待包装产品贮存条件应有规定，应和产品的生产工艺要求保持一致，确保质量不发生变化。对其贮存条件也应经过稳定性考察，予以确认。贮存条件是确保产品质量的关键因素之一，贮存过程中应确保温湿度等贮存条件符合要求，不对产品质量产生不良影响。有可能相互影响质量、混药、易交叉污染或易串味的中间产品分室存放。

为防止多品种、多规格产品同时存放发生差错，中间产品和待包装产品应当有明确的标识。中间产品和待包装产品的标识，除了和原辅料一样，标明产品名称和企业内部的产品代码、产品批号、数量或重量（如毛重，净重等）等外，还必须标明生产工序、产品质量状态（如待验、合格、不合格、已取样）等。

【GMP（2010年修订）】

第一百一十八条 中间产品和待包装产品应当在适当的条件下贮存。

第一百一十九条 中间产品和待包装产品应当有明确的标识，并至少标明下述内容：

（一）产品名称和企业内部的产品代码；

（二）产品批号；

（三）数量或重量（如毛重、净重等）;

（四）生产工序（必要时）；

（五）产品质量状态（必要时，如待验、合格、不合格、已取样）。

二、成品管理

1.成品入库验收 成品入库时，首先验收成品入库单，逐项核对成品入库单中的产品信息（名称、规格、批号、数量、包装等）与实际是否相符，字迹是否清晰无误。检查产品外包装（是否清洁、完好、无破损）。

核验入库单与检验报告单信息是否一致，确保准确无误后入库。产品定置存放，实行色标管理，产品要有醒目的状态标识。为防止差错，成品放行前按待验贮存。

2.成品的贮存 成品的贮存条件应当符合药品注册批准的要求。仓储区要有足够的空间保证成品的存放，标注醒目的标志，避免污染与混淆。成品按照品种、规格码放。同一品种不同规格分开存放。对库房的温、湿度进行控制，必要时采取降温、除湿等措施，以保证产品质量。

【GMP（2010年修订）】

第一百二十九条 成品的贮存条件应当符合药品注册批准的要求。

3.成品的放行 成品生产后应当及时按照待验管理，直至放行。成品的放行需要质量受权人批准。

成品的发放需凭"成品放行单"及"产品发货单"发放成品。

成品发货时同样执行先进先出和近效期先出的原则。成品发货时，需认真核对出库（发货）单上的品名、规格、批号、数量等信息，同时需及时填写更新成品库存货位卡。

【GMP（2010年修订）】

第一百二十八条 成品放行前应当待验贮存。

【GMP（2010年修订）】第十章 质量控制与质量保证

第二百三十条 产品的放行应当至少符合以下要求：

（一）在批准放行前，应当对每批药品进行质量评价，保证药品及其生产应当符合注册和本规范要求，并确认以下各项内容：

1.主要生产工艺和检验方法经过验证；

2.已完成所有必需的检查、检验，并综合考虑实际生产条件和生产记录；

3.所有必需的生产和质量控制均已完成并经相关主管人员签名；

4.变更已按照相关规程处理完毕，需要经药品监督管理部门批准的变更已得到批准；

5.对变更或偏差已完成所有必要的取样、检查、检验和审核；

6.所有与该批产品有关的偏差均已有明确的解释或说明，或者已经过彻底调查和适当处理；如偏差还涉及其他批次产品，应当一并处理。

（二）药品的质量评价应当有明确的结论，如批准放行、不合格或其他决定；

（三）每批药品均应当由质量受权人签名批准放行；

（四）疫苗类制品、血液制品、用于血源筛查的体外诊断试剂以及国家食品药品监督管理局规定的其他生物制品放行前还应当取得批签发合格证明。

·任务五· 特殊管理的物料和产品

特殊管理的物料和产品包括麻醉药品、精神药品、医疗用毒性药品（包括药材）、放射性药品、药品类易制毒化学品及易燃、易爆和其他危险品。GMP规定特殊管理的物料和产品的验收、贮存、管理应当执行国家有关的规定。

【GMP（2010年修订）】

第一百三十条 麻醉药品、精神药品、医疗用毒性药品（包括药材）、放射性药品、药品类易制毒化学品及易燃、易爆和其他危险品的验收、贮存、管理应当执行国家有关的规定。

这里的国家有关规定是指由国务院发布的《麻醉药品与精神药品管理条例》《医疗用毒性药品管理办法》《放射性药品管理办法》《危险化学品安全管理条例》以及卫生部发布的《药品类易制毒化学品管理办法》等规定。

一、麻醉药品、精神药品管理

麻醉药品和精神药品生产企业应当配备符合规定的生产设施、储存条件和安全管理设施，并制定相应管理制度，确保麻醉药品、精神药品的安全生产和储存。

1.专库储存 根据《麻醉药品与精神药品管理条例》要求，麻醉药品定点生产企业应当设置储存麻醉药品和第一类精神药品的专库。该专库应当符合下列要求：①安装专用防盗门，实行双人双锁管理；②具有相应的防火设施；③具有监控设施和报警装置，报警装置应当与公安机关报警系统联网。麻醉药品定点生产企业应当将麻醉药品原料药和制剂分别存放。

另外，《麻醉药品和精神药品生产管理办法（试行）》还对专库提出以下要求：麻醉药品、第一类精神药品专用仓库必须位于库区建筑群之内，不靠外墙，仓库采用无窗建筑形式，整体为钢筋混凝土结构，具有抗撞击能力，入口采用钢制保险库门；第二类精神药品原料药以及制剂应当在药品库中设立独立的专库存放。麻醉药品和精神药品原料药需要在车间暂存的，要设麻醉药品和精神药品原料药专库（柜）。生产过程中要按需发料，成品及时入库。专库、生产车间暂存库（柜）以及留样室均实行双人双锁管理。

2.专用账册 生产企业应当配备专人负责管理工作。储存麻醉药品和精神药品（包括麻醉药品和精神药品专库以及生产车间暂存库/柜）必须建立专用账册，做到账物相符。仓库保管人员凭专用单据办理领发手续，详细记录领发料和出入库日期、规格、数量并有经手人签字。麻醉药品、精神药品出入仓库，必须由双方当场签字、检查验收。专用账册保存期限应当自药品有效期期满之日起不少于5年。

3.安全管理 生产麻醉药品、第一类精神药品以及使用麻醉药品、第一类精神药品生产普通药品的药品生产企业，应当设立电视监控中心（室），统一管理监控系统与防火防盗自动报警设施。企业应当定期检查监控系统和报警设施，保证正常运行。生产区、生产车间、仓库出入口以及仓库内部等关键部位应当安装摄像装置，监控生产的主要活动并记录。仓库应当安装自动报警系统，并与公安部门报警系统联网。应当建立安全检查制度，对出入麻醉药品、第一类精神药品相关区域的人员、物品与车辆实行安全检查。

严格执行库房与车间麻醉药品、精神药品原料药的交接制度。制剂车间应当坚持"领料不停产，停产不领料"的原则，生产过程中应当对麻醉药品、精神药品原料药、中间体、成品严格管理。必须同时两人以上方可进入车间的生产岗位，不允许一人单独上岗操作。生产工序交接应当实行两人复核制。

企业应建立麻醉药品和精神药品的取样、留样、退样管理规程。检验部门要严格履行领取登记手续，按需取样，精确称重计数，做好记录，并由检验部门与被取样部门双方签字。检验部门应当及时检验、妥善保管样品（留样）以及可回收利用的残渣残液。退回的样品要称重计数，登记消耗和退回的数量，由交接双方签字。

4.监督销毁 企业对过期、损坏的麻醉药品和精神药品应当登记、造册，及时向所在地县级以上药品监督管理部门申请销毁。药品监督管理部门应当于接到申请后5日内到现场监督销毁。生产中产生的具有活性成分的残渣残液，由企业自行销毁并作记录。

二、医疗用毒性药品管理

根据《医疗用毒性药品管理办法》要求，收购、经营、加工、使用毒性药品的单位必须建立健全保管、验收、领发、核对等制度；严防收假、发错，严禁与其他药品混杂，做到划定仓间或仓位，专柜加锁并由专人保管。毒性药品的包装容器上必须印有毒药标志。在运输毒性药品的过程中，应当采取有效措施，防止发生事故。

三、放射性药品管理

根据《放射性药品管理办法》要求，放射性药品生产、经营企业，必须配备与生产、经营放射性药品相适应的专业技术人员，具有安全、防护和废气、废物、废水处理等设施，并建立严格的质量管理制度。

中国GMP（2010年修订）放射性药品附录中对企业的物料管理和辐射安全管理要求如下。

【GMP（2010年修订）】附录　放射性药品

第十八条　贮存放射性物质的场所应安全可靠，具有防火、防盗、防泄漏等安全防护措施。

第二十二条　放射性物质和非放射性物质应严格分开存放。放射性物质应专库或专柜存放，专人保管，专册登记。

第二十三条　物料、中间产品和成品在厂区内流转应有避免混淆和污染及辐射防护的措施。

第四十条　企业应当按照国务院《放射性同位素与射线装置安全和防护条例》的要求，加强放射性药品生产、销售、使用、运输、储存和安全管理，依法取得《辐射安全许可证》。

第四十一条　应对生产、检验、维修等相关人员进行辐射剂量监测，按规定进行职业健康体检。

第四十二条　从事放射性药品生产操作人员，应配备防护用品。

第四十三条　应配备放射性废物专用容器，生产过程中产生的放射性废物、废液、废气的贮存和处理应符合国家有关规定。

四、药品类易制毒化学品管理

根据《药品类易制毒化学品管理办法》要求，药品类易制毒化学品生产企业、经营企业和使用药品类易制毒化学品的药品生产企业，应当设置专库或者在药品仓库中设立独立的专库（柜）储存药品类易制毒化学品。专库应当设有防盗设施，专柜应当使用保险柜；专库和专柜应当实行双人双锁管理。关键生产岗位、储存场所应当设置电视监控设施，安装报警装置并与公安机关联网。

应当建立药品类易制毒化学品专用账册，专用账册保存期限应当自药品类易制毒化学品有效期期满之日起不少于2年。药品类易制毒化学品生产企业自营出口药品类易制毒化学品的，必须在专用账册中载明，并留存出口许可及相应证明材料备查。

药品类易制毒化学品入库应当双人验收，出库应当双人复核，做到账物相符。

五、危险化学品管理

根据《危险化学品安全管理条例》要求，危险化学品应当储存在专用仓库、专用场地或者专用储存室（以下统称专用仓库）内，并由专人负责管理；剧毒化学品以及储存数量构成重大危险源的其他危险化学品，应当在专用仓库内单独存放，并实行双人收发、双人保管制度。危险化学品的储存方式、方法以及储存数量应当符合国家标准或者国家有关规定。

储存危险化学品的单位应当建立危险化学品出入库核查、登记制度。对剧毒化学品以及储存数量构成重大危险源的其他危险化学品，储存单位应当将其储存数量、储存地点以及管理人员的情况，报所在地县级人民政府安全生产监督管理部门（在港区内储存的，报港口行政管理部门）和公安机关备案。

危险化学品专用仓库应当符合国家标准、行业标准的要求，并设置明显的标志。储存剧毒化学品、易制爆危险化学品的专用仓库，应当按照国家有关规定设置相应的技术防范设施。储存危险化学品的单位应当对其危险化学品专用仓库的安全设施、设备定期进行检测、检验。

·任务六· 其他物料与产品的管理

其他物料和产品的管理指对不合格品（包括不合格的物料、中间产品、待包装产品和成品）、产品回收、重新加工及返工、退货等方面的管理。

一、不合格品的管理

企业必须建立不合格品管理程序，能对不合格产品进行严格监控，确保不合格品能妥善处理。为防止差错，要求每个不合格包装容器上均应有清晰醒目的标志，并在隔离区内妥善保存。不合格品的处理应由质量管理负责人批准，并有记录。

【GMP（2010年修订）】

第一百三十一条　不合格的物料、中间产品、待包装产品和成品的每个包装容器上均应当有清晰醒目的标志，并在隔离区内妥善保存。

第一百三十二条　不合格的物料、中间产品、待包装产品和成品的处理应当经质量管理负责人批准，并有记录。

（一）不合格物料管理

不合格物料指进厂验收检验不合格的物料与超过贮存期复检不合格的物料。

1.未入库的不合格物料的处理　到货验收不合格的物料，拒收，填写拒收记录，与供应商确认退货并记录。

2.入库的不合格物料的处理　经检验不符合规定质量要求的，经质量管理部门确认为退货的物料，在仓库移至不合格品区，悬挂红色不合格标示牌。按程序办理退货手续，并记录备查。

3.使用过程确认的不合格物料　经检验合格入库，在实际生产过程中发现质量问题的物料，车间应办理退库手续，仓库员核对无误后移存至不合格品区，挂红色标识牌，由仓库提出申请，按相关规定报废处理。

（二）不合格中间产品、待包装产品和成品管理

不合格中间产品指不符合加工要求或中间产品质量标准的中间产品。不合格待包装产品指不符合待包装产品质量标准的待包装产品。不合格成品指不符合成品质量标准的不合格产品。

生产操作过程中发现大量的不合格中间产品应首先按《生产过程偏差处理管理规程》处理。不合格中间产品移至不合格品暂存处，挂醒目"不合格"标识牌，填写记录。根据实际情况，按照经质量管理负责人批准的处理程序进行处理。

经检验认定为不合格的待包装产品和成品，挂醒目"不合格"标识牌，并立即将其移至不合格品区。

二、产品回收、重新加工及返工管理

1.术语解释

【GMP（2010年修订）】第十四章　附　则

第三百一十二条　本规范下列术语（按汉语拼音排序）的含义是：

（七）重新加工　将某一生产工序生产的不符合质量标准的一批中间产品或待包装产品的一部分或全部，采用不同的生产工艺进行再加工，以符合预定的质量标准。

（十三）返工　将某一生产工序生产的不符合质量标准的一批中间产品或待包装产品、成品的一部分或全部返回到之前的工序，采用相同的生产工艺进行再加工，以符合预定的质量标准。

（十八）回收　在某一特定的生产阶段，将以前生产的一批或数批符合相应质量要求的产品的一部分或全部，加入到另一批次中的操作。

根据以上要求，企业在实施回收、重新加工与返工操作时，一定要理解这三个概念的区别："回收"即产品符合质量标准，相同工艺再制；"重新加工"即产品不符合质量标准，不同工艺再制；"返工"即产品不符合质量标准，相同工艺再制。

2.产品回收、重新加工及返工管理要求　对于药品生产企业而言，回收是经常发生的，完全避免返工和重新加工几乎是不可能的。由于回收、重新加工、返工毕竟是非正常生产过程，因此企业对返工、重新加工或回收生产的成品应加强质量监控，放行出厂需谨慎，以最大程度避免产品质量风险的发生。

中国GMP（2010年修订）对产品回收、重新加工及返工的管理要求如下。

【GMP（2010年修订）】

第一百三十三条　产品回收需经预先批准，并对相关的质量风险进行充分评估，根据评估结论决定是否回收。回收应当按照预定的操作规程进行，并有相应记录。回收处理后的产品应当按照回收处理中最早批次产品的生产日期确定有效期。

第一百三十四条　制剂产品不得进行重新加工。不合格的制剂中间产品、待包装产品和成品一般不得进行返工。只有不影响产品质量、符合相应质量标准，且根据预定、经批准的操作规程以及对相关风险充分评估后，才允许返工处理。返工应当有相应记录。

第一百三十五条　对返工或重新加工或回收合并后生产的成品，质量管理部门应当考虑需要进行额外相关项目的检验和稳定性考察。

（三）退货管理

1.术语解释　企业在生产经营活动中会产生退货行为。GMP（2010年修订）对退货的定义如下：

【GMP（2010年修订）】第十四章　附　则

第三百一十二条　本规范下列术语（按汉语拼音排序）的含义是：

（三十三）退货　将药品退还给企业的活动。

2.退货管理要求　退货应严格管理，以避免在退货处理过程中可能产生的差错、混淆，同时为降低退货过程中带来的质量风险和假药风险提供必要的保障。GMP（2010年修订）明确要求企业应当建立药品退货的操作规程及相应记录，并规定了记录内容和退货处理要求：

【GMP（2010年修订）】

第一百三十六条　企业应当建立药品退货的操作规程，并有相应的记录，内容至少应当包括：产品名称、批号、规格、数量、退货单位及地址、退货原因及日期、最终处理意见。

同一产品同一批号不同渠道的退货应当分别记录、存放和处理。

第一百三十七条　只有经检查、检验和调查，有证据证明退货质量未受影响，且经质量管理部门根据操作规程评价后，方可考虑将退货重新包装、重新发运销售。评价考虑的因素至少应当包括药品的性质、所需的贮存条件、药品的现状、历史，以及发运与退货之间的间隔时间等因素。不符合贮存和运输要求的退货，应当在质量管理部门监督下予以销毁。对退货质量存有怀疑时，不得重新发运。

对退货进行回收处理的，回收后的产品应当符合预定的质量标准和第一百三十三条的要求。

退货处理的过程和结果应当有相应记录。

▶ 目标检测 ◀

重点小结   参考答案

一、选择题

（一）单项选择题

1.只有经（　）批准放行并在有效期或复验期内的原辅料方可使用。

　A.质量管理部门　　　　　　　　　　　　　B.生产技术部门

　C.药品监督管理部门　　　　　　　　　　　D.物料部门

2.物料供应商的确定及变更应当进行质量评估，并经（　）批准后方可采购。

　A.质量管理部门　　　　　　　　　　　　　B.生产技术部门

　C.药品监督管理部门　　　　　　　　　　　D.物料部门

3.下列关于物料说法错误的是（　）。

　A.物料包括原料、辅料和包装材料

　B.化学药品制剂的原料是指原料药

　C.中药制剂的原料是指中药材、中药饮片和外购中药提取物

　D.原辅料是包括包装材料在内的任何物料

4.成品的储存条件应当符合（　）的要求。

　A.药品注册批准　　　　　　　　　　　　　B.生产技术部门

　C.药品生产部门　　　　　　　　　　　　　D.质量管理部门

5.物料接收后应当及时按照（　）状态管理，直至放行。

　A.合格　　　　　　B.待验　　　　　　C.不合格　　　　　D.以上均不是

6.成品的放行需要（　）批准。

　A.质量管理负责人　　B.生产经理　　　　C.质量受权人　　　D.销售经理

7.物料和产品应当根据其性质有序分批贮存和周转，发放及发运应当符合（　）的原则。

　A.先进先出和近效期先出　　　　　　　　　B.按流水号发货的原则

　C.数量多的先出　　　　　　　　　　　　　D.方便发运

8.下列关于物料与产品的描述说法不正确的是（　）。

　A.一次接收数个批次的物料，应当按批取样、检验、放行

　B.仓储区内的原辅料不要求有适当的标识

　C.待验、合格、不合格、已取样为物料质量的几种状态

　D.配制的每一物料及其重量或体积应当由他人独立进行复核，并有复核记录

9.与药品直接接触的包装材料和印刷包装材料的管理和控制要求与（　）相同。

　A.原辅料　　　　　　B.与药品相同　　　　C.食品　　　　　　D.成品

10.下列说法错误的是（　）。

　A.制剂产品在一定条件下进行重新加工

B.不合格的制剂中间产品、待包装产品和成品一般不得进行返工

C.只有不影响产品质量、符合相应质量标准，且根据预定、经批准的操作规程以及对相关风险充分评估后，才允许返工处理

D.返工应当有相应记录

11.回收处理后的产品应当按照回收处理中（　　）产品的生产日期确定有效期。

    A.回收日期　　　　　　　B.处理日期　　　　　　　C.最晚批次　　　　　　　D.最早批次

12.下列不属于储存麻醉药品和第一类精神药品的专库要求的是（　　）。

    A.安装专用防盗门

    B.实行双人双锁管理

    C.具有监控设施和报警装置

    D.报警装置不与公安机关报警系统联网

13.下列有关特殊管理物料、产品说法错误的是（　　）。

    A.第二类精神药品原料药以及制剂应当在药品库中设立独立的专库存放

    B.麻醉药品、第一类精神药品专用仓库必须位于库区建筑群之内，不靠外墙

    C.麻醉药品定点生产企业等应当设置储存麻醉药品和第一类精神药品的专库

    D.专用账册的保存期限应当自药品有效期期满之日起不少于2年

14.下列关于退货说法不正确的是（　　）。

    A.退货处理的过程和结果应当有相应记录

    B.同一产品同一批号不同渠道的退货应当分别记录、存放和处理

    C.正常退货的产品可直接重新发送销售

    D.不符合贮存和运输要求的退货，应当在质量管理部门监督下予以销毁

（二）多项选择题

15.一次接收数个批次的物料，应当（　　）。

    A.按批取样　　　　　　　B.按批检验　　　　　　　C.按批放行　　　　　　　D.随机取样

16.仓储区内的原辅料应当有适当的标识，需要标明的内容包括（　　）。

    A.物料代码　　　　　　　　　　　　　　　　B.企业接收时设定的批号

    C.物料质量状态　　　　　　　　　　　　　　D.有效期或复验期

17.下列有关说法正确的是（　　）。

    A.印刷包装材料应当由专人保管，并按照操作规程和需求量发放。

    B.过期或废弃的印刷包装材料应当予以销毁并记录。

    C.成品放行前应当待验贮存。

    D.不合格的物料、中间产品、待包装产品和成品的每个包装容器上均应当有清晰醒目的标志，并在隔离区内妥善保存。

18.企业应当建立药品退货的操作规程，并有相应的记录，内容至少应当包括（　　）。

    A.产品名称、批号、规格、数量　　　　　　B.最终处理意见

    C.退货单位及地址　　　　　　　　　　　　D.退货原因及日期

19.下列属于特殊管理的物料和产品的是（　　）。

    A.麻醉药品　　　　　　　　　　　　　　　　B.精神药品

    C.医疗用毒性药品（包括药材）　　　　　　　D.放射性药品

20.同一产品同一批号不同渠道的退货应当（   ）。

    A.分别记录   B.分别存放   C.分别处理   D.集中处理

二、简答题

1.仓储区的物料标识至少应标明哪些内容？

2.原辅料的发放程序及发放原则是什么？

项目七　确认与验证

〉项目导入

　　确认与验证在GMP管理中占据非常重要的地位，在药品生产企业任何与产品质量有关的活动均需要进行确认或验证。GMP（2010年修订）和附录"确认与验证"中对确认和验证进行了重新定义，扩展了范围，并详细介绍了确认与验证的分类以及相关内容，包括设备确认、工艺验证、清洁验证、检验方法验证、计算机化系统验证、运输确认等。本项目将集中学习这些知识。

〉学习目标

知识目标

1. 掌握确认与验证的含义及分类；设备确认、工艺验证、清洁验证、确认与验证方案和报告的主要内容。
2. 熟悉确认与验证的目的和作用；运输确认、检验方法验证、计算机化系统验证的主要内容。
3. 了解确认与验证的关系；确认与验证组织的工作流程；持续工艺确认的主要内容；同步验证、再确认与再验证的适用条件。

技能目标

1. 能根据标准、要求设计和制定确认与验证计划及方案。
2. 能参与实施确认与验证，并编制相关的文件。

思政目标

1. 培养学生具有诚信和责任感。
2. 能自觉遵守制药行业的法律法规，建立质量至上的职业素质。

·任务一· 确认与验证的概念

【GMP（2010年修订）】

第三百一十二条　术语

（三十二）确认：证明厂房、设施、设备能正确运行并可达到预期结果的一系列活动。

（三十八）验证：证明任何操作规程（或方法）、生产工艺或系统能够达到预期结果的一系列活动。

一、GMP 术语

从GMP术语中可以看出确认与验证的不同之处是对厂房、设施、设备等"硬件"的确认称为"确认"，对工艺、检验方法等"软件"的确认称为验证。

二、确认与验证的对象

确认主要针对厂房、设施、设备。其中厂房和设施主要指药品生产所需的洁净室、空调系统、制药用水系统、工艺用气系统等公用工程；设备主要是指生产用设备和质量检测设备。

验证主要针对的是生产工艺、操作规程、检验方法和清洁方法等。另外计算机化系统在制药行业中通常也认为属于验证的范畴。

【GMP（2010年修订）】 第七章 确认与验证

第一百三十八条 企业应当确定需要进行的确认或验证工作，以证明有关操作的关键要素能够得到有效控制。确认或验证的范围和程度应当经过风险评估来确定。

第一百三十九条 企业的厂房、设施、设备和检验仪器应当经过确认，应当采用经过验证的生产工艺、操作规程和检验方法进行生产、操作和检验，并保持持续的验证状态。

三、确认与验证的目的

制药企业进行确认和验证工作不仅仅是因为GMP法规和指南的要求，主要是能够完善和健全质量管理体系，使GMP硬件和软件系统持续有效的运行，保证产品质量，从而降低质量成本，提高企业经济效益。

·任务二· 确认与验证的组织

一、人员职责

GMP中明确规定生产管理负责人和质量管理负责人应确保各种必要验证工作的完成，确保关键设备经过确认；质量管理负责人还负责审核和批准确认与验证方案和报告。

在药品生产企业中，一般都是各相关部门负责进行其管辖范围内的确认与验证工作，起草相关的方案和报告。譬如设备管理部门负责设备确认的相关工作，包括洁净室确认、空调系统确认、制药用水系统确认等；生产部门负责工艺验证、清洁验证等；QC实验室部门负责检测方法的验证等；QA质量部门负责所有的确认或验证方案、报告的审核、批准等。

二、组织管理

1.建立确认与验证小组 确认和验证工作是需要各个部门进行协作的活动，在药品生产企业一般都是要建立确认与验证小组，负责整个厂区的确认与验证组织管理工作。小组组长由质量管理负责人担任，小组成员包括各部门负责人及技术人员。

2.制定确认与验证总计划 验证总计划是一个纲要性文件，主要作用是确定确认与验证的总策略、职责、整体时间计划等。GMP通则和附录《确认与验证》中对于验证总计划均有详细的规定。

【GMP（2010年修订）】

第一百四十五条 企业应当制定验证总计划，以文件形式说明确认与验证工作的关键信息。

第一百四十六条 验证总计划或其他相关文件中应当作出规定，确保厂房、设施、设备、检验仪器、生产工艺、操作规程和检验方法等能够保持持续稳定。

【GMP（2010年修订）】附录 确认与验证

第三条 所有的确认与验证活动都应当事先计划。确认与验证的关键要素都应在验证总计划或同类文件中详细说明。

第四条 验证总计划应当包含以下信息：

（一）确认与验证的方针；

（二）确认与验证活动的组织机构及职责；

（三）待确认或验证项目的概述；

（四）文件格式，包括确认或验证方案和报告的格式；

（五）计划和日程安排；

（六）在确认与验证中偏差处理和变更控制的管理；

（七）保持持续验证状态的策略，包括必要的再确认和再验证；

（八）所引用的文件、文献。

第五条 对于大型和复杂的项目，可制订单独的项目验证总计划。

3.制定确认与验证方案 确认与验证方案是实施确认与验证工作的基本依据，是阐述如何进行确认与验证并确定合格标准的书面计划。

方案的主要内容包括确认与验证的对象、目标范围、要求内容、所需的条件、人员职责、合格标准、测试方法、时间安排、取样方法、偏差处理等。

确认与验证方案要经过验证小组的审核、批准后才能进行实施。

4.确认与验证报告 验证小组各职能部门按照批准后的方案共同参与实施，实施过程要做好记录，收集确认或验证过程中所有的数据，撰写最后的总结报告。

药品生产企业应当在报告中对确认与验证过程中出现的偏差进行评估，必要时进行彻底调查，并采取相应的纠正和预防措施；对于已批准的确认与验证方案的变更，进行评估并采取相应的控制措施。确认或验证报告应当经过书面审核、批准。

当验证结果不符合预先设定的可接受标准时，应当进行记录并分析原因。企业如对原先设定的可接受标准进行调整，需进行科学评估，得出最终的验证结论。

5.注意事项 当确认或验证分阶段进行时，只有当上一阶段的确认或验证活动符合预定目标且经书面批准后，方可进行下一阶段的确认或验证活动。上一阶段的确认或验证活动中某项预先设定标准不能满足或偏差处理未完成，经评估对下一阶段的确认或验证活动无重大影响，企业可对上一阶段的确认或验证活动进行有条件的批准。

·任务三· 确 认

确认工作贯穿于厂房、设施、设备的整个生命周期，确保在其生命周期中的所有过程始终处于一种受控的状态。确认的主要工作内容包括设计确认、安装确认、运行确认、性能确认。

【GMP 2010 年修订】

第一百四十条　应当建立确认与验证的文件和记录，并能以文件和记录证明达到以下预定的目标：

（一）设计确认应当证明厂房、设施、设备的设计符合预定用途和本规范要求；

（二）安装确认应当证明厂房、设施、设备的建造和安装符合设计标准；

（三）运行确认应当证明厂房、设施、设备的运行符合设计标准；

（四）性能确认应当证明厂房、设施、设备在正常操作方法和工艺条件下能够持续符合标准。

一、设计确认

设计确认（DQ，design qualification）是为确认设施、系统和设备的设计方案符合期望目标所作的各种查证及文件记录，它是后续确认活动的基础。

企业应当对新的厂房、设施、设备按照预定用途和本规范及相关法律法规要求制定用户需求（URS，user requirement specification），并经审核、批准。

设计确认的范围包括审查设计的合理性，确认设计中所选用的设备或系统的性能及设定的技术参数是否符合GMP的要求；是否符合本企业产品、生产工艺、维护保养、清洗、消毒等方面的要求，确保适用于它们预期的用途。

二、安装确认

安装确认（IQ，installation qualification）是企业应当根据设计确认中的技术要求对厂房、设施、设备进行验收并记录的工作过程。安装确认的主要工作包括如下内容。

（1）根据最新的工程图纸和技术要求，检查设备、管道、公用设施和仪器的安装是否符合设计标准。

（2）收集及整理（归档）由供应商提供的操作指南、维护保养手册。

（3）确保相应的仪器仪表应进行必要的校准。

（4）应在安装确认的实施过程中做好各种检查记录，收集有关资料和数据，制定设备或系统的标准操作规程的草案。

三、运行确认

运行确认（OQ，operational qualification）是为确认已安装或改造后的设施、系统和设备能在预期的范围内正常运行而作的试车、查证及文件记录，是通过一系列测试证明厂房、设施、设备等都能在设计的参数范围内正常运行，符合设计标准。运行确认是在安装确认完成后进行的。

运行确认应当根据设施、设备的设计标准制定测试运行项目，测试项目应在一种或一组运行条件之下进行，包括运行的上下限，必要时选择"最差条件"。

运行确认完成后企业应当建立必要的操作、清洁、校准和预防性维护保养的操作规程，并对相关人员培训。

四、性能确认

在安装确认和运行确认完成且经过审核批准后进行性能确认，性能确认（PQ，performance qualification）是证明厂房、设施、设备在正常操作方法和工艺条件下能够持续符合标准。在某些情况下性能确认可以和运行确认或工艺验证相结合进行。

性能确认方案是在已有的生产工艺、设施和设备的相关知识基础上制定的，可以使用生产物料、适当的替代品或者模拟产品来进行试验或测试，同时在试验或测试过程中要评估制定所需的取样次数、频率。

五、再确认

GMP明确规定，经改造或重大维修的设备应当进行再确认，符合要求后方可用于生产。再确认的内容应该根据设施设备变更的程度进行评估后再做决定。

·任务四· 工艺验证

工艺验证是为证明工艺在设定参数范围内能有效稳定地运行并生产出符合预定质量标准和质量特性药品的验证活动。对于工艺验证的相关要求如下。

【GMP 2010 年修订】

第一百四十条　应当建立确认与验证的文件和记录，并能以文件和记录证明达到以下预定的目标：

（五）工艺验证应当证明一个生产工艺按照规定的工艺参数能够持续生产出符合预定用途和注册要求的产品。

第一百四十一条　采用新的生产处方或生产工艺前，应当验证其常规生产的适用性。生产工艺在使用规定的原辅料和设备条件下，应当能够始终生产出符合预定用途和注册要求的产品。

第一百四十二条　当影响产品质量的主要因素，如原辅料、与药品直接接触的包装材料、生产设备、生产环境（或厂房）、生产工艺、检验方法等发生变更时，应当进行确认或验证。必要时，还应当经药品监督管理部门批准。

一、工艺验证类型

工艺验证一般包括下面三种类型：前验证、同步验证、回顾性验证。

1.前验证　指针对新的生产工艺或工艺发生重大变更时所进行的工艺验证方式，一般要进行连续三个成功批次的生产，工艺验证批的批量一般应当与预定的商业批的批量一致，当批量不一致时，应当进行评估。

首次工艺验证应当涵盖该产品的所有规格及使用的生产线。企业可根据风险评估的结果采用简略的方式进行后续的工艺验证，如选取有代表性的产品规格或包装规格、最差工艺条件进行验证，或适当减少验证批次。

2.同步验证　常规生产过程中进行的工艺验证。只有在一些特殊情况下才被允许进行同步验证，譬如因药物短缺可能增加患者健康风险、因产品的市场需求量极小而无法连续进行验证批次的生产或已验证工艺进行周期性再验证时等情况，对进行同步验证的决定必须证明其合理性、并经过质量管理负责人员的批准。

因同步验证批次产品的工艺和质量评价尚未全部完成产品即已上市，企业应当增加对验证批次产品的监控，确保上市产品的质量。

3. 回顾性验证　对于一些历史悠久的产品，企业可以从生产经验和历史数据中获得充分的产品和工艺知识进行回顾性验证。要进行回顾性验证一般要满足以下条件。

（1）用于产品质量检测的方法是药典方法或已经经过了验证以保证检测结果的准确性。

（2）批生产记录符合 GMP 要求，对关键工艺参数进行控制并记录。

（3）生产工艺没有经过大的变更。

（4）已经建立了产品中所含药物活性成分的杂质谱图。

（5）用于回顾性验证中的批次应该具有代表性，通常要有十个或十个以上连续批次的数据。

二、工艺验证前提工作

一般药品生产企业进行工艺验证前要完成以下工作。

（1）厂房、设施、设备经过确认并符合要求，分析方法经过验证或确认。

（2）日常生产操作人员应当参与工艺验证批次生产，并经过适当的培训。

（3）用于工艺验证批次生产的关键物料应当由批准的供应商提供，否则需评估可能存在的风险。

（4）已经批准的工艺规程、批记录和相应的生产标准操作规程，包括已经确定的关键工艺参数及范围。

（5）已经批准的质量标准，包括原辅料、中间产品、成品。

三、工艺验证的实施

当确认工艺验证的前提条件都准备完毕后就开始进行验证批次的生产，一般至少进行连续 3 批成功的工艺验证批生产，批量要与商业批次一致。在验证中要增加产品的取样频次和数量，以便进一步考察工艺的稳定性和重现性。不同类型的产品、不同的生产工艺对于工艺验证的内容是不一样的。

对于原料药，工艺验证中要对所有关键工艺参数进行验证，包括主要原料配比、反应时间、温度、压力、转速、pH 值、干燥均一性、混粉均一性等。

对于无菌原料药和无菌制剂，工艺验证的一个重要内容是工艺模拟试验，也被称为培养基模拟灌装试验，就是用微生物培养基代替产品模拟进行无菌灌装的试验，用来证明无菌工艺的有效性和稳定性。GMP 附录无菌产品第四十七条对于培养基模拟灌装试验有着非常严格的要求。

【GMP（2010年修订）】附录　无菌产品

第四十七条　无菌生产工艺的验证应当包括培养基模拟灌装试验。

应当根据产品的剂型、培养基的选择性、澄清度、浓度和灭菌的适用性选择培养基。应当尽可能模拟常规的无菌生产工艺，包括所有对无菌结果有影响的关键操作，及生产中可能出现的各种干预和最差条件。

培养基模拟灌装试验的首次验证，每班次应当连续进行3次合格试验。空气净化系统、设备、生产工艺及人员重大变更后，应当重复进行培养基模拟灌装试验。培养基模拟灌装试验通常应当按照生产工艺每班次半年进行1次，每次至少一批。

培养基灌装容器的数量应当足以保证评价的有效性。批量较小的产品，培养基灌装的数量应当至少等于产品的批量。培养基模拟灌装试验的目标是零污染，应当遵循以下要求：

（一）灌装数量少于5000支时，不得检出污染品。

（二）灌装数量在5000至10000支时：

1.有1支污染，需调查，可考虑重复试验；

2.有2支污染，需调查后，进行再验证。

（三）灌装数量超过10000支时：

1.有1支污染，需调查；

2.有2支污染，需调查后，进行再验证。

（四）发生任何微生物污染时，均应当进行调查。

对于口服固体制剂，工艺验证主要是对影响产品形状、产品均一性、影响产品纯度或规格的关键步骤进行验证，比如制粒设备的搅拌刀转速、干燥设备的温度和干燥时间、混合设备的转速和混合时间、压片机的压力、转速等。

四、工艺验证文件

药品生产企业应当制定工艺验证方案和工艺验证报告。

（一）工艺验证方案内容

工艺验证方案至少应包含以下内容。

（1）工艺的简短描述。

（2）关键质量属性的概述及可接受限度。

（3）关键工艺参数的概述及可接受限度。

（4）应当进行验证的其他质量属性和工艺参数的概述。

（5）所要使用的设备、设施清单（包括称量、监控和记录设备）以及它们的校准状态。

（6）成品放行的质量标准。

（7）相应的检验方法清单。

（8）中间控制参数及可接受标准。

（9）拟进行的额外试验，以及测试项目的可接受标准，和已验证的用于测试的分析方法。

（10）取样方法及计划。

（11）记录和评估结果的方法（包括偏差处理）。

（12）职能部门和职责。

（13）建议的时间进度表。

（二）工艺验证报告

工艺验证报告是对整个工艺验证过程的总结，至少包括工艺验证目标与范围；验证过程描述；验证批次所用原辅料和成品的检测数据汇总、分析；验证过程中发生的所有的偏差、调查、纠正预防措施；工艺验证成功与否的结论等。

五、持续性工艺确认和再验证

1.持续性工艺确认 GMP（2010年修订）要求在产品生命周期中，对商业化生产的产品质量进行监控，使用统计工具对数据进行趋势分析，以确保工艺和产品质量始终处于控制状态，同时根据对于工艺的理解和工艺性能控制水平的变化，应当对持续工艺确认的范围和频率进行周期性的审核和调整。当趋势出现渐进性变化时，应当进行评估并进行调查得出根本原因，制定纠正预防措施，确保工艺的稳定性。

2. 工艺再验证　确认和验证不是一次性的行为。首次确认或验证后，应当根据产品质量回顾分析情况进行再确认或再验证。关键的生产工艺和操作规程应当定期进行再验证，确保其能够达到预期结果。再验证的频率没有统一要求，各企业可根据产品风险大小、剂型等自行制定工艺再验证的周期。

当发生可能影响产品质量的变更时，同样要进行工艺再验证，企业可根据风险评估来确定再验证的范围、程度等。譬如关键起始原料及其供应商变更、关键工艺参数的变更、与产品直接接触的主要设备的变更、生产批量的变更等，都需要进行工艺再验证。GMP（2010年修订）对于工艺再验证的相关要求如下：

【GMP（2010年修订）】

第一百四十四条　确认和验证不是一次性的行为。首次确认或验证后，应当根据产品质量回顾分析情况进行再确认或再验证。关键的生产工艺和操作规程应当定期进行再验证，确保其能够达到预期结果。

【GMP（2010年修订）】附录 确认与验证

第五十一条　对设施、设备和工艺，包括清洁方法应当进行定期评估，以确认它们持续保持验证状态。

第五十二条　关键的生产工艺和操作规程应当定期进行再验证，确保其能够达到预期效果。

第五十三条　应当采用质量风险管理方法评估变更对产品质量、质量管理体系、文件、验证、法规符合性、校准、维护和其它系统的潜在影响，必要时，进行再确认或再验证。

第五十四条　当验证状态未发生重大变化，可采用对设施、设备和工艺等的回顾审核，来满足再确认或再验证的要求。当趋势出现渐进性变化时，应当进行评估并采取相应的措施。

· 任务五 · 清洁验证

在药品生产过程中对设备的清洁是防止污染和交叉污染的必要手段，因此必须要确定清洗方法的有效性。清洁验证就是通过科学的方法采集足够的数据以证明按照规定的清洗方法清洁后的设备能始终如一的达到预定的清洁标准。GMP附录"确认与验证"对于清洁验证的定义是：清洁验证是指用文件和记录证明所批准的清洁规程能有效清洁设备，使之符合药品生产的要求。GMP（2010年修订）对于清洁验证的相关要求如下。

【GMP（2010年修订）】

第一百四十三条　清洁方法应当经过验证，证实其清洁的效果，以有效防止污染和交叉污染。清洁验证应当综合考虑设备使用情况、所使用的清洁剂和消毒剂、取样方法和位置以及相应的取样回收率、残留物的性质和限度、残留物检验方法的灵敏度等因素。

一、清洁验证基本要求

1.清洁验证的次数应当根据风险评估确定，通常清洁验证至少执行连续三个成功的清洁程序。

2.清洁验证计划完成需要一定的时间，验证过程中每个批次后的清洁效果需及时进行确认，以便发生异常情况时及时调整验证计划。

3.清洁验证应当考虑清洁方法的自动化程度。当采用自动化清洁方法时，应当对所用清洁设备设定的正常操作范围进行验证（如清洗压力等）；当使用人工清洁程序时，应当评估影响清洁效果的各种因素，如操作人员、清洁规程详细程度（如淋洗时间等），对于人工操作而言，如果明确了可变因素，在清洁验证过程中应当考虑相应的最差条件。

4.当采用最差条件产品的方法进行清洁验证模式时，最差条件产品的选择依据应当进行评价，应当根据产品的溶解性、清洗难度以及效价、毒性和稳定性计算出来的残留物的限量选择出最差条件产品。而当生产线引入新产品时，需重新进行评价。每个使用的清洁方法都应当进行最差条件验证。

5.在同一个工艺步骤中，使用多台同型设备生产，企业可在评估后选择有代表性的设备进行清洁验证，没有必要每台设备都进行清洁验证。

6.与产品直接接触的主要设备都需要进行清洁验证，如无法采用清洁验证的方式来评价设备清洁效果，则产品应当采用专用设备或生产线进行生产。对于处于研发阶段的药物或不经常生产的产品，可采用每批生产后确认清洁效果的方式替代清洁验证。

7.在进行清洁验证前需要确保清洁方法、关键清洁工艺参数、清洁验证方案都得到批准，相关验证参与人员都需要得到培训。

8.还应当在清洁验证中对设备使用后至清洁前的间隔时间、设备清洁后的保存时限、阶段性生产的最长时间或最大批次数量进行验证。

二、清洁验证主要内容

1.**清洁程序** 清洁程序直接决定了清洗的效果，所以企业在开发清洁程序时要选择合适的清洁剂和合理的清洗工艺参数，要有详细的清洗标准操作规程描述清洗的方式；所使用的清洁剂的名称、成分、浓度、数量、配制方法；清洗的时间、流速、压力、温度等关键参数、最后淋洗的要求（淋洗量、次数）、干燥方式等。

2.**取样方法** 在清洁验证过程中取样方法主要是擦拭法和淋洗法取样，或者两种方法相结合的方式。

擦拭法取样用的材料不应当对结果有影响，一般采用棉签擦拭取样，应当选择最难清洗部位或材质进行取样；采用淋洗法取样应当在清洁程序的最后淋洗时进行取样。最难清洗部位一般指死角、清洁剂不易接触的部位如带密封圈的管道连接处、压力、流速迅速变化的部分如歧管或岔管处、管径由小变大处、容易吸附残留物的部位如内表面不光滑处等。

企业应当评估取样方法的有效性，取样方法需要经过验证。一般采用计算取样回收率的方法来确定取样方法的有效性，通常将一定浓度的样品均匀喷洒或涂抹在与设备相同材质的板材或管道中，干燥后进行擦拭取样或淋洗取样检测，根据检测计算擦拭或淋洗下来的样品占所涂样品的比率。回收率也是越高越好，说明这个擦拭取样方法的有效性。取样回收率需要设定不同浓度下的回收率。

3.**残留物限度** 在清洁验证中不需要对所有的残留物制定限度标准，企业更关注药品活性成分的残留，因为活性成分直接影响到下批产品的质量、疗效和安全性，所以活性成分残留限度作为清洁验证的合格标准之一。当产品存在两个及以上活性成分时，可以选择最难溶解的成分作为清洁验证的残留物限度，可接受标准应当考虑工艺设备链中多个设备潜在的累积效应。

由于生产设备和产品的多样性，各个国家的药品监督管理部门没有制定统一的限度标准，企业应当根据其生产设备和产品的实际情况制定科学合理的、能实现并能通过适当的方法检验的限度标准。通常包括目检标准、残留物浓度限度（10ppm）、最低日治疗剂量限度。

（1）目检标准是要求在每个清洗程序完成后进行目测检查，不得有可见残留物，此项检查通常作为清洁验证第一个接受限度标准。

由于目检是最直观、定性的评估清洁效果，有助于发现已验证的清洁程序在执行过程中发生的偏差，对于日常监控清洁程序的有效性是有价值的，因此清洁标准操作程序中都要求在清洁完成后目测检查不得有残留物。

（2）残留物浓度限度（10ppm）是产品残留在设备中的活性成分全部溶解到下一批产品中的浓度不超过10ppm（10mg/kg）。在清洁验证时一般收集最后一步淋洗结束时的水样或淋洗完成后在设备中加入一定量的能溶解残留物的液体，测定其浓度。

（3）最低日治疗剂量限度主要是指上一产品的日最小服用剂量中不能超过下一产品日最大服用剂量的千分之一，该残留量限度不会对人体产生药理反应。这个限度主要针对的是一些高生物活性药品的清洁验证。

还应当在清洁验证过程中对潜在的微生物污染进行评价，企业应当根据自身产品要求、特性进行综合考虑，制定微生物限度的控制标准。

4.清洁验证方案与报告

（1）清洁验证方案　应详细规定清洁验证项目的关键因素，设计好清洁验证计划包括验证时间、验证周期次数，详细描述清洁程序等，通常清洁验证方案应包括：验证目的、范围；人员及部门职责；涉及的设备清单；取样位置、方法；限度标准等。

（2）清洁验证报告　验证报告至少应包括：验证实施情况概述；涉及到的生产批次的质量情况；清洁程序实施情况及原始清洁记录；取样检测结果及评价，附原始检测记录；验证实施过程中发生的偏差以及调查情况；验证结论。

三、持续性确认与再验证

1.持续性确认　当清洁验证报告批准后清洁方法正式用于设备的清洗中，应持续对清洗效果进行确认，确认其持续保持验证状态。确认方法一般为在设备清洗后进行目测检查是否有可见残留物，同时定期对最后清洗的淋洗水取样检测或擦拭取样检测，检测项目可以选择更简便的总有机碳检测（TOC）。通过数据可以判断该清洗方法是否持续的处于验证的状态。

2.再验证　通常企业通过对日常清洗程序确认数据进行分析确定是否需要再验证或确定再验证的周期，一般企业都有规定要进行再验证的周期。但当已验证设备或清洗程序发生变更时，应对变更进行评估以确定是否进行再验证。在发生下列情形时须对清洁程序进行再验证。

（1）生产线增加相对更难清洁的产品。

（2）清洗方法改变或清洁剂改变。

（3）设备有重大变更时或设备经过大修时。

（4）文件中规定的清洁验证周期已到，需要重新进行验证。

·任务六· 检验方法验证

检验方法是为完成检验项目而设定和建立的测试方法，它详细描述了完成分析检验的每一步骤。一般包括检验方法原理、仪器及仪器参数、试剂、供试品溶液与对照品溶液的制备、测定、计算公式及检测限度等。GMP要求只有通过验证或确认的检验方法才能用于物料和产品的检验，才能保证检验结果的准确性、可靠性。

一、检验方法验证的概念

1.概念　检验方法验证就是根据检验项目的要求，预先设置一定的验证内容，并通过设计合理的实验来验证所采用的检验方法是否符合检验项目的要求。它是证明采用的检验方法科学、合理，符合检验要求并能有效控制药品的内在质量。

2.范围　根据检测项目的设定目的和验证内容的不同要求，可以将需要进行验证的检测项目分为鉴别试验、杂质限度测定、杂质定量测定、含量测定。对于通过日常测试操作步骤即可测定的检测项目不需要进行验证，如外观、密度、灰分、装量、pH等。GMP（2010年修订）对于需要进行检验方法验证的相关要求如下。

【GMP（2010年修订）】

第二百二十三条　物料和不同生产阶段产品的检验应当至少符合以下要求：

（二）符合下列情形之一的，应当对检验方法进行验证：

1.采用新的检验方法；

2.检验方法需变更的；

3.采用《中华人民共和国药典》及其他法定标准未收载的检验方法；

4.法规规定的其他需要验证的检验方法。

（三）对不需要进行验证的检验方法，企业应当对检验方法进行确认，以确保检验数据准确、可靠；

上述GMP要求强调了在什么情况下检验方法需要进行验证，另外还强调对于不进行验证的检验方法需要进行确认。

二、检验方法验证的内容

检验方法验证的主要内容包括专属性、线性、准确度、精密度、重复性、重现性、检测限、定量限、耐用性、稳定性。

1.专属性　指产品中可能有其他成分时，如杂质、降解产物、辅料等，采用的分析方法能正确测定出被测物的能力。通常，鉴别反应、杂质检查、含量测定均应考察其专属性。

2.线性　指在设计的范围内，测试结果与试样中被测物浓度直接成正比关系的程度。

3.准确度　指用该方法测定的结果与真实值或参考值（对照标准品）接近的程度，一般用回收率（%）表示。

4.精密度　指在规定的测试条件下，同一个均匀供试品，经多次取样测定所得结果之间的接近程度。精密度可以从重复性、中间精密度、重现性三个方面考虑。其中重复性是在相同条件下，由同一个分析人员测定所得结果的精密度；中间精密度是在同一个实验室、不同时间由不同分析人员用不同设备测定结果之间的精密度，称为中间精密度，目的是证明检验方法在同一个实验室内运行能得到相同的结果；在不同实验室由不同分析人员测定结果之间的精密度，称为重现性，在不同实验室之间进行的检验方法转移时，应进行重现性试验。

5. 耐用性　指测定条件有小的变动时，测定结果不受影响的承受程度。常见的的变动因素包括：被测溶液的稳定性，样品的提取次数、时间等，色谱法中流动相的组成和PH值、不同品牌或不同批号的色谱柱、流速、固定相、载气流速、柱温、进样口和检测器温度等。

6. 范围　指分析方法能达到一定精密度、准确度和线性要求时的高低限浓度或含量的区间。范围应根据分析方法的具体应用及其线性、准确度、精密度结果和要求确定。

7. 检测限　指试样中被测物能被检测出的最低量。药品的鉴别试验和杂质检查方法，均应确定检验方法的检测限。

8. 定量限　指试样中被测物能被定量测定的最低量。其测定结果应符合准确度和精密度要求。

三、检验方法验证的步骤

1. 制定验证方案　验证方案主要包括目的范围、各部门职责、验证计划、测试项目和接受限度、系统实用性试验方法和参数等。

2. 确定检验项目和可接受限度

3. 样品的检测　要完全按照验证方案对检测项目进行准备、检测和记录。检测前要保证分析仪器都已经过确认或校准，操作人员均已得到充分的培训。

4. 制定常规分析的质量控制计划　为保证检验方法在常规检测中持续处于验证状态，需要操作过程制定一些控制措施，并使之作为检验标准操作规程的一部分来执行，尤其是一些容易改变的参数等，要严格进行控制。

5. 验证报告　验证结束后要形成验证报告，主要内容包括：检验方法的目的范围、检验操作程序、进行试验的详细参数和条件、所有的检测记录数据统计、代表性图谱或图表、验证过程中的偏差及调查情况、总结和结论。

四、检验方法再验证

和工艺验证、清洁验证一样，检验方法验证也不是一次性的，当发生下列情形时，需要对检验方法进行再验证。

（1）当生产工艺或处方组成发生改变时，可能会引入新的杂质，需要对相应的检验方法进行再验证，以证明检验方法能够检测出新引入的杂质，且对主成分含量测定没有干扰。

（2）当分析方法发生变更时应重新进行验证，以证明变更后的方法的合理性、可行性。

（3）当超过文件中规定的验证周期时，检验方法要进行再验证，以确保检测数据的准备性、可靠性。

·任务七·计算机化系统验证

随着制药技术的不断发展，药品的生产工艺越来越自动化、智能化，越来越多的计算机化系统被广泛的应用在制药行业，计算机化系统验证也越来越得到制药行业的关注。2015年5月国家食品药品监督管理总局颁布了GMP附录"计算机化系统"，对计算机化系统验证也提出了新的要求。

【GMP（2010年修订）】附录　计算机化系统

第六条　计算机化系统验证包括应用程序的验证和基础架构的确认，其范围与程度应当基于科学的风险评估。风险评估应当充分考虑计算机化系统的使用范围和用途。

应当在计算机化系统生命周期中保持其验证状态。

第七条　企业应当建立包含药品生产质量管理过程中涉及的所有计算机化系统清单，标明与药品生产质量管理相关的功能。清单应当及时更新。

第八条　企业应当指定专人对通用的商业化计算机软件进行审核，确认其满足用户需求。

在对定制的计算机化系统进行验证时，企业应当建立相应的操作规程，确保在生命周期内评估系统的质量和性能。

第九条　数据转换格式或迁移时，应当确认数据的数值及含义没有改变。

一、概念

计算机化系统是由计算机系统和被其控制的功能或程序组成。计算机系统包括计算机硬件、控制计算机运行的软件和设备驱动程序组成，被控制的功能包括仪器设备、标准操作规程和人员。而中国GMP术语中对于计算机化系统的定义是：用于报告或自动控制集成系统，包括数据输入、电子处理和信息输出。

计算机化系统验证是通过执行必要的生命周期活动及实施必要的操作控制来证明计算机化系统达到并维持符合法规要求以及预定目的的状态，计算机化系统生命周期包括开发阶段、确认放行阶段、正常使用阶段和退役阶段，应当在计算机化系统生命周期中保持其验证状态。

二、计算机化系统验证流程

1. 组建验证小组，起草用户需求　建立验证小组，关键人员包括用户企业和供应商两部分，其中用户企业人员指项目负责人、IT专业人员等，供应商主要指负责软件开发，提供软件产品和服务的人员。

起草用户需求，从用户角度提出系统应具备的功能、操作数据和操作环境，一般由使用部门和工程部人员制定，详细说明计算机控制系统的基本业务需求、期望及性能指标，用来确定系统的设计标准。这是验证活动的基础。

2. 对系统文件进行设计确认　系统设计文件一般由供应商制订，必须经过用户审核及认可后方可实施控制系统配置图设计、硬件设计和软件设计。

3. 安装确认　主要包括对计算机化系统文件（用户技术指南、标准操作规程、服务协议、安全程序、设备清单、预防维修程序等）确认、安装过程确认、系统安装的环境确认、系统测试确认（确认工厂接受试验测试报告项目是否齐全、符合设计要求）。

4. 运行确认　主要包括计算机化系统系统安全性测试、过程控制功能测试、报警和互锁功能测试、数据处理和存储功能测试、断电/恢复功能测试等。

5. 性能确认　确认计算机化系统在正常生产环境下，其运行过程的有效性和稳定性，一般与设备的性能确认结合在一起完成。对于生产设备，应对生产出的产品质量特性进行检验，以确定其各种过程控制功能的有效性，如含量检验等。对于连续过程处理的设备，如空气净化系统，应在一定时期内对尘埃粒子、微生物、温湿度、空气流向、压差、换气次数等指标进行监测。

6. 验证报告 验证结束后要形成验证报告，得出验证结论，主要内容包括：验证的目的范围、验证操作程序、所有的测试记录数据统计、验证过程中的偏差及调查情况、总结和结论等。

三、计算机化系统再验证

当出现时下列情况应进行分析评估，决定是否进行再验证，以确保系统处于受控状态：

当计算机化系统中发生变更并且变更可能影响系统功能时；

当系统反复出现异常情况，要对其进行偏差调查，然后找出根本原因并制定纠正预防措施，当相关措施实施后系统需进行再验证；

当超过文件中规定的验证周期时，对系统进行再验证以确定系统的验证状态。

·任务八· 运输确认

GMP（2010年修订）规定对运输有特殊要求（温度、湿度等）的物料和产品，其运输条件应当符合相应的批准文件、质量标准中的规定或企业（或供应商）的要求，应当对运输条件进行确认，以保证物料和产品的质量。

运输确认应当对运输涉及的影响因素进行挑战性测试，且应当明确规定运输途径，包括运输方式和路径。长途运输还应当考虑季节变化的因素，一般会在夏季和冬季各做一次运输确认。

除温度外还应当考虑和评估运输过程中的其它相关因素对产品的影响，如湿度、震动、操作、运输延误、数据记录器故障、使用液氮储存、产品对环境因素的敏感性等。

运输确认主要是冷链运输确认，主要确认内容包括运输流程、产品包装方式、运输工具、温度分布确认计划、持续性监控情况、偏差情况调查、数据汇总分析、总结报告与结论。在确认过程中为保证数据的完整性，要与运输公司签订运输协议，落实运输公司的责任，同时与客户做好沟通，及时将温度数据反馈回来，确保及时对数据进行汇总分析，得出确认结论。

▶ 实例分析 ◀

参考答案

| 实例 | 2006年安徽华源生物药业有限公司生产欣弗注射液（克林霉素磷酸酯葡萄糖注射液）在全国范围内有16省区共报告不良反应病例93例；死亡11人，造成了非常严重的后果。

经过调查发现造成此次事件的主要原因是：2006年6月至7月该公司生产的欣弗注射液未按批准的工艺参数灭菌，灭菌工艺参数由原来的"105℃、30分钟"变成了"100℃、25分钟"，同时还对灭菌柜进行了改造，装载量由原来的5层增加至7层，影响了灭菌效果。经中国药品生物制品检定所对相关样品进行检验，结果表明无菌检查和热原检查均不符合规定。

| 问题 | 请同学们结合本章节的学习对案例进行分析思考：

1.案例中造成产品不合格的主要原因是什么？

2.对产品进行工艺验证的目的是什么？

3.通过这个案例有哪些启发？

实训二 设备确认实训

药品生产企业新购买一台洗衣机用来清洗工作服，请同学们根据刚刚学习的设备确认的相关内容简要写出用户需求和4Q确认的相关内容。分组进行讨论，每个小组在讨论后提交一份实训报告。

▶ 目标检测 ◀

重点小结　　参考答案

一、选择题

（一）单项选择题

1. 下列情形变更时，应进行验证的为（　　）。

    A. 操作人员　　　　　　　　　　　　　　　　B. 检验方法

    C. 运输包装　　　　　　　　　　　　　　　　D. 生产用盛装器具

2. 下列选项中，不属于检验方法验证内容的为（　　）。

    A. 准确度　　　　　　　　　　　　　　　　　B. 专属性

    C. 取样方法和位置　　　　D. 范围和耐用性

3. "性能确认"缩写为（　　）。

    A. DQ　　　　　　　　B. IQ　　　　　　　　C. OQ　　　　　　　　D. PQ

4. "安装确认"缩写为（　　）。

    A. DQ　　　　　　　　B. IQ　　　　　　　　C. OQ　　　　　　　　D. PQ

5. "运行确认"缩写为（　　）。

    A. DQ　　　　　　　　B. IQ　　　　　　　　C. OQ　　　　　　　　D. PQ

6. 哪种情况不需要再验证（　　）。

    A. 设备保养、维护后

    B. 关键工艺和质量控制方法变更

    C. 生产操作规程变更

    D. 主要原辅料、内包材变更

（二）多项选择题

7. 应当建立确认与验证的文件和记录，并能以文件和记录证明达到以下哪些预定的目标（　　）。

    A. 设计确认应当证明厂房、设施、设备的设计符合预定用途和本规范要求

    B. 安装确认应当证明厂房、设施、设备的建造和安装符合设计标准

    C. 运行确认应当证明厂房、设施、设备的运行符合设计标准

    D. 性能确认应当证明厂房、设施、设备在正常操作方法和工艺条件下能够持续符合标准

8. 当影响产品质量的哪些主要因素变更时，应当进行确认或验证.必要时，还应当经药品监督管理部门批准（　　）。

    A. 原辅料、与药品直接接触的包装材料变更

    B. 生产设备、生产环境（或厂房）、生产工艺变更

    C. 检验方法变更

    D. 人员变更

9.符合下列哪些情形之一的，应当对检验方法进行验证（　　）。

　　A.采用新的检验方法

　　B.检验方法需变更的

　　C.采用《中国药典》及其他法定标准未收载的检验方法

　　D.法规规定的其他需要验证的检验方法

10.验证是（　　）。

　　A.为了 GMP 认证的需要　　　　　　　　　B.实施 GMP 的一部分

　　C.为了保证药品质量　　　　　　　　　　　D.为了证明生产过程的可靠性

11.验证的意义是（　　）。

　　A.降低偏差风险　　　　　　　　　　　　　B.降低生产缺陷成本

　　C.应对药品监管部门的检查　　　　　　　　D.证明生产工艺处于受控状态

12.工艺验证主要是对（　　）。

　　A.生产设备的适用性

　　B.成品检验方法的符合性

　　C.特定条件下工艺的合理性

　　D.成品质量产生差异和影响的主要工艺条件

13.清洁验证的关注点是（　　）。

　　A.清洁方法和程序　　　　　　　　　　　　B.清洁剂和清洁效果

　　C.清洁对象和地点　　　　　　　　　　　　D.残留物检测仪器和方法

14.设备的设计确认主要内容有（　　）。

　　A.设备的性能参数

　　B.符合 GMP 要求的材质

　　C.结构便于清洁和操作

　　D.选型符合国家标准、满足药品生产需要

15.性能确认主要内容有（　　）。

　　A.观察设备空转正常

　　B.设备运转速度、工艺参数的波动

　　C.产品内、外观质量情况

　　D.操作安全和保护功能

16.工艺验证的主要内容有（　　）。

　　A.工艺参数的合理性、准确性

　　B.生产控制手段的可靠性、重现性

　　C.厂房设施、设备的适用性

　　D.中间产品、成品质量的符合性

17.验证的组织机构是（　　）。

　　A.质量管理部门　　　　　　　　　　　　　B.验证领导小组或验证委员会

　　C.验证实施小组　　　　　　　　　　　　　D.生产管理部门

18.关于验证的正确表述包括（　　）。

　　A.设定验证标准原则：合法性、国际公认惯例、质量保证

B.验证必要条件：基本具备 GMP 条件

C.验证设施：必须有验证方案和计划书

D.验证的要求：用最终产品检测结果推论生产过程是合理的

二、简答题

1.什么情况下需要进行工艺再验证？

2.工艺验证方案一般包括哪些内容？

项目八 文件管理

PPT

项目导入

文件属于GMP三要素中的软件，是药品生产及质量管理中所有活动计划及执行的文字规定和记录证明，是药品生产质量的保障。其作用在于对药品生产中所用物料的规格标准、生产工艺及过程控制、产品产量及放行、设备及厂房的使用及维护、人员及管理等做出规定。优良的文件系统可以使围绕药品生产的所有活动有章可循、有据可查，因此避免语言上的差错或误解造成的事故，以及为问题原因分析、改进工艺提供依据。

本项目将学习药品生产及质量管理中有关文件的知识及应用。

学习目标

知识目标

1. 掌握文件在药品生产质量管理中的作用及文件系统的组成；文件的制定及使用管理的主要内容。
2. 熟悉GMP对文件的基本要求；文件的编码、格式要求；常见的质量管理文件；常见的生产管理文件。
3. 了解文件的定义及意义；质量标准的内容、批记录的内容、产品工艺规程的内容、电子记录的分类；对质量管理文件、生产管理文件的要求。

技能目标

1. 能根据文件管理要求进行文件的制定、审核、批准、发放及使用。
2. 能初步判断文件是否规范。

思政目标

1. 增强学生按规范操作的职业素养，避免操作的随意性。
2. 培养学生自律、严谨的优秀品格，注重大国工匠精神的养成。

·任务一· 文件的基本知识

一、认知 GMP 文件

文件是指一切涉及药品生产、管理的书面标准和标准实施过程中的记录，它涉及GMP的所有方面，是药品质量的保障。GMP作为行业强制性标准，明确要求制药企业生产管理必须全方位地标准化，文件系统就是药品生产质量管理标准化的重要体现，是质量管理系统的基本组成部分，同时GMP指导药品生产企业建立完善有效的文件管理系统，保证围绕药品生产的所有活动有章可循、有据可查，并通过加强药品生产企业中各类文件的权威性、系统性、有效性、适宜性、一致性，使与药品的生产、质量储存和运输等相关的所有活动更加稳定有序的进行，并有记录证明。

【GMP（2010年修订）】

第一百五十条 文件是质量保证系统的基本要素。企业必须有内容正确的书面质量标准、生产处方和工艺规程、操作规程以及记录等文件。

第一百五十一条 企业应当建立文件管理的操作规程，系统地设计、制定、审核、批准和发放文件。与本规范有关的文件应当经质量管理部门的审核。

第一百五十二条 文件的内容应当与药品生产许可、药品注册等相关要求一致，并有助于追溯每批产品的历史情况。

■ **知识链接**

文件的含义

文件的范畴很广泛，广义的"文件"指公文、书信或指有关政策、理论等方面的文章、其他程序，电脑上运行的程序等也叫文件。狭义的"文件"一般特指文书，或者叫做公文，也是档案的意思。GMP中所指的文件主要包括标准与记录。

对文件的分类，①按性质和用途分类，系统文件、用户文件；②按文件的逻辑结构分为，流式文件、记录式文件；③按信息的保存期限分类，临时文件、永久性文件、档案文件；④按文件的物理结构分类，顺序文件、链接文件、索引文件、HASH文件、索引顺序文件；⑤按文件的存取方式，顺序存取文件、随机存取文件。

1.文件分类 GMP中所指的文件主要包括标准与记录两部分，标准有管理标准、技术标准和操作标准，记录则可以分成生产记录、质量管理记录、验证记录、工程或维修记录和销售记录等，还包括生产及质量管理中的标签、标记及凭证，标准与记录构成了药品生产企业的文件系统，见图8-1。

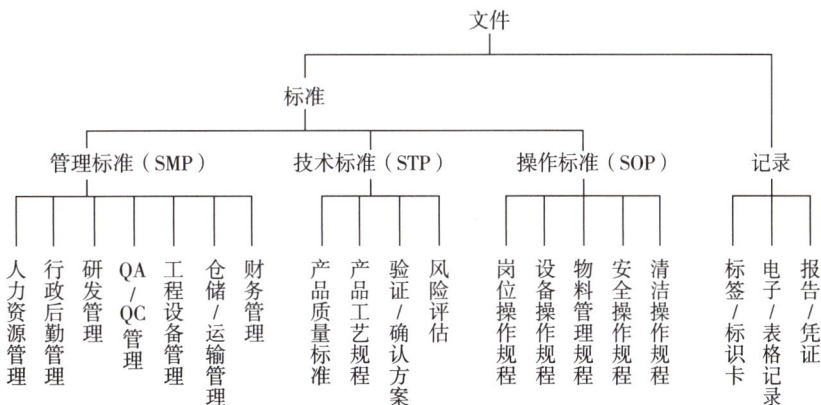

图8-1 药品生产企业的文件系统

2.常用文件举例

（1）文件管理制度   文件的编号规定、文件的起草、审核、批准程序，文件的发放、登记、收回、归档程序，文件的培训规程，文件的执行与检查制度，文件的变更管理程序等。

（2）人员管理标准   部门职责，人员岗位责任制，人员培训制度及计划、考核、档案，人员体检管理制度及档案等。

（3）设备管理文件   设备管理制度，操作规程，清洁规程，维修保养规程，档案，台账，记录表，状态卡等。

（4）卫生管理文件   卫生管理制度，厂房、设备、容器、卫生工具清洁规程，工作服清洗规程，进入洁净区的更衣净化程序，对外来人员的指导规定等。

（5）验证工作文件   验证管理制度（包括再验证周期），验证方案，验证报告，验证原始记录等。

（6）生产管理文件   工艺规程、岗位标准操作规程，清场管理，生产工艺验证管理，物料消耗定额规定，生产指令，物料平衡检查程序，偏差分析处理程序，批号编制与划分规定，物料管理规程，拼箱管理规定，批生产记录等。

（7）质量管理文件   各级人员质量责任制，质量管理部门职责与权限，质量管理和检验人员职责，产品质量档案管理制度，留样观察制度，质量分析制度，质量统计报告制度，质量信息反馈制度，质量事故分析报告制度，质量奖惩制度，用户访问制度，质量投诉处理规程，自检规程，药品不良反应监察报告制度、库存物料复验规程、标签说明书设计、核对、印刷管理规程。供应商资质审计程序，成品放行前审核程序，取样规程，工序质量控制，用户投诉处理程序，不合格品处理程序，退货和召回程序等。

（8）QC质量标准   检验操作规程，仪器操作、校验规程，标准溶液管理规程，试剂与试液管理规程，对照品、检定菌管理规程，无菌检验室管理规定，实验动物房管理办法，洁净区环境监测规程，工艺用水质量监控规程，检验记录，检验报告等。

（9）物料管理文件   物料入库、贮存、发放管理程序，物料分类编号规定，取样室管理规程，不合格品管理程序，销毁程序，化学危险品管理程序，成品销售管理程序，标识物管理规定，退货产品管理规程，货位卡、请验单管理规定，成品销售记录，仓库温湿度监控记录等。

3.文件格式   所有文件必须采用统一的格式，包括封面、页眉、表头和正文等，封面及页眉应包含标识性信息，包括编号、版本号（含修订版本号）、页码、文件标题、起草人、审核人、批准人及日期、所属部门等。

（1）表头格式   表头应包含文件编号、文件标题、页数、起草人、审核人、批准人及日期、所属部门等。

（2）正文格式   文件正文可以根据文件的需要依次列出目的、原则、适用范围、职责、标准依据等条款，然后再写文件的内容。文件可参照GB/T 1.1-2009《标准化工作导则 第1部分：标准的结构和编写》，企业可有自己的编排格式，但必须有专门的规范文件规定文件的标准格式，可以理解为，企业建立文件系统，制定的第一个文件是"企业文件制订标准"。文件示例如下表8-1。

表8-1 **制药公司文件的标准格式

**制药有限公司				
题目：企业文件制订标准 版本号 生效日期 页码		编码	SMP-01001-01	
		No.01		
		2024.03.20		
		第1页/共3页		
起草人	***		日期	2024.03.01
部门主管审核	***		日期	2024.03.10
QA主管审核	***		日期	2024.03.15
批 准 人	***		日期	2024.03.17
颁发部门	质管部		分发	企管部

1.目的
2.原则
3.适用范围
4.职责
5.标准依据
6.内容
6.1文件制订流程
6.2文件编码规定
6.2.1文件编码格式

文件变更记录

变更内容	修订人签名/日期	审核人签名/日期

二、文件管理

文件管理包括文件制定管理和文件使用管理两个过程，前者包括文件的设计、编码、起草、审核、批准、生效；然后进行文件的印制、分发、培训、执行、保管与归档、复审与修订、撤销与销毁等内容。

【GMP（2010年修订）】

第一百五十三条 文件的起草、修订、审核、批准、替换或撤销、复制、保管和销毁等应当按照操作规程管理，并有相应的文件分发、撤销、复制、销毁记录。

第一百五十四条 文件的起草、修订、审核、批准均应当由适当的人员签名并注明日期。

第一百五十五条 文件应当标明题目、种类、目的以及文件编号和版本号。文字应当确切、清晰、易懂，不能模棱两可。

第一百五十六条 文件应当分类存放、条理分明，便于查阅。

第一百五十七条 原版文件复制时，不得产生任何差错；复制的文件应当清晰可辨。

第一百五十八条 文件应当定期审核、修订；文件修订后，应当按照规定管理，防止旧版文件的误用。分发、使用的文件应当为批准的现行文本，已撤销的或旧版文件除留档备查外，不得在工作现场出现。

（一）文件的制定管理

企业应根据 GMP 的要求及企业的实际情况设计一个文件系统框架，文件系统框架确定后，着手制定文件的格式、制定程序、原则、方法等。参与文件制定人员应经培训，然后着手编制文件。

1.制定组织　一般由质量管理部门负责文件的编制管理工作，药品生产企业成立一个专门的文件起草领导小组。

2.制定的原则　文件编制应符合：①科学合规的原则，文件首先应符合GMP规范的要求，用清晰、易懂、条理的文字进行描述；②系统统一的原则，管理标准、技术标准、操作标准及记录注意前后衔接，尽量减少交叉重复，避免互相矛盾；③操作适用的原则，文件的制定是用来规范操作行为的，文件必须从岗位实际出发，制订操作适用的标准，才能做到"令有据、行有迹、追有踪"；④及时修订的原则，由于产品、工艺、设备等因素变化，原有标准不能满足产品质量时，应按规定的程序及时进行文件的修订。

3.文件制定的流程　新开办的药品生产企业应在筹办阶段着手制定文件系统，起草各类文件。已建成运作的企业在下列情况下，应起草、修订和变更文件：①法律法规、质量标准及规范发生变更时；②公司组织机构职能变动时；③新产品投产前、新设备使用前；④产品处方工艺改变时；⑤确认或验证前后；⑥厂房、设施、设备、物料运行过程中发现偏差或缺陷时。

文件制定流程如下：设计→编码→起草→审核→批准→生效。

（1）设计　是形成文件系统的第一步，各药品生产企业的经营管理模式有所不同，但都以现行版的 GMP 为标准依据。企业应根据企业的机构与岗位设置、人员配备、公司章程、经营模式等来设计企业的文件系统，并进行规范的编码，可根据图8-1所示的文件系统编排文件目录和编码。

（2）编码　编制文件目录及文件时应编排文件编码，除少部分凭证无编码外，绝大部分文件均需有编码。

在CMP第一百八十二条规定：厂房、设备、物料、文件和记录应当有编号或代码，并制定编号或代码编制操作规程，确保编号或代码的唯一性。编码应符合系统性、准确性、识别性、可追溯性、一致性、发展性要求。

编码方式方面，企业内部文件编码应统一，其代码可选用英文缩写或首个字母、汉语拼音的第一个字母，再加上一组数字组成。企业可根据经营与管理模式、特点确定编码系统，但须制定文件编码系统的操作规程，详细列出编码规定，指导正确编码。

（3）起草　文件的起草是形成文件的第一步，主要由文件使用部门指定专人负责起草，起草人员应具备相当学历和经验，熟悉法律法规及 GMP 的规定。会稿是起草工作完成以后，一般由起草人员所在部门进行，以保证内容的全面性、准确性。会稿人员一定要和起草人员进行沟通、协商，切不可撇开起草人员进行文件修改。

（4）审核　起草后的文件由文件起草部门主管或负责人审阅再交质量管理部门或主管部门审核，质量主管部门应组织有关部门专业技术人员对文件进行再次修正或修改，注意文件内容的合规性、真实性、一致性、可操作性和可控性，语言是否精练、易懂、确切。

（5）批准和生效　文件一般是由质量管理部门审核、质量管理部门负责人批准，按规定的日期宣布生效。有的企业是由质管理部门进行审核、质量管理部门负责人签字后，提交企业负责人批准，按规定的日期宣布生效。文件的起草、修订、审核、批准均应当由企业指定的人员签字并注明日期。

（二）文件的使用管理

文件的使用管理包括分发、培训、执行、保管与归档、复审与修订、撤销与销毁等过程，文件使用管理的目的是确保文件的使用过程程序化、规范化。

1.分发 文件不宜多印，应控制份数，标准文件经批准人签字后方可发布，文件一经批准，应在执行前分发至有关人员或部门，分发文件时必须进行登记。一旦新文件生效使用，前版文件必须收回，已撤销或过时的文件除留档备查外，不得在工作现场出现。

2.培训 新文件在执行之日前必须对文件的使用者进行专门的培训，并形成记录，可由文件起草人、审核人、批准人之一进行培训，以保证每个使用者了解如何使用文件。

3.执行 文件由执行责任人于生效日期开始严格遵守执行，文件开始生效阶段，相关管理人员应特别注意监督检查执行情况，以保证文件执行的有效性。

4.保管与归档 收存文件的部门应妥善保存文件，不得丢失、撕毁，应保持文件齐全整洁。若需保密的文件，应按有关保密规程管理。如果文件采用计算机化系统，应仅可经授权人员操作。文件的归档包括现行文件归档和各种记录归档，各种记录一旦填写完成，应按类归档，应按文件管理规程来管理归档文件。

5.复审与修订 药品生产企业应定期组织生产技术、质量管理部门和相关的业务部门复审文件，一般每两年复审文件一次，并做好记录。

一般情况下，生产工艺规程每五年修订一次，操作规程每两年修订一次，一旦政策、法规、标准修订和变更，或者原辅料、包装材料、生产工艺、主要生产设备以及其他影响药品质量的主要因素发生改变时，应根据变更结果修订文件。

各职能部门因管理需要可提出修订文件申请，由质量管理负责人组织人员对变更文件的合规性和必要性进行审核，审核通过后可修订文件。

6.撤销及销毁 一旦修订的文件生效，旧文件应自动失效，文件管理部门应及时公布撤销文件信息，修订文件生效之日，应由文件分发部门向收存旧文件的部门和人员回收失效文件。

三、文件与记录

与GMP有关的活动均应有记录，GMP中对活动记录进行了规定。

【GMP（2010年修订）】

第一百五十九条 与本规范有关的每项活动均应当有记录，以保证产品生产、质量控制和质量保证等活动可以追溯。记录应当留有填写数据的足够空格。记录应当及时填写，内容真实，字迹清晰、易读，不易擦除。

第一百六十条 应当尽可能采用生产和检验设备自动打印的记录、图谱和曲线图等，并标明产品或样品的名称、批号和记录设备的信息，操作人应当签注姓名和日期。

第一百六十一条 记录应当保持清洁，不得撕毁和任意涂改。记录填写的任何更改都应当签注姓名和日期，并使原有信息仍清晰可辨，必要时，应当说明更改的理由。记录如需重新誊写，则原有记录不得销毁，应当作为重新誊写记录的附件保存。

第一百六十二条 每批药品应当有批记录，包括批生产记录、批包装记录、批检验记录和药品放行审核记录等与本批产品有关的记录。批记录应当由质量管理部门负责管理，至少保存至药品有效期后一年。

质量标准、工艺规程、操作规程、稳定性考察、确认、验证、变更等其他重要文件应当长期保存。

第一百六十三条 如使用电子数据处理系统、照相技术或其他可靠方式记录数据资料，应当有所用系统的操作规程；记录的准确性应当经过核对。

使用电子数据处理系统的，只有经授权的人员方可输入或更改数据，更改和删除情况应当有记录；应当使用密码或其他方式来控制系统的登录；关键数据输入后，应当由他人独立进行复核。

用电子方法保存的批记录，应当采用磁带、缩微胶卷、纸质副本或其他方法进行备份，以确保记录的安全，且数据资料在保存期内便于查阅。

·任务二· 质量标准文件

国家药品质量标准是国家对药品质量规格、检验方法所做的技术规定，企业的药品质量标准应在符合国家药品质量标准的基础上，制订高于国家标准或行业标准的企业内控标准，以保证物料和产品的合格。

在医药生产企业的生产、储存区，物料或产品（成品）应当按经批准的现行质量标准进行质量检查、并进行正确的状态标识。这里的物料或产品主要包括原料、辅料、制药用水、包装材料、中间产品、待包装产品和成品等。

【GMP（2010年修订）】

第一百六十四条 物料和成品应当有经批准的现行质量标准；必要时，中间产品或待包装产品也应当有质量标准。

第一百六十五条 物料的质量标准一般应当包括：

（一）物料的基本信息：

1.企业统一指定的物料名称和内部使用的物料代码；

2.质量标准的依据；

3.经批准的供应商；

4.印刷包装材料的实样或样稿。

（二）取样、检验方法或相关操作规程编号；

（三）定性和定量的限度要求；

（四）贮存条件和注意事项；

（五）有效期或复验期。

第一百六十六条 外购或外销的中间产品和待包装产品应当有质量标准；如果中间产品的检验结果用于成品的质量评价，则应当制定与成品质量标准相对应的中间产品质量标准。

第一百六十七条 成品的质量标准应当包括：

（一）产品名称以及产品代码；

（二）对应的产品处方编号（如有）；

（三）产品规格和包装形式；

（四）取样、检验方法或相关操作规程编号；

（五）定性和定量的限度要求；

（六）贮存条件和注意事项；

（七）有效期。

一、原料、辅料质量标准的管理

药品生产中所使用的原料、辅料应当有明确的质量标准，一般包括以下内容：①名称、代码；②成分、来源、药用部位或成分组成；③药品注册证号、批准证明文件编号或备案文号；④标准依据，企业内控标准；⑤企业批准的供应商资料；⑥取样、检验方法或相关操作规程编号；⑦使用的标准品、对照品、标本的编号；⑧定性和定量的限度要求；⑨规格和包装，与物料直接接触的包装材料的质量标准文号；产品印刷包装材料实样，包括药品大、中、小包装的包装材料，使用说明书，产品合格证，封口签，防伪签等印刷品标准样板实样；⑩储存条件及注意事项、有效期或保质期、复验期。

二、包装材料质量标准的管理

包装材料包括直接接触药品的包装材料（药包材）及其他印刷包装材料。

（一）直接接触药品的包装材料

其质量标准，一般应包括以下内容。

1.名称、代码　药包材的命名应按照用途、材质等的顺序编制，文字应简洁，如口服药用铝箔。

2.材质　包装材料的构成、材料组成及化学成分。

3.注册证号或备案文号　包括药包材注册证号或备案文号。

4.标准依据　企业内控标准应依据国家标准（GB）、行业标准，如《国家药包材标准（2015年版）》制定，质量指标等同或高于上述标准。

5.供应商资料　企业批准的供应商资料。

6.编号　取样、检验方法或相关操作规程编号。使用的标准品、对照品、标准样品、标本的编号。

7.技术指标

（1）产品规格及偏差　包括尺寸、厚度、壁厚、容积、直线度、圆口精度、管端切割精度等，必要时提供模具图纸。

（2）外观质量要求　玻璃类，包括透明度、结石、节瘤、裂纹、合缝线、刻度线、字、标记、满口容量、垂直轴偏差、标线容量；金属类，包括洁净度、平整度、针孔度；塑料类，包括透明度、透光率、粗糙度、平整度等。

（3）物理性能　玻璃类，包括线热膨胀系数鉴别、121℃颗粒耐水性、内表面耐水性、热稳定性、耐热冲击、耐内压力；金属类，包括阻隔性能、黏合层热合强度、保护层黏合性、保护层耐热性、黏合剂涂布量差异、开卷性能、破裂强度、管帽配合、尾涂均匀性、内涂层连续性、韧性；塑料类，包括90℃颗粒耐水性、温度适应性、穿刺力、穿刺部位不渗透性、悬挂力、蒸气透过量。

（4）化学性能　玻璃类，包括耐酸性、耐碱性、内表面耐水性、砷和锑等溶出量；金属类，包括荧光物质、挥发物、溶出物试验、内涂层化学稳定性、耐灭菌性；塑料类，包括炽灼残渣、金属元素限量检测、溶出物检测。

（5）生物性能　包括微生物限度；另外，金属类的生产厂商应提供原性皮肤刺激试验证明文件；塑料类的生产厂商提供的细菌内毒素、细胞毒性、皮肤致敏、皮内刺激、急性全身毒性、溶血等试验证明文件。

（6）印刷质量要求　有印刷标识的，应有印刷用色标、条形码基准、商标基准、标准样版；规格、质量控制项目、合格水平、判定方法及说明；如文字准确、清晰，图案不得有错位、遗漏，不同批次印刷不得有明显的色差。

8.其他　规格和包装；储存条件及注意事项、保存期、复验期。

（二）印刷包装材料

其质量标准，一般应包括以下内容。

1.材料名称　包装材料的命名应按照用途、材料和形态等的顺序编制，文字简洁，不使用夸大修饰语言，尽量不使用外文缩写。

2.材质　指包装材料的构成材料成分。

3.标准依据　企业内控标准应依据国家标准（GB）、行业标准，如《国家药包材标准（2015 年版）》制定，质量指标等同或高于上述标准。

4.企业批准的供应商资料。

5.取样、检验或相关操作规程编号。

6.技术指标

（1）规格及偏差，必要时提供模具图纸。

（2）外观质量要求，洁净、平整度、透明度、粗糙度。

（3）物理性能，应具备需要的物理机械强度。

（4）印刷质量，应符合包装材料标识印刷标准，包括：①名称、编号，能够识别品种、包装配套、印刷版次；②文字内容标准，所用文字以中文为主，并使用规范化汉字，文字及图案不得加入任何未经审批的内容；③文字设计的样稿及复印件；④符合国家关于药品标签、说明书的管理规定；⑤应有印刷用色标、条形码基准、商标基准等标准及标准样版，合格水平判定方法应文字准确、清晰，图案不得有错位、遗漏，不同批次印刷不得有明细的色差。

7.其他　规格和包装。储存条件及注意事项、保存期、复验期。

三、成品质量标准的管理

成品质量标准一般应包括下列内容。

【GMP（2010年修订）】

第一百六十七条

①产品名称、代码；②药品注册证号、药品批准证明文号；③处方来源，处方编号④标准依据，企业内控标准；⑤取样、检验方法或相关操作规程编号；⑥定性和定量的限度要求；⑦产品规格和产品包装；⑧印刷包装材料标准样板，包括印有标签内容相同的药品大、中小包装的包装材料，使用说明书，产品合格证，封口签，防伪签等印刷品标准样板；⑨包装材料质量标准编号；⑩储存条件及注意事项、有效期。

四、制药用水质量标准的管理

水是药物生产中用量大、使用广的一种辅料,《中国药典》中所收载的制药用水,包括饮用水、纯化水、注射用水和灭菌注射用水,药品生产企业应确保制药用水的质量符合预期用途的要求,并有文件明确规定如何对制药用水的制备、贮存、分配、使用以及验证的管理。

(一)标准依据

饮用水的标准依据为GB5749–2022《生活饮用水卫生标准》和GB/T 5750–2023《生活饮用水标准检验方法》;纯化水、注射用水、灭菌注射用水的标准依据为《中国药典》(2020年版)二部。

(二)质量标准内容

制药用水质量标准内容包括:①名称、代码;②原料水来源;③标准依据,企业内控质量指标;④取样、检验方法或相关操作规程编号;⑤使用的标准品、对照品、标准样品、标本的编号;⑥质量检查项目的定性和定量的限度要求;⑦储存条件及注意事项。

具体的质量检查项目指标包括性状、pH值、电导率、氨化物、硫酸盐与钙、总有机碳、二氧化碳、硝酸盐、亚硝酸盐、重金属、易氧化物、不挥发物的要求或限度,注射用水和灭菌注射用水质量指标,还包括需氧菌、细菌内毒素限度。

· 任务三 · 生产管理文件

药品生产企业的生产管理文件主要包括产品工艺规程,各环节标准操作规程,生产工艺验证管理规程,批记录,物料消耗定额规定,物料平衡检查程序,偏差分析处理程序,批号编制与划分规定,物料管理规程,拼箱管理规定等。其中产品工艺规程、批记录、各环节标准操作规程是药品生产中最核心的文件。

一、产品工艺规程的管理

产品工艺规程,为生产特定数量的产品而制定的一个或一套文件,包括生产处方、生产操作要求和包装操作要求,规定原辅料和包装材料的数量、工艺参数和条件、加工说明,包括中间控制、注意事项等内容。

产品工艺规程的制定应当以注册批准的工艺为依据,不得任意更改。如需更改,应当经过工艺验证,按照相关的操作规程修订、审核、批准。

【GMP(2010年修订)】

第一百八十四条 所有药品的生产和包装均应当按照批准的工艺规程和操作规程进行操作并有相关记录,以确保药品达到规定的质量标准,并符合药品生产许可和注册批准的要求。

第一百六十八条 每种药品的每个生产批量均应当有经企业批准的工艺规程,不同药品规格的每种包装形式均应当有各自的包装操作要求。工艺规程的制定应当以注册批准的工艺为依据。

第一百六十九条 工艺规程不得任意更改。如需更改,应当按照相关的操作规程修订、审核、批准。

第一百七十条 制剂的工艺规程的内容至少应当包括:

（一）生产处方：

1.产品名称和产品代码；

2.产品剂型、规格和批量；

3.所用原辅料清单（包括生产过程中使用，但不在成品中出现的物料），阐明每一物料的指定名称、代码和用量；如原辅料的用量需要折算时，还应当说明计算方法。

（二）生产操作要求：

1.对生产场所和所用设备的说明（如操作间的位置和编号、洁净度级别、必要的温湿度要求、设备型号和编号等）；

2.关键设备的准备（如清洗、组装、校准、灭菌等）所采用的方法或相应操作规程编号；

3.详细的生产步骤和工艺参数说明（如物料的核对、预处理、加入物料的顺序、混合时间、温度等）；

4.所有中间控制方法及标准；

5.预期的最终产量限度，必要时，还应当说明中间产品的产量限度，以及物料平衡的计算方法和限度；

6.待包装产品的贮存要求，包括容器、标签及特殊贮存条件；

7.需要说明的注意事项。

（三）包装操作要求：

1.以最终包装容器中产品的数量、重量或体积表示的包装形式；

2.所需全部包装材料的完整清单，包括包装材料的名称、数量、规格、类型以及与质量标准有关的每一包装材料的代码；

3.印刷包装材料的实样或复制品，并标明产品批号、有效期打印位置；

4.需要说明的注意事项，包括对生产区和设备进行的检查，在包装操作开始前，确认包装生产线的清场已经完成等；

5.包装操作步骤的说明，包括重要的辅助性操作和所用设备的注意事项、包装材料使用前的核对；

6.中间控制的详细操作，包括取样方法及标准；

7.待包装产品、印刷包装材料的物料平衡计算方法和限度。

制剂产品的工艺规程内容依照GMP规定编制，详见【GMP（2010年修订）】中第一百七十条。化学原料药的工艺规程可参考【GMP（2010年修订）附录2 原料药】进行编制，一般包括：①品名、产品概述、化学反应及副反应过程、生产工艺及设备流程图；②工艺流程及生产操作要求。包括：物料、中间产品名称及代码，投料量、投料比；工艺过程及参数，操作顺序及要求；物料、中间产品储存条件及期限，标签、包装材料；③生产过程的质量控制，物料、中间产品、成品的质量标准，取样方法；④设备，包括型号、材质及主要设备生产能力的一览表；⑤预防措施及注意事项，技术安全及防火、劳动保护，原料消耗定额和技术经济指标，副产品回收品的处理，"三废"治理及排放标准；⑥操作工时与生产周期，单个步骤或整个工艺过程的时限，劳动组织与岗位定员；⑦附录，包括有关理化常数、曲线、图表、计算公式、换算表等。

二、批记录的管理

批记录是用于记录每批药品生产、质量检验和放行审核的所有文件和记录，用其可追溯所有与当批产品质量有关的历史信息，一般包括批生产记录和批包装记录（包装是指待包装产品变成成品的所有操作步骤，包括分装、贴签等。但无菌生产工艺中产品的无菌罐装，以及最终灭菌产品的灌装等不视为包装）、批检验记录、批放行记录等。

【GMP（2010年修订）】对批生产记录的规定。

第一百七十一条 每批产品均应当有相应的批生产记录，可追溯该批产品的生产历史以及与质量有关的情况。

第一百七十二条 批生产记录应当依据现行批准的工艺规程的相关内容制定。记录的设计应当避免填写差错。批生产记录的每一页应当标注产品的名称、规格和批号。

第一百七十三条 原版空白的批生产记录应当经生产管理负责人和质量管理负责人审核和批准。批生产记录的复制和发放均应当按照操作规程进行控制并有记录，每批产品的生产只能发放一份原版空白批生产记录的复制件。

第一百七十四条 在生产过程中，进行每项操作时应当及时记录，操作结束后，应当由生产操作人员确认并签注姓名和日期。

第一百七十五条 批生产记录的内容应当包括：

（一）产品名称、规格、批号；

（二）生产以及中间工序开始、结束的日期和时间；

（三）每一生产工序的负责人签名；

（四）生产步骤操作人员的签名；必要时，还应当有操作（如称量）复核人员的签名；

（五）每一原辅料的批号以及实际称量的数量（包括投入的回收或返工处理产品的批号及数量）；

（六）相关生产操作或活动、工艺参数及控制范围，以及所用主要生产设备的编号；

（七）中间控制结果的记录以及操作人员的签名；

（八）不同生产工序所得产量及必要时的物料平衡计算；

（九）对特殊问题或异常事件的记录，包括对偏离工艺规程的偏差情况的详细说明或调查报告，并经签字批准。

【GMP（2010年修订）】对批包装记录的规定

第一百七十六条 每批产品或每批中部分产品的包装，都应当有批包装记录，以便追溯该批产品包装操作以及与质量有关的情况。

第一百七十七条 批包装记录应当依据工艺规程中与包装相关的内容制定。记录的设计应当注意避免填写差错。批包装记录的每一页均应当标注所包装产品的名称、规格、包装形式和批号。

第一百七十八条 批包装记录应当有待包装产品的批号、数量以及成品的批号和计划数量。原版空白的批包装记录的审核、批准、复制和发放的要求与原版空白的批生产记录相同。

第一百七十九条 在包装过程中，进行每项操作时应当及时记录，操作结束后，应当由包装操作人员确认并签注姓名和日期。

第一百八十条 批包装记录的内容包括：

（一）产品名称、规格、包装形式、批号、生产日期和有效期；

（二）包装操作日期和时间；

（三）包装操作负责人签名；

（四）包装工序的操作人员签名；

（五）每一包装材料的名称、批号和实际使用的数量；

（六）根据工艺规程所进行的检查记录，包括中间控制结果；

（七）包装操作的详细情况，包括所用设备及包装生产线的编号；

（八）所用印刷包装材料的实样，并印有批号、有效期及其他打印内容；不易随批包装记录归档的印刷包装材料可采用印有上述内容的复制品；

（九）对特殊问题或异常事件的记录，包括对偏离工艺规程的偏差情况的详细说明或调查报告，并经签字批准；

（十）所有印刷包装材料和待包装产品的名称、代码，以及发放、使用、销毁或退库的数量、实际产量以及物料平衡检查。

（一）批生产记录和批包装记录

批生产记录和批包装记录包括三种文件：原版空白的批生产记录和批包装记录、复制的批生产记录和批包装记录、已填写的批生产记录和批包装记录。

原版空白的批生产记录（批包装记录）应当依据现行批准的工艺规程的相关内容制定，清晰严谨的描述药品生产所用的物料品种、规格、数量、容器设备、操作方法及工艺参数、质量要求，并留有足够的空间记录实际操作情况、相关数据和操作者及复核者签名，批生产记录（批包装记录）的每一页应当标注产品的名称、规格和批号，记录区域的设计应当避免填写差错。应当经生产管理负责人和质量管理负责人审核和批准后使用。

复制的批生产记录和批包装记录，可以作为批生产指令和批包装指令发放到相关岗位，其复制和发放均应当按照相应标准操作规程进行控制并有记录，相关岗位依据其中指令要求完成相关操作，并及时、如实的进行记录，各工序或岗位操作结束后，应当由生产操作人员确认并签注姓名和日期。

每批产品的生产或包装，都应当有批生产记录和批包装记录，以便追溯该批产品的操作以及与质量有关的情况。每批产品的生产只能发放一份原版空白批生产记录（批包装记录）的复制件，批生产记录（包装记录）随当批物料进行工序流转，产品完成后形成已填写的批生产记录和批包装记录，最后经质量授权人放行审核后归档。

（二）批检验记录

所有原料、辅料、包装材料、中间产品和成品都必须经过检验，确保符合相应标准并有记录。检验记录包括：①原辅料、药包材的检验项目，检验结果报告单；②中间产品检验项目、检验结果报告单；③成品检验项目，检验结果报告单。

（三）批放行审核记录

放行审核记录包括对物料和产品的放行，产品包括药品的中间产品、待包装产品和成品。物料与产品的放行应符合放行要求，详见【GMP（2010年修订）】中第二百二十八条、第二百二十九条、第二百三十条的规定。

中间产品、待包装产品和成品放行应进行合规性审查并记录审查情况，对药品生产现场的人员操作、清洁及环境测过程进行核查，审核批生产、批包装、批检验等记录，实施电子记录的，应对电子记录予以审核和确认。对于批记录审核合格的，须经质量受权人或质量管理负责人批准放行，中间产品可进入下个工序或使用，成品可发运投放市场。

三、电子记录的管理

电子生产记录（简称 EPR）是指实施计算机化系统管理的企业，在执行控制配方和生产操作过程中，存储来自计算机的生产相关活动中的数据和信息，形成电子生产记录。数据和信息可由系统产生以及人工输入或单纯人工输入，电子数据可能保存在一个或多个系统或数据库中，一般有两种类型：电子批生产记录和电子设备历史记录。

电子批生产记录（简称 EBR）用来记录一个批次，含回收、重新加工、返工批次，或连续生产过程中药品生产和质量控制的电子数据信息。电子设备历史记录（简称 EDHR），涵盖一个电子设备已完成的一系列的历史记录。

自动化控制和电子生产记录的使用可以为所生产的产品或使用的设备符合相应的规范和标准提供保证。并可以向工作人员提供其所关注的信息情况。

电子生产记录形成后，进行系统审核、迁移及实时发布。EPR 审核、迁移、实时发布流程见图8-2。

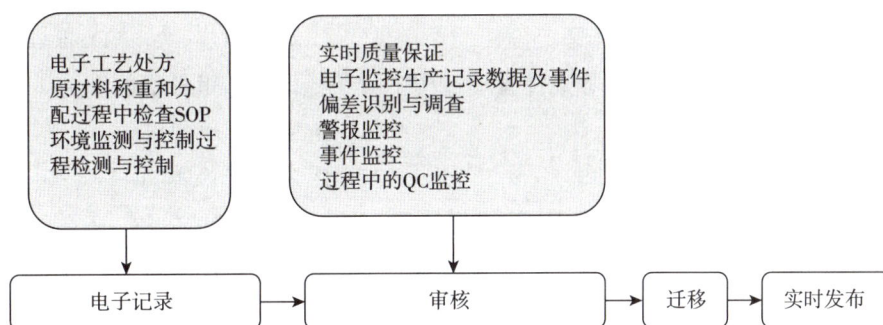

图8-2　电子记录、审核、迁移、实时发布流程

四、标准操作规程（SOP）的管理

标准操作规程是指经批准的用来指导设备操作、清洁与维护、验证、环境控制、取样和检验等药品生产活动的通用性文件，以确保每次活动都以相同的方式执行，也称操作规程，英文缩写为SOP。

药品生产活动，从物料采购到产品销售及售后服务均应有相应的标准操作规程，其过程和结果应当有记录，并按规定保存相应记录，以帮助进行产品质量的追溯。

【GMP（2010年修订）】

第一百八十一条　操作规程的内容应当包括：题目、编号、版本号、颁发部门、生效日期、分发部门以及制定人、审核人、批准人的签名并注明日期，标题、正文及变更历史。

第一百八十二条　厂房、设备、物料、文件和记录应当有编号（或代码），并制定编制编号（或代码）的操作规程，确保编号（或代码）的唯一性。

第一百八十三条　下述活动也应当有相应的操作规程，其过程和结果应当有记录：

（一）确认和验证；

（二）设备的装配和校准；

（三）厂房和设备的维护、清洁和消毒；

（四）培训、更衣及卫生等与人员相关的事宜；

（五）环境监测；

（六）虫害控制；

（七）变更控制；

（八）偏差处理；

（九）投诉；

（十）药品召回；

（十一）退货。

目标检测

重点小结　　参考答案

一、选择题

（一）单项选择题

1.下列选项中，不属于GMP所指文件的为（　　）。

   A.工艺规程　　　　　　B.操作规程　　　　　　C.通知　　　　D.报告

2.GMP有关的文件在制定和修订及撤销等文件管理过程中时须经审核，审核部门应为（　　）。

   A.质量管理部门　　　　　　　　　　B.生产管理部门

   C.设备管理部门　　　　　　　　　　D.人力资源部门

3.下列关于药品生产活动的选项中，应有相应的操作规程，其过程和结果应当有记录的为（　　）。

   A.确认和验证　　　　　　　　　　　B.厂房和设备的维护、清洁和消毒

   C.环境监测　　　　　　　　　　　　D.以上都是

4.批生产记录的每一页都应当标注与产品相关内容为（　　）。

   A.产品剂型　　　　　　B.产品规格　　　　　　C.产品数量　　D.操作人姓名

5.药品生产企业负责管理批记录的部门为（　　）。

   A.质量管理部门　　　　　　　　　　B.生产管理部门

   C.设备管理部门　　　　　　　　　　D.人力资源部门

6.批记录应当由质量管理部门负责管理，至少保存至药品有效期后（　　）。

   A.一年　　　　　　　　B.两年　　　　　　　　C.三年　　　　D.五年

7.下列表述错误的为（　　）。

   A.分发、使用的文件应当为批准的现行文本

   B.记录应当保持清洁，不得撕毁和任意涂改

   C.标准文件应当标明题目、引用依据、适用范围以及文件编号

   D.文件的内容应当与药品生产许可、药品注册等相关要求一致

8.下列表述错误的为（　　）。

   A.使用电子数据处理系统的，关键数据输入后，应当由他人独立进行复核

   B.批生产记录的每一页应当标注产品的剂型、数量和生产日期

   C.原版空白的批生产记录应当经批准

   D.物料和成品应当有经批准的现行质量标准

9.下列说法错误的是（　　）。

   A.批记录应当由质量管理部门负责管理，至少保存至药品有效期后3年。

B.稳定性考察文件应当长期保存。

C.工艺规程不得任意更改。

D.GMP记录应当留有填写数据的足够空格。

10.企业应当按规程对文件进行操作，相关操作有记录的为（　　）。

    A.文件分发　　　　　　　　B.文件撤销　　　　　　　　C.文件复制　　　　D.以上都是

11.按GMP要求组织药品生产和记录，对记录的要求不包括（　　）。

    A.应当及时填写、内容真实

    B.记录可以更改，但要签注姓名和日期

    C.记录可以撕毁重写

    D.字迹清晰、易读，不易擦除

12.关于原版空白批生产记录的批准，下列说法正确的是（　　）。

    A.由生产管理负责人批准

    B.由质量管理负责人批准

    C.不用批准

    D.由生产管理负责人和质量管理负责人批准

13.标准操作规程的缩写（　　）。

    A. GMP　　　　　　　　　B. SOP　　　　　　　　　C. GSP　　　　D. BPR

14.GMP中提到的物料，一般不包括（　　）。

    A.原、辅料　　　　　　　B.状态标识　　　　　　　C.中间产品　　　　D.包装材料

15.产品工艺规程制定的依据（　　）。

    A.药品注册批准的工艺　　　　　　　　　　　　B.药品试验的工艺

    C.生产车间试制的工艺　　　　　　　　　　　　D.产品工程师确定的工艺

（二）多项选择题

16.GMP规范所指的"文件"包括（　　）。

    A.工艺规程　　　　　　　B.操作规程　　　　　　　C.质量标准　　　　D.记录

17.下列关于GMP"文件"的表述中，正确的包括（　　）。

    A.已撤销的或旧版文件除留档外，在工作现场留存一份用于新旧对照

    B.与GMP有关的每项活动均应当有记录

    C.记录应当留有填写数据的足够空格

    D.记录应当及时填写，内容真实，字迹清晰、易读，不易擦除

18.文件使用管理内容包括（　　）。

    A.文件的发放　　　　　　B.文件的培训　　　　　　C.文件的编码　　　D.文件的撤销

19.管理文件和操作文件应当标明的内容包括（　　）。

    A.题目　　　　　　　　　B.文件编号　　　　　　　C.目的　　　　　　D.版本号

20.原料质量标准文件的内容包括（　　）。

    A.药品注册证号、批准证明文件编号或备案文号

    B.标准依据、企业内控标准

    C.取样、检验方法或相关操作规程编号

    D.定性和定量的限度要求

21. 文件管理中，应当长期保存的文件包括（　　）。

　　A. 质量标准　　　　　　　B. 工艺规程　　　　　　C. 确认、验证文件　　　D. 批生产记录

二、简答题

1. 某批药品生产结束，质量授权人在产品放行前进行生产及质量控制情况的复核审查、记录归档。请问，批记录文件归档的目的是什么？需要归档的文件一般包括哪些？

2. 药品生产企业对文件使用管理的目的是什么？文件使用管理包括哪几个方面？

项目九 生产管理

PPT

项目导入

　　生产管理是指从人员、物料、设备等资源到最终产品或服务的转换过程中所进行的组织、计划与控制。生产管理的目标是：稳定的产品质量、可靠的交货期、降低的成本、提高的效率、生产的安全、良好的工作氛围。

　　药品生产质量管理重视生产过程的控制。药品生产以工序生产为基本单元，生产过程中某一工序或影响这些工序的任何因素出现变化，如环境、设施、设备、物料、控制程序等，必然要引起药品质量及其生产过程的变动，因此，要对这些环节进行严格的控制。加强生产过程管理、保证药品质量也是GMP 的核心思想。

　　本项目将学习药品生产过程管理的内容，包括药品批次的划分及其批号的管理、污染的预防措施、物料的管理等。

学习目标

知识目标

1. 掌握药品批次、批号、生产日期、有效期的确定原则及格式要求；状态标识的管理；批生产记录的填写及归档。

2. 熟悉批号的编制的管理要求；预防污染、交叉污染及混淆的措施；药品包装管理、批包装记录的管理；清场阶段的管理要点。

3. 了解药品生产管理中物料的管理；暂存室的管理；定置管理；不合格品及废弃物的管理；模具、筛网的管理；物料平衡核算的管理；偏差的处理；印刷包装材料的管理等管理要点。

技能目标

1. 能进行药品产品批号的编制、生产日期、有效期的确定及格式规范。

2. 能进行生产区域规范的清场和状态标识。

思政目标

1. 培养学生高度的质量意识和清洁生产的职业素养、为公众健康服务的情怀。

2. 引导学生重视人生经历和过程，树立正确的人生观、价值观。

·任务一· 批及批号、生产日期、有效期的管理

GMP规定，所有药品的生产和包装均应当按照批准的工艺规程和操作规程进行操作并有相关记录，为便于管理，药品在生产工序流转过程中，必须按规定标注产品批号、批量等信息；在包装环节，每个最小销售单元及其他印刷包装材料上，必须按规定标注本批药品的产品批号、生产日期和有效期等信息。

一、批和批号

【GMP（2010年修订）】

第十四章　附　则

第三百一十二条　术语

（二十七）批：经一个或若干加工过程生产的、具有预期均一质量和特性的一定数量的原辅料、包装材料或成品。为完成某些生产操作步骤，可能有必要将一批产品分成若干亚批，最终合并成为一个均一的批。在连续生产情况下，批必须与生产中具有预期均一特性的确定数量的产品相对应，批量可以是固定数量或固定时间段内生产的产品量。

（二十八）批号：用于识别一个特定批的具有唯一性的数字和（或）字母的组合。

（二十九）批记录：用于记述每批药品生产、质量检验和放行审核的所有文件和记录，可追溯所有与成品质量有关的历史信息。

第九章　生产管理

第一百八十五条　应当建立划分产品生产批次的操作规程，生产批次的划分应当能够确保同一批次产品质量和特性的均一性。

第一百八十六条　应当建立编制药品批号和确定生产日期的操作规程。每批药品均应当编制唯一的批号。除另有法定要求外，生产日期不得迟于产品成型或灌装（封）前经最后混合的操作开始日期，不得以产品包装日期作为生产日期。

1.批次划分的一般原则　批和批号是药品生产中必须标注的药品信息，批次的划分一般原则如下。

（1）口服制剂　以同一混合机或配液罐最终混合或配制的均质产品为一批。

（2）大容量或小容量注射剂：以同一配液罐最终一次配制的药液所生产的均质产品为一批，同一批产品如用不同的灭菌设备或同一灭菌设备分次灭菌的，应当可以追溯。

（3）粉针剂　以一批无菌原料药在同一连续生产周期内生产的均质产品为一批。

（4）冻干产品　以同一批配制的药液使用同一台冻干设备在同一生产周期内生产的均质产品为一批。

（5）眼用制剂、软膏剂、乳剂和混悬剂等　以同一配制罐最终一次配制所生产的均质产品为一批。

2.批号的编制管理　药品生产企业的文件系统中包含本企业批号编制的标准规定，实际生产中按规定进行批号的编制。

（1）正常批号　一般采用"年+月+流水号"组成，如"产品批号：20230120"批，即2023年1月份的第20批。

另一种方法是利用计算机系统软件，以某一生产日期生产的批次，生成相同位数的随机数字与英文

字母组合,编制出无规律的随机批号,再将批号数据输入包装设备上的批号打印机或激光喷码机,在产品上印制批号等信息。生产日期与批号信息资料存入数据库,并提供给药监部门,在流通市场查验产品真伪,消除产品被假冒的情况。

生产部门下达生产指令时,同时下达该批产品批号,如采用无规律批号时应下达产品批号、生产日期。产品批号一经给定就具有专一性,任何人无权变动。

(2)返工或重新加工产品批号 返工后的批号不变,只是在原批号后加一代号以示区别,代号由企业自定,例如20160823-R,即2016年8月23日投料生产的药品经返工处理后的产品。重新加工的产品批号重新编制。

【GMP(2010年修订)】

第三百一十二条 术语

(七)重新加工:将某一生产工序生产的不符合质量标准的一批中间产品或待包装产品的一部分或全部,采用不同的生产工艺进行再加工,以符合预定的质量标准。

(十三)返工:将某一生产工序生产的不符合质量标准的一批中间产品或待包装产品、成品的一部分或全部返回到之前的工序,采用相同的生产工艺进行再加工,以符合预定的质量标准。

(3)合箱批号 同一性质和质量的最后包装不足一箱的药品,因批号不同要合并一箱时,只可连续二个批次的成品合箱,合箱外应标明全部批号,并建立合箱记录。

(4)亚批号 药品批号有时会用到亚批号,下列情形须编制亚批号:①使用数台灭菌设备灭菌或使用同一灭菌设备分数次灭菌时,批号应能区别所用的不同灭菌设备或不同次数灭菌;②待包装产品在内包装或定量分装时使用不同的分装线或分装设备同时分装的批次,如使用数条塑料瓶分装生产线、铝塑包装机、双铝包装机等分装药品,亚批号的表示法如:20160823-1、20160823-2。

二、生产日期

1.生产日期确定的原则

(1)最严格的,应是按工艺规程开始生产产品的时间,初始原料投料日期为生产日期。化学合成原料药及使用化学原料药的制剂的生产日期均按此标示。生产日期不得迟于产品成型或灌装或灌封前经最后混合的操作开始日期,不得以产品包装日期作为生产日期。

(2)原料药或中间产品混合批次的生产日期和有效期应当根据参与混合的最早批次产品的生产日期去确定。

2.生产日期的格式
生产日期应当按照年、月、日的顺序标注,年份用四位数字表示,月、日用两位数表示,其具体标注格式为"生产日期:XXXX年XX月XX日";也可以用数字和其他符号表示,如:"生产日期:XXXX/XX/XX"、"生产日期:XXXX-XX-XX"、"生产日期:XXXX.XX.XX"。

三、有效期

1.有效期的确定
根据药品的有效期限(24个月或36个月等)和生产日期,计算药品的有效期,有效期可以标注到"日",也可以标注到"月",国家药品监督管理局颁布的《药品说明书和标签管理规定》中明确,有效期若标注到日,应当为起算日期对应日期的前一天,若标注到月,应当为起算月份对应年月的前一月。

2.有效期的格式 《药品说明书和标签管理规定》中要求，药品标签中的有效期应当按照年、月、日的顺序标注，年份用四位数字表示，月、日用两位数表示。具体标注格式为"有效期至：XXXX年XX月"或者"有效期至：XXXX年XX月XX日"；也可以用数字和其他符号表示，如"XXXX.XX"、"XXXX/XX/XX"、"XXXX-XX-XX"。

注意事项：同一批产品，标注有效期用的文字或符号，符合本公司相关文件的要求，最好与生产日期用的文字或符号一致。

·任务二· 污染的预防措施

污染产生的原因，包括厂房及工艺路线设计、设备使用及管理、物料管理、人员管理、空调系统管理等方面，生产中应该进行全面管理和控制，以防止生产中的污染、交叉污染及混淆。

一、生产操作管理

【GMP（2010年修订）】

第一百八十八条　不得在同一生产操作间同时进行不同品种和规格药品的生产操作，除非没有发生混淆或交叉污染的可能。

第一百八十九条　在生产的每一阶段，应当保护产品和物料免受微生物和其他污染。

第一百九十条　在干燥物料或产品，尤其是高活性、高毒性或高致敏性物料或产品的生产过程中，应当采取特殊措施，防止粉尘的产生和扩散。

第一百九十三条　应当检查产品从一个区域输送至另一个区域的管道和其他设备连接，确保连接正确无误。

第一百九十七条　生产过程中应当尽可能采取措施，防止污染和交叉污染，如：

（一）在分隔的区域内生产不同品种的药品；

（二）采用阶段性生产方式；

（三）设置必要的气锁间和排风；空气洁净度级别不同的区域应当有压差控制；

（四）应当降低未经处理或未经充分处理的空气再次进入生产区导致污染的风险；

（五）在易产生交叉污染的生产区内，操作人员应当穿戴该区域专用的防护服；

（六）采用经过验证或已知有效的清洁和去污染操作规程进行设备清洁；必要时，应当对与物料直接接触的设备表面的残留物进行检测；

（七）采用密闭系统生产；

（八）干燥设备的进风应当有空气过滤器，排风应当有防止空气倒流装置；

（九）生产和清洁过程中应当避免使用易碎、易脱屑、易发霉器具；使用筛网时，应当有防止因筛网断裂而造成污染的措施；

（十）液体制剂的配制、过滤、灌封、灭菌等工序应当在规定时间内完成；

（十一）软膏剂、乳膏剂、凝胶剂等半固体制剂以及栓剂的中间产品应当规定贮存期和贮存条件。

第一百九十八条　应当定期检查防止污染和交叉污染的措施并评估其适用性和有效性。

药品生产过程中，污染的风险还来自于生产操作本身，因此针对生产操作还应采取以下措施。

　　1.分区域生产　生产区和储存区应当有足够的空间，以满足物料存放及生产操作。在同一生产区域（包括相应的辅助区域）只能生产同一批号同一规格的相同产品。在同一区域同时生产不同品种规格或批号的药品是混淆、污染产生的最主要的原因，必须坚决制止，以防止混淆和污染。特别是生物制品、毒性药材、高致敏药品等生产，如果发生污染，后果将非常严重。

　　2.阶段性生产　阶段性生产方式是指在共用生产区内，在一段时间内集中生产某一产品，再对相应的共用生产区、设施、设备、器具等进行彻底清洁，然后更换生产另一种产品的方式。阶段性生产须通过清场操作确保预防污染。

　　3.生产前检查　每个品种或每个批号药品生产开始前应认真检查设备、器械、容器等是否洁净或灭菌，以及是否有前一次生产的遗留物，否则不能进行新的生产操作。

　　4.中间控制　中间控制也称过程控制，是指为确保产品符合有关标准，生产中对工艺过程加以监控，以便在必要时进行调节而做的各项检查。可将对环境或设备控制视作中间控制的一部分。

　　物料的投料、称量、计算管理，定置管理，状态标识管理，暂存室管理，模具、筛网管理，偏差处理等都为中间控制，生产过程中应严格执行标准操作规程（SOP）。

　　5.工序衔接要合理　在药品生产中，工艺布局的合理性是保证药品正产生产秩序的关键，也是厂房设施、生产管理与GMP符合性的关键。工序衔接合理应括以下两个方面的内容。

　　（1）生产流程应顺向布置　生产流程应尽可能按照工艺流程方向布置，防止原材料、中间体和半成品在进入下道工序时的路径出现交叉和迁回，造成混淆。

　　（2）传递迅速　根据统计，就生产过程而言，80%的混淆发生在工序之间的衔接过程中。因此，生产过程的时间也要合理，传递要迅速，避免物料在某一工序特别是在工序和工序之间的衔接处滞留时间过长，防止物料混淆。

　　6.状态标志要明确　每一生产操作间、每台生产设备、每个盛物容器均应有能够指明正在加工的产品或物料、批号及数量等的状态标志，生产中无状态标志是造成混药的主要原因。

　　【GMP（2010年修订）】

　　第一百九十一条　生产期间使用的所有物料、中间产品或待包装产品的容器及主要设备、必要的操作室应当贴签标识或以其他方式标明生产中的产品或物料名称、规格和批号，如有必要，还应当标明生产工序。

　　第一百九十二条　容器、设备或设施所用标识应当清晰明了，标识的格式应当经企业相关部门批准。除在标识上使用文字说明外，还可采用不同的颜色区分被标识物的状态（如待验、合格、不合格或已清洁等）。

二、洁净区的空气、压差控制

　　应当根据药品品种、生产操作要求及外部环境状况等配置空气净化系统，使生产区有效通风，并有温度、湿度控制和空气净化过滤，保证药品的生产环境符合要求。各操作室根据净化要求保持一定的压差。必要时，相同洁净度级别的不同功能区域之间也应当保持适当的压差梯度。

三、人员的卫生管理

　　在【GMP（2010年修订）】第三章"机构与人员的管理"中有具体规定。

【GMP（2010年修订）】

第一百九十六条　生产厂房应当仅限于经批准的人员出入。

四、清场管理

每次生产结束后应当进行清场，确保设备和工作场所没有遗留与本次生产有关的物料、产品和文件。具体要求见下面任务三的清场阶段的技术管理。

·任务三· 生产过程的管理

生产过程管理是为了保证药品生产全过程处于受控状态，以确保生产秩序的良好和产品质量的合格，包括生产准备阶段的技术管理、生产阶段的技术管理、包装阶段的技术管理和清场阶段的技术管理。

一、生产准备阶段的技术管理

1. 发放生产指令和批记录文件　生产管理部门根据企业的产品库存和市场需求情况安排生产计划，发放批生产指令到生产、供应、仓库等相关部门。同时，将相应的记录文件发放至生产车间。

生产指令包括包装指令，在每批生产结束时须汇入相应的批生产记录中。

2. 下达生产计划、领料　生产车间按生产指令、工艺规程及操作规程，由车间工艺员向各工序分别下达生产计划。各工序根据计划，报送领料单，向仓库限额领取物料。领料时须核对品名、规格、批号、生产厂家、数量及检验合格报告单等，并填写领料记录。

3. 生产前的检查　生产操作开始前，操作人员必须对设备、清洁等状况进行检查，检查内容如下。

（1）有前一批产品的清场合格证副本，未取得清场合格证副本则不得进行另一批、另一个品种或同品种不同规格产品的生产。

（2）检查生产场所是否符合该区域洁净要求。

（3）设备完好清洁，有设备状态标识。

（4）计量器具清洁完好，有校准或检定合格证，并在检验有效期之内。

（5）对生产上用于测定、测试的仪器、仪表，应进行必要的调试。

（6）所用各种物料、中间产品应按质量标准核对检验报告单，盛装容器的桶、盖编号一致，并有明显标志。

（7）盛装物料的容器外必须具有标签，标签上应注明品名、规格、批号、重量、工序名称、操作人等。

【GMP（2010年修订）】

第一百九十九条　生产开始前应当进行检查，确保设备和工作场所没有上批遗留的产品、文件或与本批产品生产无关的物料，设备处于已清洁及待用状态。检查结果应当有记录。

生产操作前，还应当核对物料或中间产品的名称、代码、批号和标识，确保生产所用物料或中间产品正确且符合要求。

第二百条 应当进行中间控制和必要的环境监测，并予以记录。

二、生产阶段的技术管理

（一）物料的投料、称量、计算管理

1.有操作、有复核、有监督、有签字 按GMP规定，生产过程中物料的投料、称量、计算等操作，都必须有人员复核，操作人、复核人应在操作记录上签名，车间工艺员、QA人员均应对此关键操作进行监督。

2.剩余物料及时退库 生产现场不得存放未使用完的剩余物料，但暂存室存放的中间产品除外。再启封使用过的原辅料时，应核对记录，检查外观性状，如发现有异常情况或性质不稳定时，应再次送检，无异常的方可使用。

（二）生产工艺及操作的管理

1.生产操作及检查 操作人员必须熟悉相关岗位的工艺控制点、质量控制点，并严格按工艺要求进行操作、监控相关参数。生产管理部门和车间工艺员应对生产工艺规程和操作规程的执行情况进行检查，以保证工艺规程及操作规程的准确执行。工艺检查内容由企业按各岗位操作规程的要求，检查各工艺参数执行情况、洁净室温湿度，以及定期检查尘粒数、微生物数、质量抽查记录及批生产记录。

2.异常情况处理 生产过程中如发现物料或中间产品异常或可能存在质量问题，操作人员不可自作主张，须向相关技术人员及车间负责人报告，按偏差处理程序进行处理，最终由质量受权人决定物料的使用。

（三）状态标识的管理

1.管道的状态标识 管道标识包括颜色、物料、流向。管道应安装整齐、有序，用不同的颜色进行喷涂以示区别。各企业可按实际情况和行业惯例，以喷涂颜色和方向表示物料和流向，包括制药用水管道、蒸汽管道、压缩空气管道等。

2.生产操作间的状态标识 各生产操作间应有状态标识来说明操作间当前的生产状态，生产时应标明所生产的品种规格、批号、生产日期、操作者等，未生产时应用"已清洁""待清洁""维修"等标识，已清场状态应标明清场日期、有效期、清场人、复核人等。

3.设备的状态标识 有"已清洁""运行中""完好""待清洁""维修中"等，设备固定状态标识应标明设备的型号、设备负责人等。对已损坏报废的设备，应从生产线上移除。设备运行时应标明所生产的品种、规格、批号、生产日期、操作人等。

4.容器、工具的状态标识 容器、工具也应有状态标识，标明容器内容物的情况，如品名、规格、批号、是否清洁等信息。

（四）暂存室的管理

1.暂存物品范围 暂存室存放的范围包括中间产品、返工或重新加工的产品、清洁的周转容器等，中间产品，不得长时间存放于操作间内，可存放在暂存室内，除上述范围以外的物品不得存放于暂存室。暂存室应上锁管理，管理人员在上锁后方可离开。

2.暂存室的管理要求

（1）卫生要求 暂存室应随时保持清洁，不得有散落的物料，地面散落的物料不得回收使用。进入暂存室的物品，其外包装必须清洁，无浮尘。

（2）标识、记录、台账要求　中间产品在暂存室应有明显的状态标识，注明品名、批号、规格、数量，操作人员每天及时将物料存放到暂存室，填写暂存室收料记录，并由送料人及暂存室管理员共同签字，填写进站日期，将物料按规定摆放整齐。暂存室管理员填写中间产品台账及暂存室物料卡。

根据车间下达的工序生产指令，暂存室管理员可向下一工序发放合格的中间产品，并填写中间产品发料记录，由下一工序的领料人员复核品名、重量或数量等，在暂存室发料记录上共同签字，同时填写台账。

暂存室存放的物料要求账、卡、物一致，质量管理部门管理人员或受权人及车间工艺员应定期对暂存室的物料状况进行检查。

（五）定置管理

定置管理是指设备、物料、容器、操作台、消防设施等应在固定位置放置。可移动的生产设备及操作应按生产工艺中物料流转的方向放置，避免物料的交叉流动，减少交叉污染的可能性，且不可遗漏任何生产工序。生产中所使用的器具应专用，在使用完毕后都应放回原位，不可随意乱放，以免被其他工序误用或遗留在设备内部导致事故发生。暂存室等其他区域也应进行定置管理，洁具间应规定各种清洁工具的存放位置。

（六）不合格品、废弃物的管理

经质量管理部门检验确认不合格的产品，由检验部门发出不合格品检验报告单，车间及时将不合格品存放于规定的不合格品存放区内。由生产管理部门会同有关部门执行偏差处理程序，调查、分析、评估，提出处理意见，后报质量管理部门审核同意后，由企业主管负责人批准执行，限期处理，并填写处理记录。

生产废弃物是指因试机产生或正常生产中产生的不能继续使用的产品，比如吸尘器中回收的物品、机器剔除的废品以及分装中因截切或切割等工艺产生的废料。应按照废弃物管理规程，由生产操作人员及时将废弃物装入专门盛放废弃物的密闭容器中，由专门人员收集后经废弃物通道送出洁净区。

（七）模具、筛网的管理

车间设备管理人员应对生产使用的模具建立档案，存放于相应的模具间。模具使用前后均应检查其洁净度、零配件是否齐全、有无破损、是否符合生产要求等，并填写模具使用发放记录。

筛网使用前应检查其完好程度，并检查是否符合生产工艺的要求。每一存放的筛网都应标明其规格，如目数或孔径。

（八）物料平衡核算的管理

物料平衡如超出范围，要按偏差处理程序进行分析调查，采取措施要经质量管理部门批准，在得出合理解释，确认无潜在的质量风险后，方可进入下一道工序，避免出现差错造成物料失衡。

1.物料平衡的计算　各工序或各产品应建立并规定物料平衡检查标准，并给出计算公式，操作人员按公式套入相关数据进行计算。以此密切关注生产过程中物料消耗和收率的数据，对物料平衡严格控制，使之在合理的范围内，对不正常的情况，要及时执行偏差处理程序，这是防止差错和混淆的有效方法之一。

2.物料平衡检查的注意事项

（1）生产必须按照处方标示量的100%投料。

（2）物料平衡核算时适当考虑允许正常的偏差，正常偏差值是根据同品种的行业水平和本企业历史水平、技术条件制定的。

（3）每批产品在生产作业完成后，及时填写暂存室物流卡并做物料平衡检查。如有显著差异，必须查明原因，在得出合理解释、确认无潜在质量事故后，方可按正常产品入库。

【GMP（2010年修订）】

第一百八十七条　每批产品应当检查产量和物料平衡，确保物料平衡符合设定的限度。如有差异，必须查明原因，确认无潜在质量风险后，方可按照正常产品处理。

第三百一十二条　术语

（三十六）物料平衡：产品或物料实际产量或实际用量及收集到的废弃物之和与理论产量或理论用量之间的比较，并考虑可允许的偏差范围。

第一百九十五条　应当尽可能避免出现任何偏离工艺规程或操作规程的偏差。一旦出现偏差，应当按照偏差处理操作规程执行。

（九）偏差的处理

生产过程中可能出现的偏差包括物料平衡超出规定范围，生产过程时间控制超出工艺规定范围，生产过程工艺条件发生偏移、变化，生产过程中设备发生异常，可能影响产品质量等。发现偏差时，车间管理层应进行核查确认，记录并执行偏差处理程序。

（十）批生产记录的填写、归档

各岗位操作人员应按要求认真适时填写批生产记录（BPR），填写时做到字迹清楚、内容真实、数据完整，并由操作人和复核人签字。不得将生产记录当成"回忆录"或"备忘录"对待，更不得造假。记录应保持整洁，不得撕毁和任意涂改。更改错误时，应在原错误的地方划一横线，以便被更改的部分可以辨认，更改人应在更改处签字。记录表格一般不应有未填的空项，如无内容可填时，可在该项画一斜线或横线。

批生产记录由指定的人员按批号整理归档，保存至药品有效期后1年，所保存的记录可以是原始记录也可以是其复制件。

三、包装阶段的技术管理

对符合生产工艺规程要求，在质量管理部门和车间工艺员的监控下完成生产全过程，检验合格的待包装产品可由生产管理部门下达批包装指令。对于一些检验耗费时间长，需要在检验结果前包装的制剂产品，则允许先包装后入库按待验处理，检验合格后才办理入库手续。

（一）药包材的管理

药包材应由专人验收保管，有专门的房间分类存放，包装容器上贴的标志要求内容齐全、清晰，不同的产品包装材料不能互用或代用。

（二）印刷包装材料的管理

印刷包装材料的外包装应进行除尘、清洁，尽量减少外界灰尘及不洁物随包装一起进入厂房。切割式标签或其他散装印刷包装材料应当分别置于密闭容器内储运，以防混淆。车间还应由专人负责标签、说明书和小盒的领用和发放，并按品种、规格分类，存放在标签库内，上锁保管，并有记录登记。已印批号待用的标签按批存放，产品包装时，由包装工序根据批包装指令派专人向标签库领取并填写领用记录。

1.领用　印刷包装材料由车间专职标签保管员负责领用。

仓库按生产管理部门下达包装指令单，对车间领用内包装材料及印刷包装材料的品种、规格、数量负责审核，并按计划限额发料。

车间印刷包装材料保管员对照内包装材料质量标准和印刷包装材料标准样张进行核对，仓库保管员和领料人员均在领料单上签字。车间印刷包装材料保管员领用印刷包装材料后，将标签按品种、规格直接存放于车间标签暂存室相应的柜中，上锁存放，其他印刷包装材料按品种、规格直接存放于车间标签暂存室中，上锁存放，并做记录。由工序专人领取进行包装生产，已打印批号的标签存放柜与无打印批号的标签存放柜应分开设置。

2.标签计数　根据标签使用经验，采取逐张清点、贴签或喷码机自动计数等方式进行计数。

3.发放　印刷包装材料及印有批号的印刷包装材料须经车间质监员的检查后方可投入使用。

车间标签保管员在发放印刷包装材料时，须及时记录，各小组每天或批生产结束后须同车间标签保管员合数，发放数与使用数、残损数、结存数之和须一致。

4.使用中检查　印刷包装材料在使用过程中，须随时注意其质量情况，如有套色偏差超过规定、印刷不清、切割偏离等质量问题的标签不得使用。车间班组长作为班组级质监员，须经常检查各小组包装材料质量情况及批号打印情况，如出现较为严重的偏差，须及时向车间 QA 汇报。

印刷包装材料不得随便涂划，不得挪作他用，不得带出车间。

5.剩余材料的退库及废弃物的销毁　车间剩余的没有打印批号且完好的印刷包装材料退库应清洁完整、整齐，经仓库保管员核对无误后，由车间标签保管员填写退料单，办理退库手续。剩余的残损印刷包装材料不得退库，须经车间标签保管员、质监员在场清点数量，及时销毁，记录销毁数量并签字。长期不用或淘汰的印刷包装材料由仓库保管员核对数量，报受权人、企业生产负责人批准销毁，经批准销毁的印刷包装材料由仓库保管员在场清点数量后，在质监员的监督下及时销毁，销毁人、监督人须在销毁记录上签字。

每批产品在包装完成后应及时填写包装记录，如实填写所领用的包装材料数量，如果使用数、剩余数、残损数之和与领用数不相符合时，应查明原因，并做好记录，标签不得改作他用或涂改后再使用。

（三）批包装记录的管理

包装操作完成后所形成的批包装记录应与批生产记录一起进行保管，保管时间间应一致，要做到可以迅速检索，这样在收到用户意见或产品回收时就可以迅速找到问题的所在。

【GMP（2010年修订）】

第二百零二条　包装操作规程应当规定降低污染和交叉污染、混淆或差错风险的措施。

第二百零三条　包装开始前应当进行检查，确保工作场所、包装生产线、印刷机及其他设备已处于清洁或待用状态，无上批遗留的产品、文件或与本批产品包装无关的物料。检查结果应当有记录。

第二百零四条　包装操作前，还应当检查所领用的包装材料正确无误，核对待包装产品和所用包装材料的名称、规格、数量、质量状态，且与工艺规程相符。

第二百零五条　每一包装操作场所或包装生产线，应当有标识标明包装中的产品名称、规格、批号和批量的生产状态。

第二百零六条　有数条包装线同时进行包装时，应当采取隔离或其他有效防止污染、交叉污染或混淆的措施。

第二百零七条　待用分装容器在分装前应当保持清洁，避免容器中有玻璃碎屑、金属颗粒等污染物。

第二百零八条　产品分装、封口后应当及时贴签。未能及时贴签时，应当按照相关的操作规程操作，避免发生混淆或贴错标签等差错。

第二百零九条　单独打印或包装过程中在线打印的信息（如产品批号或有效期）均应当进行检查，确保其正确无误，并予以记录。如手工打印，应当增加检查频次。

第二百一十条　使用切割式标签或在包装线以外单独打印标签，应当采取专门措施，防止混淆。

第二百一十一条　应当对电子读码机、标签计数器或其他类似装置的功能进行检查，确保其准确运行。检查应当有记录。

第二百一十二条　包装材料上印刷或模压的内容应当清晰，不易褪色和擦除。

第二百一十三条　包装期间，产品的中间控制检查应当至少包括下述内容：

（一）包装外观；

（二）包装是否完整；

（三）产品和包装材料是否正确；

（四）打印信息是否正确；

（五）在线监控装置的功能是否正常。

样品从包装生产线取走后不应当再返还，以防止产品混淆或污染。

第二百一十四条　因包装过程产生异常情况而需要重新包装产品的，必须经专门检查、调查并由指定人员批准。重新包装应当有详细记录。

第二百一十五条　在物料平衡检查中，发现待包装产品、印刷包装材料以及成品数量有显著差异时，应当进行调查，未得出结论前，成品不得放行。

第二百一十六条　包装结束时，已打印批号的剩余包装材料应当由专人负责全部计数销毁，并有记录。如将未打印批号的印刷包装材料退库，应当按照操作规程执行。

四、清场阶段的技术管理

清场是指在药品生产过程中，每一个生产阶段完成后，由生产人员按规定的程序和方法对生产过程中所涉及的文件、设施、设备、仪器、物料等进行清理并进行严格彻底清洗和消毒，防止污染下一个品种。清场应涵盖生产操作的所有区域和空间，包括生产区和辅助生产区，以及涉及的一切设施、设备、仪器及物料等。

车间各工序在本批产品生产完毕后、必须及时进行清场，清场工作由各岗位操作人员严格按照各岗位清场标准操作程序进行，严格清场的过程管理。

【GMP（2010年修订）】

第一百九十四条　每次生产结束后应当进行清场，确保设备和工作场所没有遗留与本次生产有关的物料、产品和文件。下次生产开始前，应当对前次清场情况进行确认。

第二百零一条　每批药品的每一生产阶段完成后必须由生产操作人员清场，并填写清场记录。清场记录内容包括：操作间编号、产品名称、批号、生产工序、清场日期、检查项目及结果、清场负责人及复核人签名。清场记录应当纳入批生产记录。

（一）清场记录

清场操作应有清场记录，为便于填写，清场记录应根据清场规程设计成合适的表格供有关人员填写。清场记录内容应包括工序名称、产品名称、规格、批号、清场日期、清场项目及结果、清场人、复核人、检查人等，清场记录应纳入批生产记录中。

（二）清场检查

清场结束后先由车间工艺员按清场检查细则进行自检并签字，再由质量管理人员按清场检查细则复检，并填写清场检查记录。

（三）清场合格证

清场检查合格后，由质量管理人员签发清场合格证；清场检查不合格，必须由操作人员重新进行清场，直到清场检查合格后，方可签发清场合格证。清场合格证一式两份，分正本和副本，作为生产凭证之一，正本纳入本批生产记录，副本可作为房间状态标志，再纳入下一批生产记录中。清场合格证应规定有效期，超过有效期的应重新进行检查。未取得"清场合格证"的不得进行另一个品种或同一品种不同批号的产品的生产。

■知识链接

清场的范围、内容及要求

1. 物料清理　生产中所用到的物料包括原料、辅料、中间产品、包装材料、剩余物料等，应对全部物料进行相应的清理、退库、储存或销毁工作。

2. 配件、器具清理　对下次生产不使用的设备配件、模具、器具、容器等清出现场，应将所有能够拆除的设备全部拆卸，或将可移动设备从生产区移到清洁区域清洗。

3. 文件清理　生产中所用到的各种规程、指令、记录，包括各种状态标识等的清除、交还、交接和归档工作。

4. 房间清理　对生产区域和辅助区域房间进行清理，包括桌面、地面、墙面、风口等。

5. 消毒或灭菌　生产洁净区消毒或灭菌是药品生产质量保证的一个重要环节，为了保证产品质量免受生产过程中微生物的污染，需在每次生产结束后对一些环境空间、设施设备和物品进行消毒或灭菌。选择合适的消毒方式尤为重要。常用的灭菌和消毒方法有干热灭菌法、湿热灭菌法、紫外线消毒灭菌等。灭菌效果的监控、验证和评估常采用灭菌用生物指示剂和物理化学指示物来辅助实现。

6. 残留检验　对现场、设备、器具进行残留检验，用擦拭法、冲洗法进行残留物或污染物取样，采用经验证的、灵敏度符合要求的分析方法，检验是否仍有前次生产残留物，限度须符合规定要求。

7. 清场的具体要求包括　①地面无积尘、无结垢，门窗、室内照明灯、风管、墙面、开关箱外壳无积尘，室内不得存放与下次生产无关的物品（包括物料、文件、记录等），生产废弃物已处理，地漏、卫生洁具已清洁消毒；②使用的工具、容器已清洁、无异物、无遗留物；③设备内外无生产遗留物、无油垢；④非专用设备、管道、工具、容器已按规定拆洗或消毒；⑤凡直接接触药品的设备、管道、工具、容器应每天或每批清理，同一设备连续加工同一非无菌产品时，其清洗周期可按生产工艺规程及标准操作程序执行；⑥包装工序更换品种或规格时，多余的标签、包装材料应全部按规定退库。

▶ 实例分析 ◀

参考答案

| 实例 | 维生素C片更换生产布洛芬片的清场：压片工序某房间，维生素C片压片结束，准备更换生产布洛芬片，需要按照"压片间产品更换标准操作规程"进行清场。

| 问题 | 更换产品的清场的一般原则是什么？应如何进行？

▶ 目标检测 ◀

重点小结　　参考答案

一、选择题

（一）单项选择题

1.每批药品的每一生产阶段完成后必须清场，负责清场的人员为（　　）。

　　A.生产操作人员　　　　　　　　　　　　　B.生产管理人员

　　C.质量控制人员　　　　　　　　　　　　　D.技术管理人员

2.所有药品的生产和包装进行的操作均应当按照（　　）。

　　A.生产订单　　　　B.客户需求　　　　C.工艺规程　　　　D.以上都是

3.所有药品的生产均应当按规定操作，并有相关的（　　）。

　　A.订单　　　　B.记录　　　　C.生产说明　　　　D.客户需求说明

4.每一包装操作场所或包装生产线，应当有标识标明包装中的（　　）。

　　A.品名　　　　B.规格　　　　C.数量　　　　D.以上都是

5.清场记录应当纳入（　　）。

　　A.批生产记录　　　　B.批检验记录　　　　C.批放行记录　　　　D.批审核记录

6.下列关于防止生产过程中的污染和交叉污染的表述，正确的为（　　）。

　　A.液体制剂应当在规定时间内完成灭菌

　　B.液体制剂应当在规定时间内完成配制

　　C.液体制剂应当在规定时间内完成过滤

　　D.以上都是

7.下列关于防止生产过程中的污染和交叉污染的表述，错误的为（　　）。

　　A.不同品种的药品不得在同一区域生产，应在分隔的区域内生产采用阶段性生产方式

　　B.空气洁净度级别不同的区域应当有压差控制

　　C.干燥设备的排风应当有空气过滤器

　　D.采用密闭系统生产

8.用于识别一个特定批的具有惟一性的数字和（或）字母的组合的称为（　　）。

　　A.批次　　　　B.批号　　　　C.亚批号　　　　D.生产日期

9.使用同一灭菌设备分多次灭菌时，为区别所用同一灭菌设备不同次灭菌的批次，产品应编制（　　）。

　　A.批次　　　　B.批号　　　　C.亚批号　　　　D.生产日期

10.以同一配制罐最终一次配制所生产的非无菌均质产品为一批的是（　　）。

　　A.表皮外用乳剂　　　　　　　　　　　　　B.口服固体制剂

　　C.大容量可灭菌注射剂　　　　　　　　　　D.注射粉末

11. 同一性质和质量的最后包装不足一箱的药品，一个合箱内的药品最多批次只能为（　　）。

    A. 2 个批号   B. 3 个批号   C. 4 个批号   D. 5 个批号

12. 关于物料平衡的说法，错误的是（　　）。

    A. 备料、压片等岗位均需要进行物料平衡

    B. 岗位收率异常属于偏差的一种

    C. 收率异常需要进行调研原因

    D. 收率异常属于岗位正常现象

13. 关于返工和重新加工的说法正确的是（　　）。

    A. 返工和重新加工是一个概念

    B. 返工是按原工艺进行再加工

    C. 重新加工是按原工艺进行再加工

    D. 制剂产品可以重新加工

14. 某药品的生产日期是 2023 年 5 月 15 日，有效期是 3 年，则其有效期至的正确的表述是（　　）。

    A. 2026 年 5 月 15 日   B. 2026 年 5 月 16 日

    C. 2026 年 5 月 14 日   D. 2023 年 5 月

15. 某片剂的生产日期可以是（　　）。

    A. 原辅料投料日期   B. 压片日期

    C. 包装开始的日期   D. 以上都正确

（二）多项选择题

16. 生产期间使用的所有物料、中间产品或待包装产品的容器应贴签标识，标识内容包括（　　）。

    A. 名称   B. 规格   C. 批号   D. 数量

17. 包装期间，产品的中间控制检查的内容应当至少包括（　　）。

    A. 包装外观

    B. 包装是否完整

    C. 打印信息是否正确

    D. 在线监控装置的功能是否正常

18. 待用分装容器在分装前应当保持清洁，避免混有污染物，包括（　　）。

    A. 碎玻璃   B. 玻璃屑   C. 水汽   D. 金属颗粒

19. 每一包装操作场所或包装生产线，应当有标识明确包装中的产品信息，标明的内容包括（　　）。

    A. 名称   B. 剂型   C. 规格   D. 批量

二、简答题

1. 某车间生产计划员按计划准备投产三批复方胃康片，在生产组织过程中，原辅料的投料日期为 2022 年 12 月 1 日，制颗粒后总混的日期为 2022 年 12 月 2 日，三批产品包装的日期分别是 2022 年 12 月 6 日、2022 年 12 月 7 日、2022 年 12 月 8 日，该药品的有效期限是 36 个月。请对这三批药品分别给出符合管理要求的产品批号、生产日期、有效期至，以便于在包装标签上进行印制。

    说明：该公司产品批号格式为：年（2 位数）月（2 位数）流水号（3 位数）；生产日期用颗粒压片前总混的日期；有效期标注到"日"，年月日之间用"."。

2.生产操作间需要使用状态标识，一般使用要求是什么？

实训三 维生素 C 片更换生产布洛芬片的清场

【实训目的】

1.掌握更换产品的清场的一般原则。

2.熟悉压片间产品更换标准操作规程、操作及记录。

【实训任务】

1.明确更换产品清场的一般原则 先物品后设备、先机器后房间、先内后外、先上后下、先局部后整体。

2.实训前准备

（1）熟悉更换产品清场操作规程。

（2）准备空白清洁记录和房间、设备状态标志。

（3）吸尘器完好。

（4）清洁抹布、消毒抹布、干净托盘、物料车齐全。

（5）挂"待清洁"状态牌。

3.熟悉并按照"更换产品清场操作规程"进行清场

（1）更换状态标识牌 更换设备、房间状态标识牌为"待清洁"。

（2）物品清理 清理生产后的残余物料、用品，如吸尘器回收品、物料袋、标签、文件等。物品按废弃物处理、文件记录归档。

（3）配件、器具清理 拆卸除粉器、加料斗、加料器、冲模等能够拆除的设备，或将可移动设备从生产区移到清洁区域清理。

（4）机器、仪器清理 按先内后外、先上后下、先局部后整体的原则进行压片机清理、检测仪器清理。

（5）房间清理 对生产区域和铺助区域房间进行清理，包括桌面、地面、墙面、风口等。

（6）消毒 对压片机及检测仪器、物品和空间进行消毒。

（7）残留检验 用已经验证的方法，对现场、设备、器具进行残留检验，检验是否仍有前次生产残留物，限度须符合规定要求。

（8）更换设备、房间状态标识 更好设备为"完好""已清洁"，房间为"已清洁"，操作人签字。

4.进行清场记录和检查 操作者在清场记录上签字，复核人检查复核清场情况，确认合格后在清场记录上签字确认、在状态标识上签字确认。

5.附件

附件1：更换产品清场操作规程

附件2：清场合格证

维生素 C 片更换生产布洛芬片的清场实训记录

课程：＿＿＿＿＿＿＿＿＿＿＿＿　　班级：＿＿＿＿＿＿＿＿＿

周次：＿＿＿＿＿＿＿＿＿＿＿＿　　日期：＿＿＿＿＿＿＿＿＿

编码：REC-SB-009-01

房间号		清场前 产品名称		规格		批号	
实训前准备							
项　　目					是		否
1.熟悉更换产品清场操作规程							
2.准备空白清洁记录和房间、设备状态标志							
3.吸尘器完好							
4.清洁抹布、消毒抹布、干净托盘、物料车齐全							
5.挂"待清洁"状态牌							
实训操作（清场记录）							
项　　目					是		否
1.更换状态标识牌：更换设备、房间状态标识牌为"待清洁"							
2.物品清理：清理生产后的残余物料、用品，如吸尘器回收品、物料袋、标签、文件等。物品按废弃物处理、文件记录归档							
3.配件、器具清理：拆卸除粉器、加料斗、加料器、冲模等能够拆除的设备，或将可移动设备从生产区移到清洁区域清理							
4.机器、仪器清理：按先内后外、先上后下、先局部后整体的原则进行压片机清理、检测仪器清理							
5.房间清理：对生产区域和铺助区域房间进行清理，包括桌面、地面、墙面、风口等							
6.消毒：对压片机及检测仪器、物品和空间进行消毒							
7.残留检验：用已经验证的方法，对现场、设备、器具进行残留检验，检验是否仍有前次生产残留物，限度须符合规定要求							
8.更换设备、房间状态标识：设备为"完好""已清洁"，房间为"已清洁"，操作人签字							
9.进行清场记录和检查 操作者在清场记录上签字，复核人检查复核清场情况，确认合格后在清场记录上签字确认，在状态标识上签字确认							
操作人/日期：　　　　　　　　　　复核人/日期：							
备注：							

【实训要求】

1.严格遵守实训室工作制度，包括安全操作规程及课堂纪律等。

2.实训操作开始前要注意检查实训设备、器具、物料是否齐全和完全。

3.实训过程中一定要注意安全，未经指导教师许可，任何人不得私自动用设备。

4.所有设备的操作要严格遵守设备的操作规程。

5.实训结束清洁卫生，关闭水、电，并做好记录。

【实训考核与评价标准】

实训项目名称			
实训任务	考核内容	标准分值	得　分
1	实训态度	20分	
2	实训前准备	20分	
3	过程操作SOP执行情况	20分	
4	现场清洁情况	20分	
5	规范填写操作记录	20分	
总分		100分	

附件1：压片间更换产品清场操作规程

文件名称：压片间更换产品清场操作规程		编号：SOP-SC-011-01
制定人：	制定日期：	批准人：
部门审核：	审核日期：	批准日期：
文件审核：	审核日期：	生效日期：
颁发部门：	页数：	附件：
分 发 至：质量管理部、生产车间、压片工序		

〔目的〕防止药品的污染、交叉污染、混淆或差错，避免混药等质量事故的发生。

〔范围〕清场工作由岗位操作者负责；清场复核工作由工序质量员、QA负责。

〔职责〕各生产岗位操作者、工序质量员、QA对本规程实施负责。

〔规程〕

1.清场前准备

1.1熟悉更换产品清场操作规程。

1.2准备空白清洁记录和房间、设备状态标识。

1.3吸尘器完好。

1.4清洁抹布、消毒抹布、干净托盘、物料车齐全。

1.5挂"待清洁"状态牌。

2.清场

2.1更换状态标识牌：更换设备、房间状态标识牌为"待清洁"。

2.2物品清理：清理生产后的残余物料、用品，如吸尘器回收品、物料袋、标签、文件等。物品按废弃物处理、文件记录归档。

2.3配件、器具清理：拆卸除粉器、加料斗、加料器、冲模等能够拆除的设备，或将可移动设备从生产区移到清洁区域清理。

2.4机器、仪器清理：按先内后外、先上后下、先局部后整体的原则进行压片机清理、检测仪器清理。

2.5房间清理：对生产区域和铺助区域房间进行清理，包括桌面、地面、墙面、风口等。

2.6消毒：对压片机及检测仪器、物品和空间进行消毒。

2.7残留检验：用已经验证的方法，对现场、设备、器具进行残留检验，检验是否仍有前次生产残留物，限度须符合规定要求。

2.8更换设备、房间状态标识：设备为"完好""已清洁"，房间为"已清洁"，操作人签字。

2.9进行清场记录和检查

操作者在清场记录上签字，复核人检查复核清场情况，确认合格后在清场记录上签字确认、在状态标识上签字确认。复检不合格，要求该清场人员重新清场，直到符合规定。合格后，签发"清场合格证"。"清场合格证"一式两份（正本与副本），正本黏贴于本次清场记录中，副本附在生产前检查记录中，即正本附在本批生产记录上，副本附在下一批记录上。。

3.清场有效期：3天

4.清场要求

4.1清洁布不得使用木质、竹质、棉质等易产生脱落物的材质。

4.2 清洁抹布应有颜色区分包括：①白色，清洁直接接触产品的容器具及设备内的表面；②蓝色，清洁设备外表面、门窗、墙壁、天花板等；③棕色，擦拭地面、地漏等；④橙色，用于消毒。

4.3 其他清洁用品

（1）清洁用桶、尼龙刷。

（2）饮用水：用于设备内外表面清洁的初洗。

（3）纯化水：用于设备内外表面清洁的最后清洗。

（4）饮用水、纯化水水温：10~50℃左右。

（5）清洁剂：1%氢氧化钠，2%清洁剂。

（6）消毒剂类型：75%的乙醇，用于设备内外表面的消毒。

项目十 质量控制与质量保证

PPT

》项目导入

　　质量是企业生存和发展的第一要素，质量水平的高低，反映了一个企业的综合实力。

　　药品质量管理是为了实现质量目标而进行的所有管理性质的活动，其目的在于防止事故、尽一切可能将差错消灭在萌芽状态，以保证药品质量符合规定要求。质量控制与质量保证均是质量管理体系的一部分。企业应建立质量保证和质量控制系统，设立质量保证和质量控制部门，且独立于生产部门。那么，质量保证与质量控制之间有什么关系？质量保证与质量控制是如何实现的？

　　本项目将学习质量控制实验室管理、物料和产品放行、持续稳定性考察、变更控制、偏差处理、纠正措施和预防措施、供应商的评估和批准、产品质量回顾分析、投诉与不良反应报告。

》学习目标

知识目标

1. 掌握检验管理、物料和产品放行的管理要点、变更的内容、偏差识别及分类、纠正措施和预防措施的管理、数据汇总及数据分析、供应商的评估、质量审核、批准等。

2. 熟悉留样管理、物料和产品放行流程、变更控制流程、偏差处理流程、投诉管理流程、召回流程、产品质量回顾分析的情形、供应商的评审、变更等。

3. 了解质量控制实验室管理、持续稳定性考察管理、变更的类型、偏差记录和报告主管、投诉管理的职责等。

技能目标

1. 能按照SOP进行产品取样、留样、检验；能根据流程进行产品放行、变更控制、偏差处理、投诉管理、产品召回等工作。

2. 能在产品放行、变更控制、偏差处理、投诉管理、产品召回、质量回顾分析等工作中，具有良好的执行力。

思政目标

1. 具有仁爱之心，关爱生命，敬业、诚信，严格执行医药行业规范。

2. 应有大国工匠精神，精益求精，避免工作过程中人为差错，保证药品质量。

·任务一· 质量控制实验室管理

质量控制涵盖药品生产、放行、市场质量反馈的全过程，负责原辅料、包材、工艺用水、中间体及成品的质量标准和分析方法的建立、取样和检验，及产品的稳定性考察和市场不良反馈样品的复核工作，质量控制的职责也可涵盖产品过程控制。

质量控制实验室管理是确保所生产的药品适用于预定的用途，符合药品标准和所规定要求的重要因素之一。企业应根据自身的规模、工艺复杂程度和有限的资源等特定的条件，在符合法规的要求下，制定相应的质量控制实验室管理体系。

药品质量控制实验室，即质量检验室是质量管理体系重要组成部分，是独立行使检验职权的技术职能机构，在执行质量标准和判定检验结果时，不受生产企业内外任何方面的干扰。

一、人员

质量控制实验室的检验人员具体职责主要包括以下内容。

（1）严格执行物料与产品的内控标准及检验标准操作规程，确保实验的准确可靠，对自身的实验工作的质量负责。

（2）负责对物料与产品进行抽样、检验、留样及样品持续性考察，并出具检验报告。

（3）负责对检测数据和化验结果进行复核。

（4）正确使用检验用仪器及计量器具，并做好校准、检定管理工作。

（5）负责标定检定用标准品、对照品。

（6）负责监测洁净室（区）的尘粒数和微生物数。

（7）可以向有关部门汇报质量检验信息，为纠正偏差和提高产品质量提供依据。

【GMP（2010年修订）】

第十章　质量控制与质量保证

第二百一十七条　质量控制实验室的人员、设施、设备应当与产品性质和生产规模相适应。

企业通常不得进行委托检验，确需委托检验的，应当按照第十一章中委托检验部分的规定，委托外部实验室进行检验，但应当在检验报告中予以说明。

第二百一十八条　质量控制负责人应当具有足够的管理实验室的资质和经验，可以管理同一企业的一个或多个实验室。

第二百一十九条　质量控制实验室的检验人员至少应当具有相关专业中专或高中以上学历，并经过与所从事的检验操作相关的实践培训且通过考核。

第二百二十条　质量控制实验室应当配备药典、标准图谱等必要的工具书，以及标准品或对照品等相关的标准物质。

二、设施

质量控制实验室应根据需要设置各类实验室，实验室应与药品生产区分开。质量控制实验室应当配备与生产规模相适应的检验仪器与设备；药典、标准图谱等必要的工具书及标准品或对照品等相关的标准物质。

【GMP（2010年修订）】

第四章　厂房与设施

第六十三条　质量控制实验室通常应当与生产区分开。生物检定、微生物和放射性同位素的实验室还应当彼此分开。

第六十四条　实验室的设计应当确保其适用于预定的用途，并能够避免混淆和交叉污染，应当有足够的区域用于样品处置、留样和稳定性考察样品的存放以及记录的保存。

第六十五条　必要时，应当设置专门的仪器室，使灵敏度高的仪器免受静电、震动、潮湿或其他外界因素的干扰。

第六十六条　处理生物样品或放射性样品等特殊物品的实验室应当符合国家的有关要求。

第六十七条　实验动物房应当与其他区域严格分开，其设计、建造应当符合国家有关规定，并设有独立的空气处理设施以及动物的专用通道。

三、仪器与试剂

（一）仪器的相关规定

质量控制实验室应根据规定和使用的物料及生产产品的需要，配备足够数量与其相适应的检验仪器，并按要求配备标准品或对照品等相关的标准物质。

应当确保检验使用的关键衡器、量具、仪表、记录和控制设备以及仪器经过校准，所得出的数据准确、可靠，属列入计量检定管理的，还应按规定对仪器进行检定。

（二）试剂、试液、培养基和检定菌的管理

中国GMP（2010年修订）试剂、试液、培养基和检定菌的管理要求如下。

【GMP（2010年修订）】

第二百二十六条　试剂、试液、培养基和检定菌的管理应当至少符合以下要求：

（一）试剂和培养基应当从可靠的供应商处采购，必要时应当对供应商进行评估；

（二）应当有接收试剂、试液、培养基的记录，必要时，应当在试剂、试液、培养基的容器上标注接收日期；

（三）应当按照相关规定或使用说明配制、贮存和使用试剂、试液和培养基。特殊情况下，在接收或使用前，还应当对试剂进行鉴别或其他检验；

（四）试液和已配制的培养基应当标注配制批号、配制日期和配制人员姓名，并有配制（包括灭菌）记录。不稳定的试剂、试液和培养基应当标注有效期及特殊贮存条件。标准液、滴定液还应当标注最后一次标化的日期和校正因子，并有标化记录；

（五）配制的培养基应当进行适用性检查，并有相关记录。应当有培养基使用记录；

（六）应当有检验所需的各种检定菌，并建立检定菌保存、传代、使用、销毁的操作规程和相应记录；

（七）检定菌应当有适当的标识，内容至少包括菌种名称、编号、代次、传代日期、传代操作人；

（八）检定菌应当按照规定的条件贮存，贮存的方式和时间不应当对检定菌的生长特性有不利影响。

（三）标准品或对照品的管理

中国GMP（2010年修订）标准品或对照品的管理要求如下。

【GMP（2010年修订）】

第二百二十七条   标准品或对照品的管理应当至少符合以下要求：

（一）标准品或对照品应当按照规定贮存和使用；

（二）标准品或对照品应当有适当的标识，内容至少包括名称、批号、制备日期（如有）、有效期（如有）、首次开启日期、含量或效价、贮存条件；

（三）企业如需自制工作标准品或对照品，应当建立工作标准品或对照品的质量标准以及制备、鉴别、检验、批准和贮存的操作规程，每批工作标准品或对照品应当用法定标准品或对照品进行标化，并确定有效期，还应当通过定期标化证明工作标准品或对照品的效价或含量在有效期内保持稳定。标化的过程和结果应当有相应的记录。

四、文件

GMP（2010年修订）质量控制实验室的文件应当符合第八章的原则，并符合下列要求：

【GMP（2010年修订）】

第二百二十一条   质量控制实验室的文件应当符合第八章的原则，并符合下列要求：

（一）质量控制实验室应当至少有下列详细文件：

1. 质量标准；

2. 取样操作规程和记录；

3. 检验操作规程和记录（包括检验记录或实验室工作记事簿）；

4. 检验报告或证书；

5. 必要的环境监测操作规程、记录和报告；

6. 必要的检验方法验证报告和记录；

7. 仪器校准和设备使用、清洁、维护的操作规程及记录。

（二）每批药品的检验记录应当包括中间产品、待包装产品和成品的质量检验记录，可追溯该批药品所有相关的质量检验情况；

（三）宜采用便于趋势分析的方法保存某些数据（如检验数据、环境监测数据、制药用水的微生物监测数据；

（四）除与批记录相关的资料信息外，还应当保存其他原始资料或记录，以方便查阅。

·任务二· 检验管理

企业应当严格按照法定标准和内控标准对物料与产品进行检验，确保药品按照批准的方法进行全项检验。对采用新的检验方法、检验方法需变更的、采用《中国药典》2020年版及其他法定标准未收载的检验方法、法规规定的其他需要验证的检验方法，应当对检验方法进行验证。

一、取样

质量控制实验室的取样工作是进行质量检验工作的基础，不但关系到检验结果是否准确、有效，更关系到所生产的药品质量问题。因此，企业应制定详细的取样计划，执行取样标准操作规程，严格控制取样这一环节。

取样是使按一定方案从总体批量物料、产品的样本中采集能代表总体物料、产品的样品，通过检验样品而对总体批量物料、产品的质量作出评价和判断。因此采集的样品必须能够代表总体批量物料、产品的所有特性。质量检验部门的检验人员在检验过程中熟练掌握设计取样方案所需的数理统计学相关知识、所检验物料和产品的检验标准与操作程序。取样类型包括常规取样、复验取样、无菌取样等。与药品生产质量控制相关的物料包括用于制剂生产的起始物料、生产过程中的中间产品（如压片前的颗粒）、药品（包装前后的产品）、内包装材料、标签、制药用水、压缩空气、清洁剂、消毒剂等。

【GMP（2010年修订）】

第二百二十二条 取样应当至少符合以下要求：

（一）质量管理部门的人员有权进入生产区和仓储区进行取样及调查；

（二）应当按照经批准的操作规程取样，操作规程应当详细规定：

1.经授权的取样人；

2.取样方法；

3.所用器具；

4.样品量；

5.分样的方法；

6.存放样品容器的类型和状态；

7.取样后剩余部分及样品的处置和标识；

8.取样注意事项，包括为降低取样过程产生的各种风险所采取的预防措施，尤其是无菌或有害物料的取样以及防止取样过程中污染和交叉污染的注意事项；

9.贮存条件；

10.取样器具的清洁方法和贮存要求。

（三）取样方法应当科学、合理，以保证样品的代表性；

（四）留样应当能够代表被取样批次的产品或物料，也可抽取其他样品来监控生产过程中最重要的环节（如生产的开始或结束）；

（五）样品的容器应当贴有标签，注明样品名称、批号、取样日期、取自哪一包装容器、取样人等信息；

（六）样品应当按照规定的贮存要求保存。

（一）取样人员

取样的人员必须是经QA授权，有一定的学历、资历、经验并经过相关培训的人员，负责对物料、中间产品、成品和留样观察样本的取样。取样者必须熟悉取样方法和方案、物料样本的特性、安全操作的有关知识及处理方法。抽取有毒有害样品时，应穿戴适宜的劳动保护用品。进入洁净区取样时，应当按符合洁净区的有关规定进出入。取样后要尽快检验。

（二）取样方法

取样须建立操作规程，并包含以下详细规定：经授权的取样人；取样方案、取样方法；所用器具；样品量；分样的方法；存放样品容器的类型和状态；取样后剩余部分及样品的处置和标识；取样注意事项，包括为降低取样过程产生的各种风险所采取的预防措施，尤其是无菌或有害物料的取样以及防止取样过程中污染和交叉污染的注意事项；贮存条件；取样器具的清洁方法和贮存要求。

（三）取样量

1.中药材、中药饮片和贵细药材　一般药材和饮片抽取100~500g，粉末状药材和饮片抽取25~50g，贵重药材和饮片抽取5~10g。最终抽取的供检验用样品量，一般不得少于检验所需用量的3倍，分成三等份，分别供实验室分析用、复核用、留样保存。

2.原辅料　取样量原则上与《中国药典》（2020年版）四部通则规定的中药材取样量相同。无菌物料的取样应充分考虑取样对于物料的影响，取样过程应严格遵循无菌操作的要求进行，取样件数可按照《中国药典》四部通则无菌检查法中单批次出厂产品最少检验数量的要求计算。

3.包装材料　按取样方案抽取规定的数量即可。

4.中间产品和待包装产品　按批号每批抽取，因无留样需要，故取样量为供两次全检用量。

5.成品　成品按批取样，以包装单位为箱、袋、盒、桶等，在已包装好的包装件中按上述规定随机抽取。样品量应满足检验和留样观察规定的需要。成品按批取样，一般不得少于检验所需用量的3倍，用途同中药材、中药饮片。

取样的容器应当贴有标签，注明样品名称、批号、取样日期、取自哪一包装容器、取样人等信息，样品应当按照规定的贮存要求保存。取样后应及时将打开的包装容器重新扎口或封口，同时在包装容器上贴上取样证，并填写取样记录。大包装样本每个包装至少在2~3个不同部位取样。

二、检验

在检验过程中，应严格执行质量标准及检验操作规程。计量器具、仪器必须按规定进行检定和校准。所有的检验数据必须确保真实有效、精确可靠、具有可追溯性，实事求是地反映产品质量，不得弄虚作假。

【GMP（2010年修订）】

第二百二十三条　物料和不同生产阶段产品的检验应当至少符合以下要求。

1.企业应当确保药品按照注册批准的方法进行全项检验。

2.采用新的检验方法、检验方法需变更的、采用《中国药典》及其他法定标准未收载的检验方法、法规规定的其他需要验证的检验方法时，应当对检验方法进行验证。

3.对不需要进行验证的检验方法，企业应当对检验方法进行确认，以确保检验数据准确、可靠。

4.检验应当有书面操作规程，规定所用方法、仪器和设备，检验操作规程的内容应当与经确认或验证的检验方法一致。

5.检验应当有可追溯的记录并应当复核，确保结果与记录一致，所有计算均应当严格核对。

6.所有中间控制（包括生产人员所进行的中间控制），均应当按照经质量管理部门批准的方法进行，检验应当有记录。

7.应当对实验室容量分析用玻璃仪器、试剂、试液、对照品以及培养基进行质量检查。

8.必要时应当将检验用实验动物在使用前进行检验或隔离检疫。饲养和管理应当符合相关的实验动物管理规定。动物应当有标识，并应当保存使用的历史记录。

三、检验记录

只有完整的检验记录可以提供书面证据，证明分析的实际的检验过程及结果。检验原始数据的记录涉及物料到成品检验的各个环节。

（一）检验记录的内容

中国GMP（2010年修订）对于检验记录的相关要求如下。

【GMP（2010年修订）】

第二百二十三条 检验记录应当至少包括以下内容：

1.产品或物料的名称、剂型、规格、批号或供货批号，必要时注明供应商和生产商（如不同）的名称或来源。

2.依据的质量标准和检验操作规程。

3.检验所用的仪器或设备的型号和编号。

4.检验所用的试液和培养基的配制批号、对照品或标准品的来源和批号。

5.检验所用动物的相关信息。

6.检验过程，包括对照品溶液的配制、各项具体的检验操作、必要的环境温湿度。

7.检验结果，包括观察情况、计算和图谱或曲线图，以及依据的检验报告编号。

8.检验日期。

9.检验及复核人员的签名和日期。

10.检验、计算复核人员的签名和日期。

第二百二十四条 质量控制实验室应当建立检验结果超标调查的操作规程。任何检验结果超标都必须按照操作规程进行完整的调查，并有相应的记录。

（二）检验记录的填写要求

检验记录的填写应当符合以下要求。

（1）记录保持清洁，不得撕毁和任意涂改，不得使用铅笔、涂改液和橡皮。

（2）在检验过程中应及时记录检验过程和结果，并及时填写相应的记录、台账和日志。内容真实、完整准确、字迹清晰、易读、不易擦除。不得追溯性记录和提前记录。

（3）所有原始数据应真实、及时、清晰、完整和准确。

（4）原始数据需由有资质的第二人进行复核，并签名和日期；复核过程中如果发现错误，由检验人员进行更正，并签名和日期；必要时，说明更改理由。

（5）记录填写的任何更改都需在错误的地方画一条横线并使原有信息仍清晰可辨，书写正确信息后签名和日期；对于更改的记录，可以在必要时说明理由的方式，也可采用所有更改必须加注更改理由的方式；企业所用的更改方式需要在操作规程中明确规定。

四、检验报告单

检验报告单要以检验原始记录为依据，是决定物料、中间产品是否流入下道工序、成品是否出厂的依据。因此填写检验报告单时，检验依据必须明确，检验结论必须清楚，并有检验人员签章、检验部门负责人复核签章、质量管理部门负责人审查和部门签章。

检验报告单要写明品名、规格、批号、数量、来源、取样日期、检验日期、报告日期、检验依据等。成品检验报告书为一式3份、中间体为2份、物料为2份，分别交仓库或车间，另一份质量管理部门存档，仓库、车间要设专人保存检验报告。

检验记录、检验报告单必须按品种分类、以批号顺序装订，同时检验报告单还需编号，建立检验台帐，并归档专人专柜保存。不得外借，内部查阅要登记并及时归还保管人。检验原始记录、检验报告书须按批号保存药品有效期后一年或三年后方可销毁。

■ 知识链接

检验报告单

品名	中药颗粒剂	批号	
配制日期		配制地点	
检验日期		报告日期	
包装材料			
检验依据	中药颗粒剂内控制剂标准		

项目	标准规定		检验结果	单项判定
性状	黄色至浅黄棕色颗粒；气香、味苦		黄色至浅黄棕色颗粒；气香、味苦	符合规定
鉴别	应与木香对照药材有相同颜色的荧光主斑点		有相同颜色的荧光主斑点	符合规定
	应与延胡索对照药材有相同颜色的荧光主斑点		有相同颜色的荧光主斑点	符合规定
	应与陈皮、枳壳对照药材有相同颜色的荧光主斑点		有相同颜色的荧光主斑点	符合规定
	应与浙贝母对照药材有相同颜色的斑点		有相同颜色的斑点	符合规定
	应与甘草对照药材色谱相应的位置上，显相同颜色的斑点		显相同颜色的斑点	符合规定
检查	水分	≤8.0%	3.13%	符合规定
	装量差异	±5%	−2.67%~0.11%	符合规定
	溶化性	应5分钟内溶化，呈轻微浑浊，无焦屑、异物	合格	符合规定
	粒度	≤15%	7.0%	符合规定
含量测定	橙皮苷（$C_{28}H_{34}O_{15}$）（mg/袋）≥5.0		12.51（mg/袋）	符合规定
微生物限度	1.需氧菌总数（cfu/g）≤10^3		<100	符合规定
	2.霉菌和酵母菌数（cfu/g）≤10^2		<10	符合规定
	3.大肠埃希菌（1g）不得检出		未检出	符合规定
	4.沙门菌（10g）不得检出		未检出	符合规定
结论				

物 料 检 验 报 告 单

编码：REC-QC-008-00

品名			厂名(来源)			
原批号		代号	进厂编号		规格	
检验依据		开检日期	完成日期		数量	
检验记录号			检验报告单号			

结论：

负责人： 　　复核人： 　　检验人：

实例分析

参考答案

| 实例 | 　以一个中药煎煮茶的生产为例，将柴胡、当归等十二味饮片按照工艺配方各自进行称量后，放置灭菌柜，于115℃，热压灭菌30分钟后，转移至烘箱，饮片摆放厚度不超过8cm，60℃烘干8小时，含水量控制在6.0%~9.0%，上述饮片混合粉碎，粉碎后的物料，转移至三维运动混合机中混合。对于混合工艺来说最关键的一点是如何能够达到其混合均一度。

| 问题 | 　如何保证在混合机中的物料是均一的？

·任务三· 留样管理

留样是指企业按规定保存、用于药品质量追溯或调查的物料与产品的样品。产品稳定性考察的样品不属于留样。企业应当按照操作规程对留样进行管理；留样应当能够代表被取样批次的物料或产品。

一、留样的原则

质量控制实验室应当按照操作规程对留样进行管理；留样应当能够代表被取样批次的物料或产品，也可抽取其他样品来监控生产过程中最重要的环节；存放留样的容器应贴有标签。原辅料标签需注明产品名称、产品批号、取样日期、储存条件和储存期限等；成品的留样容器标签需注明产品名称、批号、失效期及留样的保留时间，同时留样需要有相应的记录。

企业应制定相应规程来规定留样的使用，一般情况下，留样仅在特殊目的时才能使用，如调查和投诉。使用前需要得到质量管理负责人的批准。物料与产品已按照规定保存并超过保存期后需要进入报废程序，执行前需得到质量管理部门的批准，报废时可根据企业规定的流程进行，并对所有报废进行存档。

二、留样的要求

中国GMP（2010年修订）关于留样的相关要求如下。

【GMP（2010年修订）】

第二百二十五条　企业按规定保存的、用于药品质量追溯或调查的物料、产品样品为留样。用于产品稳定性考察的样品不属于留样。

留样应当至少符合以下要求：

（一）应当按照操作规程对留样进行管理；

（二）留样应当能够代表被取样批次的物料或产品；

（三）成品的留样：

1.每批药品均应当有留样；如果一批药品分成数次进行包装，则每次包装至少应当保留一件最小市售包装的成品；

2.留样的包装形式应当与药品市售包装形式相同，原料药的留样如无法采用市售包装形式的，可采用模拟包装；

3.每批药品的留样数量一般至少应当能够确保按照注册批准的质量标准完成两次全检（无菌检查和热原检查等除外）；

4.如果不影响留样的包装完整性，保存期间内至少应当每年对留样进行一次目检观察，如有异常，应当进行彻底调查并采取相应的处理措施；

5.留样观察应当有记录；

6.留样应当按照注册批准的贮存条件至少保存至药品有效期后一年；

7.如企业终止药品生产或关闭的，应当将留样转交受权单位保存，并告知当地药品监督管理部门，以便在必要时可随时取得留样。

（四）物料的留样：

1.制剂生产用每批原辅料和与药品直接接触的包装材料均应当有留样。与药品直接接触的包装材料（如输液瓶），如成品已有留样，可不必单独留样；

2.物料的留样量应当至少满足鉴别的需要；

3.除稳定性较差的原辅料外，用于制剂生产的原辅料（不包括生产过程中使用的溶剂、气体或制药用水）和与药品直接接触的包装材料的留样应当至少保存至产品放行后二年。如果物料的有效期较短，则留样时间可相应缩短；

4.物料的留样应当按照规定的条件贮存，必要时还应当适当包装密封。

三、物料的留样范围

1.物料与中间产品留样　物料、中间产品经质量控制实验室检验确认合格后，由质检员将规定数量的样品送留样室留样，并写明品种、批号、规格、数量、来源和留样日期等。留样观察员应按留样的不同要求，进行登记、保管。

物料、中间产品与成品质量出现异常，或质检员认为有必要时抽取留样检测。物料更换厂家、改变工艺，需每年做一次留样分析，并做好记录。物料的留样观察期限为至产品的有效期后一年。物料留样观察期限为中间产品的留样观察时间至产品放行。

留样的物料、中间产品供研究产品质量变化情况之用，任何人不得取用，必要时须经质量管理部门负责人同意。留样期满的样品，由留样观察员按质量管理部门提出的处理方案进行处理。

2.成品留样　成品是完成包装操作后，由指定的经授权的检验人员根据抽样方案，按留样的规定要求和数量随机抽取样品。留样观察员核对留样产品的品名、规格、数量，按留样的贮存条件等不同要求，进行登记、保管。留样产品按剂型、品种、规格、批号分别妥善存放，排列整齐。并及时填写留样卡，建立登记台帐，做到收发有登记，卡、帐物相符。

在留样观察期限内，每季度检查物理外观一次，每年抽取相应的2~3批进行全检；在每半年检查发现物理外观有异常变化时也要做全检。在留样观察期限内，发现留样产品质量有异常情况，留样观察员填写质量变化通知单，立即向厂质量管理负责人报告，及时分析原因，并做出处理。凡有重大工艺改进或检测方法改变的产品，应视为新产品，重新进行留样跟踪观察。

留样观察员负责检查留样观察室的温度、相对湿度，每天记录一次。留样观察员根据观察结果，详细填写留样观察记录（有品名、规格、批号、数量、检测项目、数据、日期、结论等）。将留样观察结果、质量变化情况进行系统分析，做好分析报表，每月、季度书面小结一次，半年、年终总结一次，并及时报告质量管理部门，并纳入质量档案。

四、留样观察期限

每批样品规定观察到有效期后一年，有科研需要的特殊品种，可延长留样时间，积累资料。质量不稳定的产品，在留样期间可根据质量变化程度，如无留样观察价值时报质量管理部门，中断观察并进行登记、清理。

五、留样期满的处理

留样产品供观察、研究及摸索产品在贮存期间质量变化规律之用，任何人不得取用或赠送。必要时必须经质量管理部门负责人同意，并办理手续后方可取用留样样品。观察期满的留样产品，由留样观察员填写留样处理申请表，报质量管理部门负责人批准后进行处理。留样处理品，不得让患者使用。

·任务四· 持续稳定性考察管理

持续稳定性考察是指对在有效期内考察已上市药品的质量，以发现药品与生产相关的稳定性问题（如杂质含量或溶出度特性的变化），并确定药品能够在标示的贮存条件下，符合质量标准的各项要求。

持续稳定性考察主要针对市售包装药品，但也需兼顾待包装产品。例如，当待包装产品在完成包装前，或从生产厂运输到包装厂，还需要长期贮存时，应当在相应的环境条件下，评估其对包装后产品稳定性的影响。此外，还应当考虑对贮存时间较长的中间产品进行考察。

持续稳定性考察是通过稳定性试验实现的，为药品的生产、包装、贮存、运输条件提供科学依据，同时通过试验建立药品的有效期。

一、持续稳定性考察要求

持续稳定性考察应当有考察方案，结果应当有报告。用于持续稳定性考察的设备（尤其是稳定性试验设备或设施）按要求进行确认和维护。持续稳定性考察的时间应当涵盖药品有效期。

考察批次数和检验频次应当能够获得足够的数据，以供趋势分析。通常情况下，每种规格、每种内包装形式的药品，至少每年应当考察一个批次，除非当年没有生产。某些情况下，持续稳定性考察中应当额外增加批次数，如重大变更或生产和包装有重大偏差的药品应当列入稳定性考察。此外，重新加工、返工或回收的批次，也应当考虑列入考察，除非已经过验证和稳定性考察。

关键人员，尤其是质量受权人，应当了解持续稳定性考察的结果。应当对不符合质量标准的结果或重要的异常趋势进行调查。对任何已确认的不符合质量标准的结果或重大不良趋势，企业都应当考虑是否可能对已上市药品造成影响，必要时应当实施召回，调查结果以及采取的措施应当报告当地药品监督管理部门。应当根据所获得的全部数据资料，包括考察的阶段性结论，撰写总结报告并保存。应当定期审核总结报告。

二、持续稳定性考察方案

中国 GMP（2010 年修订）持续稳定性考察的时间应当涵盖药品有效期，考察方案应当至少包括以下内容。

【GMP（2010 年修订）】

第二百三十一条　持续稳定性考察的目的是在有效期内监控已上市药品的质量，以发现药品与生产相关的稳定性问题（如杂质含量或溶出度特性的变化），并确定药品能够在标示的贮存条件下，符合质量标准的各项要求。

第二百三十二条　持续稳定性考察主要针对市售包装药品，但也需兼顾待包装产品。例如，当待包装产品在完成包装前，或从生产厂运输到包装厂，还需要长期贮存时，应当在相应的环境条件下，评估其对包装后产品稳定性的影响。此外，还应当考虑对贮存时间较长的中间产品进行考察。

第二百三十三条　持续稳定性考察应当有考察方案，结果应当有报告。用于持续稳定性考察的设备（尤其是稳定性试验设备或设施）应当按照第七章和第五章的要求进行确认和维护。

第二百三十四条　持续稳定性考察的时间应当涵盖药品有效期，考察方案应当至少包括以下内容：

（一）每种规格、每个生产批量药品的考察批次数；

（二）相关的物理、化学、微生物和生物学检验方法，可考虑采用稳定性考察专属的检验方法；

（三）检验方法依据；

（四）合格标准；

（五）容器密封系统的描述；

（六）试验间隔时间（测试时间点）；

（七）贮存条件（应当采用与药品标示贮存条件相对应的《中华人民共和国药典》规定的长期稳定性试验标准条件）；

（八）检验项目，如检验项目少于成品质量标准所包含的项目，应当说明理由。

第二百三十五条　考察批次数和检验频次应当能够获得足够的数据，以供趋势分析。通常情况下，每种规格、每种内包装形式的药品，至少每年应当考察一个批次，除非当年没有生产。

第二百三十六条　某些情况下，持续稳定性考察中应当额外增加批次数，如重大变更或生产和包装有重大偏差的药品应当列入稳定性考察。此外，重新加工、返工或回收的批次，也应当考虑列入考察，除非已经过验证和稳定性考察。

第二百三十七条 关键人员，尤其是质量受权人，应当了解持续稳定性考察的结果。当持续稳定性考察不在待包装产品和成品的生产企业进行时，则相关各方之间应当有书面协议，且均应当保存持续稳定性考察的结果以供药品监督管理部门审查。

第二百三十八条 应当对不符合质量标准的结果或重要的异常趋势进行调查。对任何已确认的不符合质量标准的结果或重大不良趋势，企业都应当考虑是否可能对已上市药品造成影响，必要时应当实施召回，调查结果以及采取的措施应当报告当地药品监督管理部门。

第二百三十九条 应当根据所获得的全部数据资料，包括考察的阶段性结论，撰写总结报告并保存。应当定期审核总结报告。

三、持续稳定性考察试验

持续稳定性考察分为原料药和药物制剂两个部分，均包括影响因素试验、加速试验及长期试验。影响因素试验适用于原料药和制剂的考察，用一批原料药或一批制剂进行；加速试验与长期试验适用于原料药与药物制剂，要求用三批供试品进行。

（一）影响因素试验

影响因素试验是在比加速试验更激烈的条件下进行。其目的是探讨药物的固有稳定性、了解影响其稳定性的因素及可能的降解途径与降解产物，为制剂生产工艺、包装、贮存条件与建立降解产物的分析方法提供科学依据。

1.高温试验 开口置60℃温度下考察检测。若有明显变化则置40℃试验。

2.高湿度试验 开口置恒温25℃，相对湿度90%±5%放置，若吸湿增重5%以上，则在相对湿度75%±5%条件下，同法进行试验。

3.强光照射试验 开口置有适宜的光照装置内，于4500±500lx考察供试品的外观变化。

（二）加速试验

在温度40℃±2℃、相对湿度75%±5%的条件下放置6个月。考察项目检测。

（三）长期试验

按照《中国药典》2020版规定，长期稳定性实验采用温度为25℃±2℃、相对湿度60%±10%；或温度为30℃±2℃、相对湿度65%±5%（是根据国际气候带而定）的条件下放置12个月，每3个月取样考察检测，12个月以后仍需要继续考察。将结果与0个月比较，以确定药物的有效期。

·任务五· 物料和产品的放行管理

一、放行管理

放行是指对一批物料或产品进行质量评价，批准使用或发运及其他决定的操作过程。放行涉及物料、关键的中间产品、待包装产品和成品，企业应有相应的放行规程，药品生产企业一般指定质量受权人或质量负责人履行物料与产品的放行职责。应当分别建立物料和产品批准放行的操作规程，明确批准放行的标准、职责，并有相应的记录。

（一）物料放行

GMP（2010年修订）物料的放行应当至少符合以下要求。

【GMP（2010年修订）】

第二百二十八条 应当分别建立物料和产品批准放行的操作规程，明确批准放行的标准、职责，并有相应的记录。

第二百二十九条 物料的放行应当至少符合以下要求：

（一）物料的质量评价内容应当至少包括生产商的检验报告、物料包装完整性和密封性的检查情况和检验结果；

（二）物料的质量评价应当有明确的结论，如批准放行、不合格或其他决定；

（三）物料应当由指定人员签名批准放行。

（二）产品放行

产品包括药品的中间产品、待包装产品和成品。中国GMP（2010年修订）产品的放行应当至少符合以下要求。

【GMP（2010年修订）】

第二百三十条 产品的放行应当至少符合以下要求：

（一）在批准放行前，应当对每批药品进行质量评价，保证药品及其生产应当符合注册和本规范要求，并确认以下各项内容：

1.主要生产工艺和检验方法经过验证；

2.已完成所有必需的检查、检验，并综合考虑实际生产条件和生产记录；

3.所有必需的生产和质量控制均已完成并经相关主管人员签名；

4.变更已按照相关规程处理完毕，需要经药品监督管理部门批准的变更已得到批准；

5.对变更或偏差已完成所有必要的取样、检查、检验和审核；

6.所有与该批产品有关的偏差均已有明确的解释或说明，或者已经过彻底调查和适当处理；如偏差还涉及其他批次产品，应当一并处理。

（二）药品的质量评价应当有明确的结论，如批准放行、不合格或其他决定；

（三）每批药品均应当由质量受权人签名批准放行；

（四）疫苗类制品、血液制品、用于血源筛查的体外诊断试剂以及国家食品药品监督管理局规定的其他生物制品放行前还应当取得批签发合格证明。

二、不合格品管理

不合格品是指不符合预定的质量标准的物料、中间体及成品。不合格的物料不得用于生产；不合格印刷包装材料原则上应按规定销毁，不能退货。

不合格的物料、中间产品、待包装产品和成品的处理应当经质量管理负责人批准，并有记录。

生产过程中不合格中间产品，由车间会同有关人员调查原因提出处理措施，并进行风险评估，报质量管理部门审核批准。对在确认不影响最终产品质量的情况下可以进行返工或者重新加工，如确认可能影响产品质量，则报废或销毁。

成品检验结果不合格，由质量管理部门会同生产部门对生产过程进行追踪调查，查明原因，由质量管理部门组织风险评估，提出处理意见，确认重新加工可以达到产品质量标准可以返工处理，否则在质量管理部门的监督下进行销毁。

·任务六· 变更管理

变更是指药品生产企业涉及的原辅料、包装材料、质量标准、检验方法、操作规程、厂房、设施、设备、仪器、生产工艺和计算机软件与现行状况不一致时。企业应当建立变更控制系统，对所有影响产品质量的变更进行评估和管理。需要经药品监督管理部门批准的变更应当在得到批准后方可实施。

一、变更的要求

药品生产企业应当建立操作规程，规定原辅料、包装材料、质量标准、检验方法、操作规程、厂房、设施、设备、仪器、生产工艺和计算机软件变更的申请、评估、审核、批准和实施。质量管理部门应当指定专人负责变更控制。变更都应当评估其对产品质量的潜在影响。企业可以根据变更的性质、范围、对产品质量潜在影响的程度将变更分类（如主要、次要变更）。判断变更所需的验证、额外的检验以及稳定性考察应当有科学依据。与产品质量有关的变更由申请部门提出后，应当经评估、制定实施计划并明确实施职责，最终由质量管理部门审核批准。变更实施应当有相应的完整记录。

需要经药品监督管理部门批准的变更应当在得到批准后方可实施。如果变更可能影响药品的有效期，则质量评估还应当包括对变更实施后生产的药品进行稳定性考察。变更实施时，应当确保与变更相关的文件均已修订。质量管理部门应当保存所有变更的文件和记录。

■ 知识链接

"欣弗"事件

2006年8月安徽华源生物药业有限公司生产的欣弗（克林霉素磷酸酯葡萄糖注射液）在使用过程中发生药品不良反应，共造成十余人不幸死亡。经调查发现企业未按批准的生产工艺进行生产，变更了灭菌温度、灭菌时间、灭菌柜装载量，影响了灭菌效果。经中国药品生物制品检定所对相关样品进行检验，结果表明，无菌检查和热源检查不符合规定。

这是一起严重违反GMP规定，操作人员未履行任何程序，私自变更了关键工艺参数，实际操作与记录不符。不规范、不诚信的行为，付出了十余人的生命代价。警醒未来的制药人，要树立"人民至上、生命至上"思想，要有仁爱之心，敬畏生命，充分认识药品质量对公众健康的重要意义，遵规守纪，药品生产过程控制无小事，严谨认真的工作态度是生产药品必须具有的素质。

二、变更的类别

按照变更控制对象的范围、对产品质量潜在影响的程度，将变更控制主要分为三个类别。

1.主要变更 对产品关键质量特性有潜在的重大影响，需经稳定性考察、验证等研究以确定主要因素变化的合理性，需报送药品监督管理部门批准或备案的变更。

2.次要变更　由企业控制，无需批准或备案的，生产工艺不发生漂移的，对产品关键质量特性基本不产生影响，通过确认与验证结果支持的变更。

3.一般变更　属于主要变更和次要变更之外的，对产品质量特性无影响的变更。

三、变更的范围

（一）变更涉及的范围

1.产品所用原辅料的所有变更，尤其是来自新供应商的原辅料。

2.关键中间控制点及成品的检验结果出现异常。

3.所有不符合质量标准的批次及其调查结果。

4.所有重大偏差及相关的调查、所采取的整改措施和预防措施的有效性考察结果不符合要求或出现异常。

5.生产工艺或检验方法等的所有变更。

6.已批准或备案的药品注册所有变更。

7.稳定性考察的结果及出现的任何不良趋势。

8.所有因质量原因造成的退货、投诉、召回及调查结果。

9.与产品工艺或设备相关的纠正措施的执行情况和效果达不到要求和目标。

10.新获批准和有变更的药品，按照注册要求上市后应当完成的工作需要。

11.相关设备和设施，如空调净化系统、水系统、压缩空气等的确认状态结果不符合要求或异常。

12.委托生产或检验的技术合同履行情况不符合要求或出现异常。

（二）必须再验证的变更范围

发生下列任一种情况，根据变化的大小和重要性，需做必要的再验证：处方改变；制造工艺改变；制造场所改变；相关设备变动；批量大小变动。

（三）无需再验证的变更范围

如果认为变动较小，一般不需再验证，但是必须要有书面评价和技术理由，填写变动控制程序申请。较小的变动情况主要有以下三种。

1.产品处方中减少或取消了色素和香料。

2.批量大小变化≤于10%；制造场所改变仅发生在同一建筑物内，而生产设备、人员、操作规程、环境条件、空气洁净度等没有变化。

3.调换了相同设计和操作原理的生产设备。

四、变更控制流程

变更控制系统由企业质量受权人、生产管理、质量控制、药物不良反应监测、工程设备、物料供应等部门负责人和专业人员组成，必要时聘请医药领域内相关学科专家。变更控制管理的职责按照变更控制规程对变更进行分类、评估、审核、批准，确定额外的检验、稳定性考察、确认与验证的必要性以及文件的充分性和技术依据。变更控制流程包括以下内容。

1.变更的申请　变更通常由变更发生的部门发起。变更应提出申请，主要内容包括变更描述，变更理由，受影响的文件和产品，受影响的供应商、客户，支持变更的依据、文件及需要追加的文件，实施计划及需要进行的验证。

2.变更的评估 由变更控制小组基于风险管理评估变更可能带来的影响并确定采取的行动，评估内容包括对产品质量的影响、质量标准、检验方法、稳定性研究、生物等效性研究、工艺验证、杂质等情况。需报送药监部门批准或备案的，企业批准变更前，应备齐相关资料，报经药监部门批准方可实施。

3.变更的审核和批准 变更控制系统的管理人员负责变更申请文件的形式审查，确保资料填写齐全，内容准确，所附资料完整，符合规程的要求。如果变更影响到其他供应商、客户等，则应通知外部并获得其认可。

4.变更执行 变更批准后，方可执行变更，质量管理部门及相关部门建立追踪监控体系，以确保变更的实施，对于不影响注册内容的内部变更，批准后即可执行。

5.变更效果的评估 变更执行后质量管理部门组织效果评估，以确认变更是否已达到预期目标。

6.变更关闭 当变更执行完毕，相关文件已被更新，完成评估并得出变更的有效性和可控性结论后，变更即关闭。

变更控制流程详见图10-1。

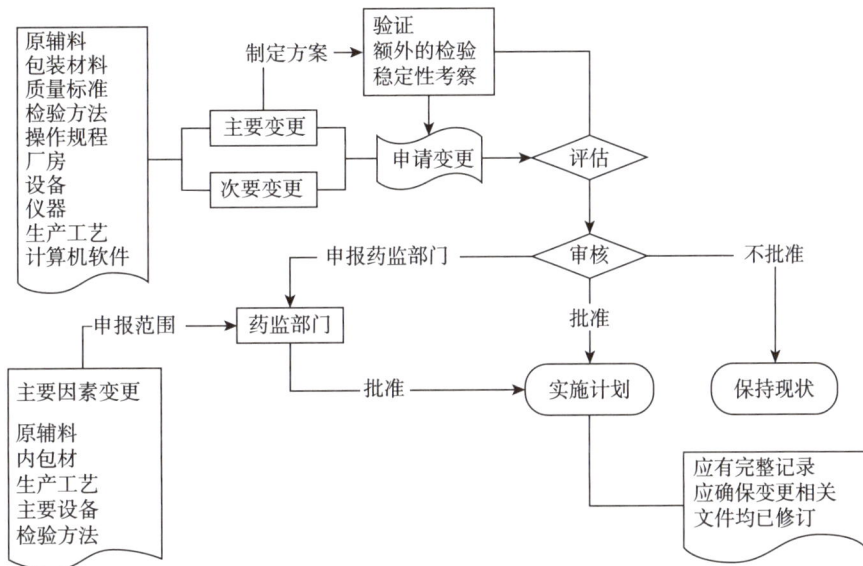

图 10-1 变更控制流程

【GMP（2010年修订）】

第二百四十三条 与产品质量有关的变更由申请部门提出后，应当经评估、制定实施计划并明确实施职责，最终由质量管理部门审核批准。变更实施应当有相应的完整记录。

第二百四十四条 改变原辅料、与药品直接接触的包装材料、生产工艺、主要生产设备以及其他影响药品质量的主要因素时，还应当对变更实施后最初至少三个批次的药品质量进行评估。如果变更可能影响药品的有效期，则质量评估还应当包括对变更实施后生产的药品进行稳定性考察。

第二百四十五条 变更实施时，应当确保与变更相关的文件均已修订。

第二百四十六条 质量管理部门应当保存所有变更的文件和记录。

·任务七· 偏差管理

偏差是指任何偏离生产工艺、质量标准、检验方法和操作规程的情形。各部门负责人应当确保所有人员正确执行生产工艺、质量标准、检验方法和操作规程，防止偏差的产生。

一、偏差的类型

（一）按偏差发生领域分类

1.生产偏差　是指偏离生产工艺、规程和过程控制的情况，包括非生产工艺偏差和生产工艺偏差。非生产工艺偏差系指因人为操作错误、设备故障、生产环境等原因引起的对产品质量产生实际或潜在影响的偏差。生产工艺偏差是指生产工艺不完善、存在缺陷，引起产品质量发生可发现的或潜在影响的偏差，即使人员操作、设备和物料完全正确也不可避免。

2.检验偏差　是指因质量控制实验室检验过程的相关因素引起的检验结果偏差，包括取样、仪器、试剂、检验操作、计算错误等引起的偏差，也称为"实验室偏差"。

【GMP（2010年修订）】

第二百二十四条　质量控制实验室应当建立检验结果超标调查的操作规程。任何检验结果超标都必须按照操作规程进行完整的调查，并有相应的记录。

（二）按偏差严重程序分类

1.重大偏差　可能对产品质量、安全性和有效性产生严重后果的偏差，包括涉及多个批次的产品、与国家法规和标准不符的、可能导致产品不合格或报废等的偏差。例如混药、中间产品或成品受到污染导致报废、检验结果超出纠偏限度等。

2.次要偏差　可能对产品质量产生实际或潜在影响的偏差，或者性质严重、影响范围较大的偏差。例如工艺参数超出规程规定、物料平衡超出标准、检验结果超过警戒限度等。

3.轻微偏差　轻微偏离法规或规程，对产品质量无影响或者经评估风险可接受的偏差。例如非关键部位的设备故障等。

二、企业可能出现的偏差

（1）物料平衡超出允许的正常偏差。

（2）生产过程时间控制超出工艺规定范围。

（3）生产过程工艺条件发生偏移、变化。

（4）生产过程中设备发生异常，可能影响产品质量。

（5）产品质量发生偏移。

（6）非工艺损失。

（7）标签实用数、剩余、残损数之和与领用数发生差额。

（8）生产中发生其他的异常情况。

三、偏差处理程序

【GMP（2010年修订）】

第二百四十七条　各部门负责人应当确保所有人员正确执行生产工艺、质量标准、检验方法和操作规程，防止偏差的产生。

第二百四十八条　企业应当建立偏差处理的操作规程，规定偏差的报告、记录、调查、处理以及所采取的纠正措施，并有相应的记录。

第二百四十九条　任何偏差都应当评估其对产品质量的潜在影响。企业可以根据偏差的性质、范围、对产品质量潜在影响的程度将偏差分类（如重大、次要偏差），对重大偏差的评估还应当考虑是否需要对产品进行额外的检验以及对产品有效期的影响，必要时，应当对涉及重大偏差的产品进行稳定性考察。

第二百五十条　任何偏离生产工艺、物料平衡限度、质量标准、检验方法、操作规程等的情况均应当有记录，并立即报告主管人员及质量管理部门，应当有清楚的说明，重大偏差应当由质量管理部门会同其他部门进行彻底调查，并有调查报告。偏差调查报告应当由质量管理部门的指定人员审核并签字。

企业还应当采取预防措施有效防止类似偏差的再次发生。

第二百五十一条　质量管理部门应当负责偏差的分类，保存偏差调查、处理的文件和记录。

（一）生产过程中偏差处理程序

（1）偏差发现人在采取措施仍不能将偏差控制在规定范围内时，立即停止生产并报告车间主任。

（2）发现偏差时，车间管理人员进行调查，根据调查结果提出处理措施。偏差处理措施如下。①确认不影响产品最终质量的情况下可继续加工。②确认不影响产品质量的情况下进行返工，或采取补救措施。③确认影响产品质量，则报废或销毁。

（3）由QA填写偏差调查处理报告两份，内容包括：品名、批号、规格、批量、工序、偏差内容、发生的过程及原因、地点、日期；偏差调查处理报告经填表人签名后送交生产部和质量管理部门。质量管理部门认真审核偏差调查结果及需采取的措施，最后批准、签字。

（4）生产部技术部门和质量管理部门派人员到车间督促检查偏差处理情况。

（5）如调查发现有可能与本批前后生产批次的产品有关联，则必须立即通知质量管理部，采取措施停止相关批次的放行，直到调查确认与之无关方可放行。

（6）处理完成后，车间将偏差处理情况及相关资料汇入批生产记录。

（7）生产过程中出现重大质量事故和重大损失时，必需按事故报告规程向有关负责人和上级主管部门及时报告。

出现偏差需制定并采取纠正措施，并有相应的记录。偏差处理流程见图10-2。

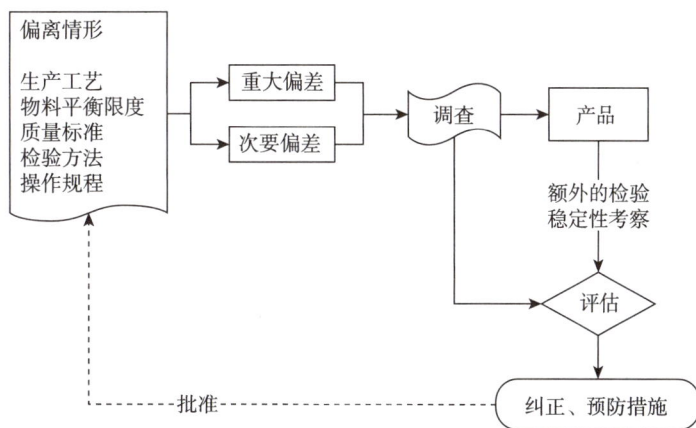

图 10-2　偏差处理流程

（二）质量控制实验室检验结果偏差处理程序

1. 偏差结果报告　检验结果偏差一旦出现，检验员应立即报告质量控制部负责人，检验过程中的样品予以保存以备调查，检验员及质量控制部负责人尽快进行实验室内部调查。

2. 实验室初步调查　由检验人员与质量控制部负责人一起实施实验室调查以确定检验偏差结果的有效性，通常情况下，需调查如下内容。

（1）检验人员是否使用了符合标准、经过校验并通过系统适应性确认的仪器。

（2）回顾检验方法，确定遵循了相关规程和技术要求。

（3）检查原始数据，包括图谱及其他相关的信息。

（4）回顾检验结果及计算。

（5）确认仪器性能，检查保留的溶液和玻璃器皿外观，确定使用了正确容量瓶、无污染的玻璃器皿。

（6）确定使用了适当的标准品、对照品、试剂及溶剂。

（7）检查检验人员的培训历史及工作经验、人员资质。

3. 实验室初步调查结果确认　若实验室初步调查确定实验室错误，则由质量控制部负责人指派一名经验丰富的检验人员和原检验人员共同对原始样品进行复检，根据实际需要制定检测次数 n。每人各检 n 次，若 n 次结果均合格，则取 n 次的平均值报告并制定相应的纠正预防措施；若 n 次结果有 1 次不合格，则判定结果有偏差。

4. 取样调查　当实验室初步调查不能确定实验室错误时，需对样品和取样过程进行调查。若调查发现样品本身或取样过程存在错误，导致所取样品不具代表性，则需要进行再取样检验。再取样应填写申请表，由质量保证部经理批准后方可实施。

5. 全面调查　当样品和取样过程调查未发现错误时，则需要启动全面调查。若样品为进厂原料，则由质量控制部负责人指派一名经验丰富的检验人员和原检验人员共同对原始样品进行复检。若调查并未确认为生产过程偏差，则由质量管理员进行全面评估，若发现实验室初步调查、样品及取样过程调查、生产过程偏差调查存在有疑义的地方，则针对疑义处重新展开调查；若确定实验室初步调查、样品及取样过程调查、生产过程偏差调查均无误，则可将该结果认为一个逸出值，是待测样品检验时固有的波动，由 QA 批准进行复检。

6. 记录与报告　依据偏差处理的操作规程，填写偏差的报告、记录、调查、处理以及所采取的纠正措施，并做到记录可以追溯。

·任务八· 纠正与预防措施

纠正措施是指消除已发现的不符合和不良原因所采取的措施，防止问题再次出现。预防措施是指消除潜在的不符合或其他隐患所采取的措施防止问题出现。纠正措施和预防措施区别在于纠正措施是防止问题再次发生，而预防措施是防止问题发生。

【GMP（2010 年修订）】

第二百五十二条　企业应当建立纠正措施和预防措施系统，对投诉、召回、偏差、自检或外部检查结果、工艺性能和质量监测趋势等进行调查并采取纠正和预防措施。调查的深度和形式应当与风险的级别相适应。纠正措施和预防措施系统应当能够增进对产品和工艺的理解，改进产品和工艺。

一、实施纠正与预防措施的内容

中国GMP（2010年修订）关于企业应当建立实施纠正和预防措施的操作规程内容如下。

【GMP（2010年修订）】

第二百五十三条 企业应当建立实施纠正和预防措施的操作规程，内容至少包括：

（一）对投诉、召回、偏差、自检或外部检查结果、工艺性能和质量监测趋势以及其他来源的质量数据进行分析，确定已有和潜在的质量问题。必要时，应当采用适当的统计学方法；

（二）调查与产品、工艺和质量保证系统有关的原因；

（三）确定所需采取的纠正和预防措施，防止问题的再次发生；

（四）评估纠正和预防措施的合理性、有效性和充分性；

（五）对实施纠正和预防措施过程中所有发生的变更应当予以记录；

（六）确保相关信息已传递到质量受权人和预防问题再次发生的直接负责人；

（七）确保相关信息及其纠正和预防措施已通过高层管理人员的评审。

第二百五十四条 实施纠正和预防措施应当有文件记录，并由质量管理部门保存。

二、纠正与预防措施编制文件的要求

企业需采取措施，以消除不合格的原因，防止不合格的再发生。纠正措施要与不合格的影响程度相适应，编制形成文件的程序，应规定以下要求。

1.评审不合格（包括顾客投诉）。

2.确定不合格的原因。

3.评价确保不合格不再发生的措施的需求。

4.确定和实施所需的措施。

5.记录所采取措施的结果。

6.评审所采取的纠正措施的有效性。

纠偏和预防措施管理流程见图10-3。

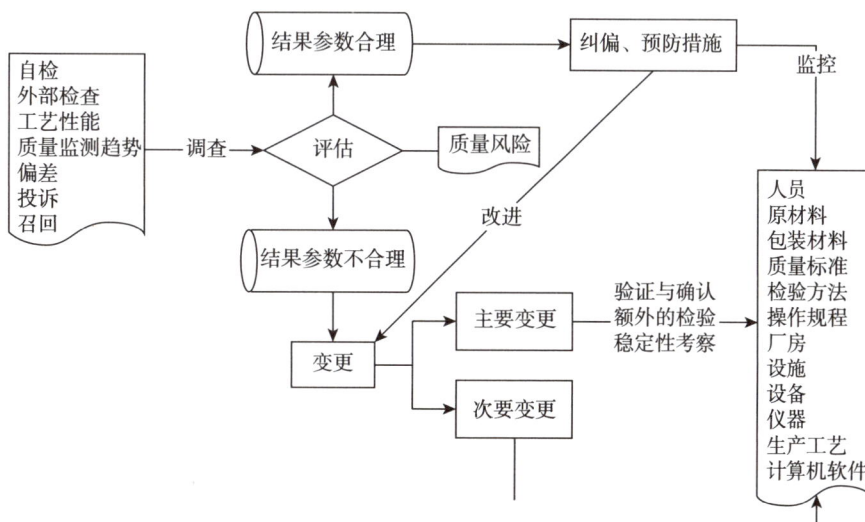

图10-3 纠偏和预防措施管理流程

·任务九·供应商管理

供应商管理包括供应商的评估、质量审核、选择、批准、评审、变更及档案管理等内容。

【GMP（2010年修订）】

第二百五十五条　质量管理部门应当对所有生产用物料的供应商进行质量评估，会同有关部门对主要物料供应商（尤其是生产商）的质量体系进行现场质量审计，并对质量评估不符合要求的供应商行使否决权。

主要物料的确定应当综合考虑企业所生产的药品质量风险、物料用量以及物料对药品质量的影响程度等因素。

企业法定代表人、企业负责人及其他部门的人员不得干扰或妨碍质量管理部门对物料供应商独立作出质量评估。

一、供应商的评估

选择合适的物料供应商是满足采购质量，预防或消除物料带来的质量风险，确保企业所生产的产品质量，控制并降低采购成本的重要保证。

（一）企业资质

1.原辅料供应商应持有药品生产许可证或药品经营许可证，所购原料在生产经营范围内，产品有质量标准及批准文号。

2.直接接触药品的包装材料和容器的供应商，已有国家标准的，企业应取得药包材注册证，未有国家标准的，应有国家食品包装标准、印刷包装材料企业需具合法资质。

3.进口原辅料供应商应持有国家药品监督管理局核发的注册证书。

（二）质量体系

考察供应商的质量体系，应包括：①厂房、设施、设备条件；②原材料来源；③质量保证体系；④人员及培训；⑤产品质量；⑥供货能力；⑦企业信誉；⑧协作态度。

二、供应商的质量审核

1.审核内容　主要针对产品质量审核、过程质量审核、质量管理体系审核，即前述调查的内容。

2.审核组织　成立审核小组。企业以规程形式，明确规定对新选择供应商进行质量审核时，审核小组由供应部门、质量管理部门、物料使用部门、科研技术部门的管理和技术人员组成，其中，质量管理部门的人员必须协同质量审核工作。审核小组成立后，依规程确定一名组长并由其对小组成员的工作内容进行具体部署。

3.审核程序　①材料审核。②样品检测、验证、质量标准及检测方法的确定。③实地考察。④信息反馈及跟踪审核。⑤起草审核报告、批准审核结论。

三、供应商的选择及批准

药品生产企业对供应商审核，符合企业供货要求的，确定为企业供应商，经质量受权人核准，企业主管负责人批准后确定为企业的供货商。供货商一般确定为2~3家。质量管理部门应当与批准的主要物料供应商签订质量协议，在协议中应当明确双方所承担的质量责任。

四、供应商的评审

1.供应商供货质量评审　对供应商周期内的产品质量、供货情况及售后服务进行评审。可建立规范的供应商年度评审表，对原料的质量水平、合格率、退货率、包装情况、供货及时性、价格、特殊情况的处理、供应商物料对企业质量风险的影响及其他影响产品质量的情况等进行综合评价，按照规定量化打分，根据分数对供应商进行优秀、合格、不合格的分类。

2.供应商评审及调整　对于评审结果评价较差的供应商，企业应分析供应商对于企业的重要程度并采取不同的措施。若该供应商只是一个普通的供应商，则可以考虑将其淘汰；若该供应商所提供的产品对于企业来说是非常重要的而且替代供应源不足，企业应考虑加强与该供应商的沟通，以便双方共同努力和加强技术合作。

五、供应商的变更管理

变更物料供应商，应当对新的供应商进行质量评估；改变主要物料供应商的，还需要对产品进行相关的验证及稳定性考察。当出现下列情况时，均按变更处理。

（1）供应商因多种原因已失去所供应物料的生产经营资格。

（2）供应商停止所供应物料的生产或停止供货。

（3）经留样考察，所提供的物料不能满足企业产品的稳定性要求或其他要求。

（4）所生产的物料连续出现质量问题并经现场评审不合格的供应商。

供应商的变更执行变更处理程序，由要求变更的部门提出。

六、供应商档案管理

企业应对所有供应商建立档案，将其法定资质，基本情况调查表，现场考察报告，历次评价结果及出现的质量问题等进行汇总，由专人负责管理，新选择确定的和淘汰的供应商资料应当及时收集和整理，保证各项文件及时归档。

【GMP（2010年修订）】

第二百五十六条　应当建立物料供应商评估和批准的操作规程，明确供应的资质、选择的原则、质量评估方式、评估标准、物料供应商批准的程序。

如质量评估需采用现场质量审计方式的，还应当明确审计内容、周期、审计人员的组成及资质。需采用样品小批量试生产的，还应当明确生产批量、生产工艺、产品质量标准、稳定性考察方案。

第二百五十七条　质量管理部门应当指定专人负责物料供应商质量评估和现场质量审计，分发经批准的合格供应商名单。被指定的人员应当具有相关的法规和专业知识，具有足够的质量评估和现场质量审计的实践经验。

第二百五十八条　现场质量审计应当核实供应商资质证明文件和检验报告的真实性，核实是否具备检验条件。应当对其人员机构、厂房设施和设备、物料管理、生产工艺流程和生产管理、质量控制实验室的设备、仪器、文件管理等进行检查，以全面评估其质量保证系统。现场质量审计应当有报告。

第二百五十九条　必要时，应当对主要物料供应商提供的样品进行小批量试生产，并对试生产的药品进行稳定性考察。

第二百六十条　质量管理部门对物料供应商的评估至少应当包括：供应商的资质证明文件、质量标准、检验报告、企业对物料样品的检验数据和报告。如进行现场质量审计和样品小批量试生产的，还应当包括现场质量审计报告，以及小试产品的质量检验报告和稳定性考察报告。

第二百六十一条　改变物料供应商，应当对新的供应商进行质量评估；改变主要物料供应商的，还需要对产品进行相关的验证及稳定性考察。

第二百六十二条　质量管理部门应当向物料管理部门分发经批准的合格供应商名单，该名单内容至少包括物料名称、规格、质量标准、生产商名称和地址、经销商（如有）名称等，并及时更新。

第二百六十三条　质量管理部门应当与主要物料供应商签订质量协议，在协议中应当明确双方所承担的质量责任。

第二百六十四条　质量管理部门应当定期对物料供应商进行评估或现场质量审计，回顾分析物料质量检验结果、质量投诉和不合格处理记录。如物料出现质量问题或生产条件、工艺、质量标准和检验方法等可能影响质量的关键因素发生重大改变时，还应当尽快进行相关的现场质量审计。

第二百六十五条　企业应当对每家物料供应商建立质量档案，档案内容应当包括供应商的资质证明文件、质量协议、质量标准、样品检验数据和报告、供应商的检验报告、现场质量审计报告、产品稳定性考察报告、定期的质量回顾分析报告等。

·任务十· 产品质量回顾分析

产品质量回顾是运用统计技术对生产的每种产品相关内容与数据进行回顾，如对物料、中间产品、中间控制结果、产品检验结果、稳定性考察以及产品生产过程中的偏差处理、质量体系绩效、控制手段等信息数据进行定期回顾，形成书面报告，以此评价现行的生产工艺及控制方法是否有效、可控，并发现产品生产系统需改进之处，制定预防措施，不断提高产品质量。

一、产品质量回顾分析的情形

【GMP（2010年修订）】

第二百六十六条　应当按照操作规程，每年对所有生产的药品按品种进行产品质量回顾分析，以确认工艺稳定可靠，以及原辅料、成品现行质量标准的适用性，及时发现不良趋势，确定产品及工艺改进的方向。应当考虑以往回顾分析的历史数据，还应当对产品质量回顾分析的有效性进行自检。

当有合理的科学依据时，可按照产品的剂型分类进行质量回顾，如固体制剂、液体制剂和无菌制剂等。

回顾分析应当有报告。

企业至少应当对下列情形进行回顾分析：

（一）产品所用原辅料的所有变更，尤其是来自新供应商的原辅料；

（二）关键中间控制点及成品的检验结果；

（三）所有不符合质量标准的批次及其调查；

（四）所有重大偏差及相关的调查、所采取的整改措施和预防措施的有效性；

（五）生产工艺或检验方法等的所有变更；

（六）已批准或备案的药品注册所有变更；

（七）稳定性考察的结果及任何不良趋势；

（八）所有因质量原因造成的退货、投诉、召回及调查；

（九）与产品工艺或设备相关的纠正措施的执行情况和效果；

（十）新获批准和有变更的药品，按照注册要求上市后应当完成的工作情况；

（十一）相关设备和设施，如空调净化系统、水系统、压缩空气等的确认状态；

（十二）委托生产或检验的技术合同履行情况。

第二百六十七条 应当对回顾分析的结果进行评估，提出是否需要采取纠正和预防措施或进行再确认或再验证的评估意见及理由，并及时、有效地完成整改。

第二百六十八条 药品委托生产时，委托方和受托方之间应当有书面的技术协议，规定产品质量回顾分析中各方的责任，确保产品质量回顾分析按时进行并符合要求。

二、产品质量回顾分析的工作程序

（一）制定产品质量回顾计划

责任部门根据自己的产品制定质量回顾计划，在制定时，每种产品按照剂型分配责任人，专人专项；安排质量回顾时间时，可采取分散滚动的形式，在一年内分散进行产品质量回顾。

（二）信息收集与报告编制

信息收集时，各产品质量回顾负责人应联系相关部门，收集相关信息，并对所得的数据信息，运用统计等技术进行分析，进步了解产品质量。报告时，应当写明分析所得的结论及相应异常数据的原因分析和改进措施。产品质量回顾报告应至少包括以下内容。

（1）制定产品质量回顾具体计划，包括产品质量回顾的具体时间范围和回顾总结完成截止日期。

（2）对产品质量进行回顾性的总结，包括数据趋势，根据所生产产品的检验数据和生产数据，以表或图的形式进行总结并给出评价性的结论，如质量稳定、某项指标有超标的趋势等。

（3）对支持性数据回顾发现的问题。

（4）需要采取的纠正和预防行动的建议。

（5）纠正和预防行动的行动计划和责任人及完成时间。

（6）之前产品质量回顾中纠正和预防措施的完成情况。

（7）通过产品质量回顾，总结当前产品的生产情况及结论。

（三）报告的形成、审核与分发

在责任部门拟好产品质量回顾报告后，应提交有关部门进行审批，如生产、工艺、注册、质量管理、质量控制等部门。经审核合格的质量回顾报告，由质量管理部门复印、分发给各相关部门，并将报告原件在质量管理部门留档永久保存。

（四）纠正与预防措施的实施与跟踪

纠正与预防措施的制定主要是各相关部门按照产品质量回顾报告中制定的改进措施及完成时间进行整改。

【GMP（2010年修订）】

第二百六十七条　应当对回顾分析的结果进行评估，提出是否需要采取纠正和预防措施或进行再确认或再验证的评估意见及理由，并及时、有效地完成整改。

第二百六十八条　药品委托生产时，委托方和受托方之间应当有书面的技术协议，规定产品质量回顾分析中各方的责任，确保产品质量回顾分析按时进行并符合要求。

·任务十一· 投诉与药品不良反应报告管理

一、投诉管理

投诉是指用户或其他人员采用口头或书面方式报告生产企业所售药品可能或事实上存在的质量缺陷或药品不良反应的行为。企业应及时、妥善、正确处理对药品的投诉，保证用药者的合法权益是企业应尽的责任。

（一）投诉的分类、来源及方式

1.投诉的分类

（1）重大投诉　又称紧急投诉，是指针对有可能对用药者造成伤害的产品质量问题或严重不良反应等的投诉。

（2）一般投诉　是指未造成用户伤害，但会给企业形象带来负面影响的投诉。

2.投诉的来源　大多来源于患者、医生、医院、药店、批发商、医药代表。

3.投诉的方式　包括信函、传真、电话或到访投诉等。

（二）投诉的受理范围及处理

对药品质量投诉的受理范围除属药品不良反应监测内容外，还包括企业生产的药品在正常情况下发生的质量问题。企业指定质量管理部门和销售部门共同负责管理药品质量投诉和不良反应监测。负责药品质量投诉和不良反应监察的人员，需具有药品生产和质量管理的实践经验，有能力对此做出正确的判断和处理。

对药品质量投诉和不良反应监察，应分类登记编号，并做详细分析和认定记录，建立台账。投诉和不良反应监察记录需归档保存至药品有效期后1年。

（三）投诉的调查处理方法

接到投诉后，销售部门管理人员要填写投诉记录，销售部门填写意见后，由质量管理部门填写调查意见。质量管理人员向投诉者索要样品，必要时应专程取样，并核对和确认样品包装完好、封口严密，确认为本厂产品且在有效期内。销售部门管理人员及时专访投诉者，听取意见，会同有关部门现场调研，向投诉者调查与该批产品有关质量问题的一切内容，并告知质量管理人员。

二、药品不良反应报告管理

依据卫生部2011年5月4日发布的《药品不良反应报告和监测管理办法》（卫生部令81号）的规定，药品不良反应是指合格药品在正常用法用量下出现的与用药目的无关的有害反应。药品不良反应报告和监测是药品不良反应的发现、报告、评价和控制的过程。

（一）药品不良反应类型

1. A 型药品不良反应　是指药物的药理作用增强所致，其特点是可以预测，通常与剂量有关，停药或减量后症状很快减轻或消失，发生率高但死亡率低。通常包括副作用、毒性作用、后遗效应、继发反应等。

2. B 型药品不良反应　是指与正常的药理作用无关的异常反应，一般很难预测，常规毒理学筛查不能发现，发生率低但死亡率高，如过敏反应。

3. C 型药品不良反应　一般在长期用药后出现，潜伏期较长，没有明确的时间关系，难以预测。其发生机制有些与癌症、畸胎的发病机制有关；有些尚未阐明，仍在探讨之中。

（二）药品不良反应报告范围

《药品不良反应报告和监测管理办法》规定，新药监测期内的国产药品应当报告该药品的所有不良反应；其他国产药品，报告新的和严重的不良反应。进口药品自首次获准进口之日起 5 年内，报告该进口药品的所有不良反应；满 5 年的，报告新的和严重的不良反应。

新的药品不良反应，是指药品说明书中未载明的不良反应。说明书中已有描述，但不良反应发生的性质、程度、后果或频率与说明书描述不一致或更严重的，按照新的药品不良反应处理。严重药品不良反应，是指使用药品引起以下损害情形之一的反应：导致死亡；危及生命；致癌、致畸、致出生缺陷；导致显著或永久的人体伤残或器官功能损伤；导致住院或住院时间延长；导致其他重要医学事件，如不进行治疗可能出现上述所列情况的。

药品群体不良事件，是指同一药品在使用过程中，在相对集中的时间、区域内，对一定数量人群的身体健康或生命安全造成损害或威胁，需要予以紧急处置的事件。同一药品是指同一生产企业生产的同一名称、剂型及规格的药品。

（三）药品上市后不良反应监测管理

依据《药品管理法》（2019 年修订）规定：药品上市许可持有人、药品生产企业、药品经营企业和医疗机构应当经常考察本单位所生产、经营、使用的药品质量、疗效和不良反应。发现疑似不良反应的，应当及时向药品监督管理部门和卫生健康主管部门报告。对已确认发生严重不良反应的药品，由国务院药品监督管理部门或者省、自治区、直辖市人民政府药品监督管理部门根据实际情况采取停止生产、销售、使用等紧急控制措施，并应当在 5 日内组织鉴定，自鉴定结论作出之日起 15 日内依法作出行政处理决定。

（四）药品不良反应监测和报告制度

企业应建立药品不良反应报告和监测管理制度，设立专门机构并配备专职人员负责管理。主动收集药品不良反应，对不良反应详细记录、评价、调查和处理，及时采取措施控制可能存在的风险，并按照要求向药品监督管理部门报告。

《药品不良反应报告和监测管理办法》规定，药品生产企业获知药品群体不良事件后应立即开展调查，在 7 日内完成调查报告，报所在地省级药品监督管理部门和药品不良反应监测机构，同时迅速开展自查。药品经营企业发现药品群体不良事件应立即告知药品生产企业，同时迅速开展自查。医疗机构发现药品群体不良事件后应积极救治患者，迅速开展临床调查，分析事件发生的原因。药品监督管理部门可以采取暂停生产、销售、使用或召回药品等控制措施。

（五）药品不良反应报告程序和要求

药品生产、经营企业和医疗机构获知或发现可能与用药有关的不良反应，发现或获知新的、严重的药品不良反应须在15日内报告，其中死亡病例须立即报告；其他药品不良反应须在30日内报告。药品生产企业应对获知的死亡病例进行调查，详细了解死亡病例的基本信息、药品使用情况、不良反应发生及诊治情况等，并在15日内完成调查报告，报药品生产企业所在地的省级药品不良反应监测机构。获知或发现药品群体不良事件后，应立即报告，必要时可以越级报告。

【GMP（2010年修订）】

第二百六十九条　应当建立药品不良反应报告和监测管理制度，设立专门机构并配备专职人员负责管理。

第二百七十条　应当主动收集药品不良反应，对不良反应应当详细记录、评价、调查和处理，及时采取措施控制可能存在的风险，并按照要求向药品监督管理部门报告。

第二百七十一条　应当建立操作规程，规定投诉登记、评价、调查和处理的程序，并规定因可能的产品缺陷发生投诉时所采取的措施，包括考虑是否有必要从市场召回药品。

第二百七十二条　应当有专人及足够的辅助人员负责进行质量投诉的调查和处理，所有投诉、调查的信息应当向质量受权人通报。

第二百七十三条　所有投诉都应当登记与审核，与产品质量缺陷有关的投诉，应当详细记录投诉的各个细节，并进行调查。

第二百七十四条　发现或怀疑某批药品存在缺陷，应当考虑检查其他批次的药品，查明其是否受到影响。

第二百七十五条　投诉调查和处理应当有记录，并注明所查相关批次产品的信息。

第二百七十六条　应当定期回顾分析投诉记录，以便发现需要警觉、重复出现以及可能需要从市场召回药品的问题，并采取相应措施。

第二百七十七条　企业出现生产失误、药品变质或其他重大质量问题，应当及时采取相应措施，必要时还应当向当地药品监督管理部门报告。

▶ 目标检测 ◀

重点小结　　参考答案

一、选择题

（一）单项选择题

1.企业应建立变更控制系统，对所有影响产品质量的变更进行评估和管理。需要经（　　）批准的变更应在得到批准后方可实施。

　　A.质量管理部　　　　　　　B.生产技术部　　　　　　　C.物控部　　　　　　　D.GMP办公室

2.企业应建立投诉与不良反应报告和监测制度，以下叙述错误的是（　　）。

　　A.设立专门机构　　　　　　　　　　　　　B.配备专职的负责人

　　C.应建立操作规程　　　　　　　　　　　　D.配备兼职人员即可

3.下列关于投诉说法错误的是（　　）。

　　A.企业应建立投诉操作规程，规定投诉登记、评价、调查和处理的程序

B. 因可能的产品缺陷发生投诉时应采取措施, 包括是否有必要从市场上召回药品

C. 发现或怀疑某批药品存在缺陷, 应只对本批次进行调查, 不能涉及其他批次

D. 投诉调查和处理应有记录, 并定期回顾分析投诉记录

4. 企业应按照操作规程, 对所有的药品按照品种进行产品质量回顾分析, 频率是 (　　)。

　　A. 每年一次　　　　　　B. 每2年一次　　　　　C. 每半年一次　　　　D. 每季度一次

5. 样品的容器应当贴有标签, 可不用注明的内容有 (　　)。

　　A. 样品名称、批号　　　　　　　　　　　B. 待检人

　　C. 取自哪一包装容器、取样人等信息　　　D. 取样日期

6. 下列关于变更的说法错误的是 (　　)。

　　A. 变更可以分为主要变更和次要变更

　　B. 次要变更可以不做对产品质量潜在影响的评估, 但主要变更必须做质量潜在影响的评估

　　C. 企业应建立变更操作规程

　　D. 企业应建立变更控制系统

7. 关于改变物料供应商说法不正确的是 (　　)。

　　A. 应对新的物料供应商进行质量评估

　　B. 应对产品工艺进行相关的验证

　　C. 应对产品进行稳定性考察

　　D. 不必重新对供应商进行现场审计

8. 会同采购、生产等部门定期对主要供应商质量体系进行评估, 负责的部门是 (　　)。

　　A. 制造部门　　　　　　B. 监察部门　　　　　　C. 技术部门　　　　　　D. 质量管理部门

9. 下列关于偏差的说法不正确的是 (　　)。

　　A. 应对重大偏差进行产品质量的潜在影响评估

　　B. 次要偏差可不进行其对质量的潜在影响评估

　　C. 对重大偏差的评估还应考虑是否需要产品进行额外的检验以及对产品有效期的影响

　　D. 必要时, 应对涉及重大偏差的产品进行稳定性考察

10. 关于成品的留样说法不正确的是 (　　)。

　　A. 每批药品均应有留样

　　B. 留样的包装形式应与药品市售包装形式相同

　　C. 留样应按照注册批准的贮存条件至少保存至药品有效期后3年

　　D. 留样观察应有记录

11. 中药材、中药饮片和贵细药材一般不得少于检验所需用量的 (　　)。

　　A. 2倍　　　　　　　　B. 3倍　　　　　　　　C. 4倍　　　　　　　　D. 5倍

12. 检验记录填写的任何更改都需在错误的地方画一条横线并使原有信息仍清晰可辨, 书写正确信息后 (　　)。

　　A. 签名　　　　　　　　B. 盖公章　　　　　　　C. 签名和日期　　　　　D. 盖公章和日期

13. 物料更换厂家、改变工艺, 需 (　　) 做一次留样分析, 并做好记录。

　　A. 3个月　　　　　　　B. 6个月　　　　　　　C. 9个月　　　　　　　D. 12个月

14.物料的放行应当符合的要求是（   ）。

A.物料的质量评价内容应当至少包括生产商的检验报告、物料包装完整性和密封性的检查情况和检验结果

B.物料的质量评价应当有明确的结论，如批准放行或其他决定

C.物料应当由指定人员签名批准放行

D.以上都是

15.如变更可能影响药品的有效期，则质量评估还应当包括对变更实施后生产的药品进行（   ）。

A.含量测定　　　　　　　B.无菌检查　　　　　　　C.稳定性考察　　　　D.水分测定

（二）多项选择题

16.质量保证管理包括（   ）。

A.物料和成品放行管理

B.纠正和预防措施管理

C.生产过程质量控制管理

D.变更控制

17.药品生产企业对已确认发生严重不良反应的药品，应采取的措施有（   ）。

A.及时告知医务人员相关信息　　　　　　　B.修改标签和说明书

C.暂停生产　　　　　　　　　　　　　　　D.主动召回

18.以下哪几项是质量控制的基本要求（   ）。

A.应配备适当的设施、设备、仪器和经过培训的人员

B.应有批准的操作规程，用于原辅料、包装材料、中间产品、带包装产品和成品取样、检查、检验，以确保符合GMP的要求

C.由化验室人员按照规定的方法对原辅料、包装材料带包装产品的取样

D.取样、检查、检验应有记录

19.质量控制实验室的文件应当至少有（   ）。

A.质量标准　　　　　　　　　　　　　　　B.检验报告

C.检验标准操作规程　　　　　　　　　　　D.仪器校准记录

20.进口药品自首次获准进口之日起满5年的，应报告该进口药品的不良反应包括（   ）。

A.所有的　　　　　　　B.严重的　　　　　　　C.新的　　　　　　D.发生率高的

二、简答题

1.简述建立纠正措施和预防措施系统的意义。

2.简要画出变更控制流程。

实训四　理化项目实验室偏差调查

【实训目的】

1.掌握实验室偏差及出现偏差的处理。

2.熟悉偏差报告及记录流程。

3.了解偏差处理的意义。

【实训任务】

超标结果（OOS）调查是偏差调查的一种类型。质量控制实验室应建立超标调查的书面程序。任何超标结果都必须按照书面规程进行完整的调查，并有相应的记录。

OOS实验室调查需优先于实验室其他日常活动，特别是牵涉已分销的产品（如：投诉样品检验、稳定性检验）则实验室调查需在规定的时间内进行。同时需立即通知实验室主管，必要时需通知质量管理部和质量受权人。

当出现OOS检验结果时应进行调查，调查的目的是确定引起OOS的原因。即使因OOS结果判定该批不合格，仍必须进行调查以确定该结果是否影响到同类产品其他批次或其他产品。所有调查活动包括调查结论和随后采取的措施，必须记录。其调查流程如图10-4所示。

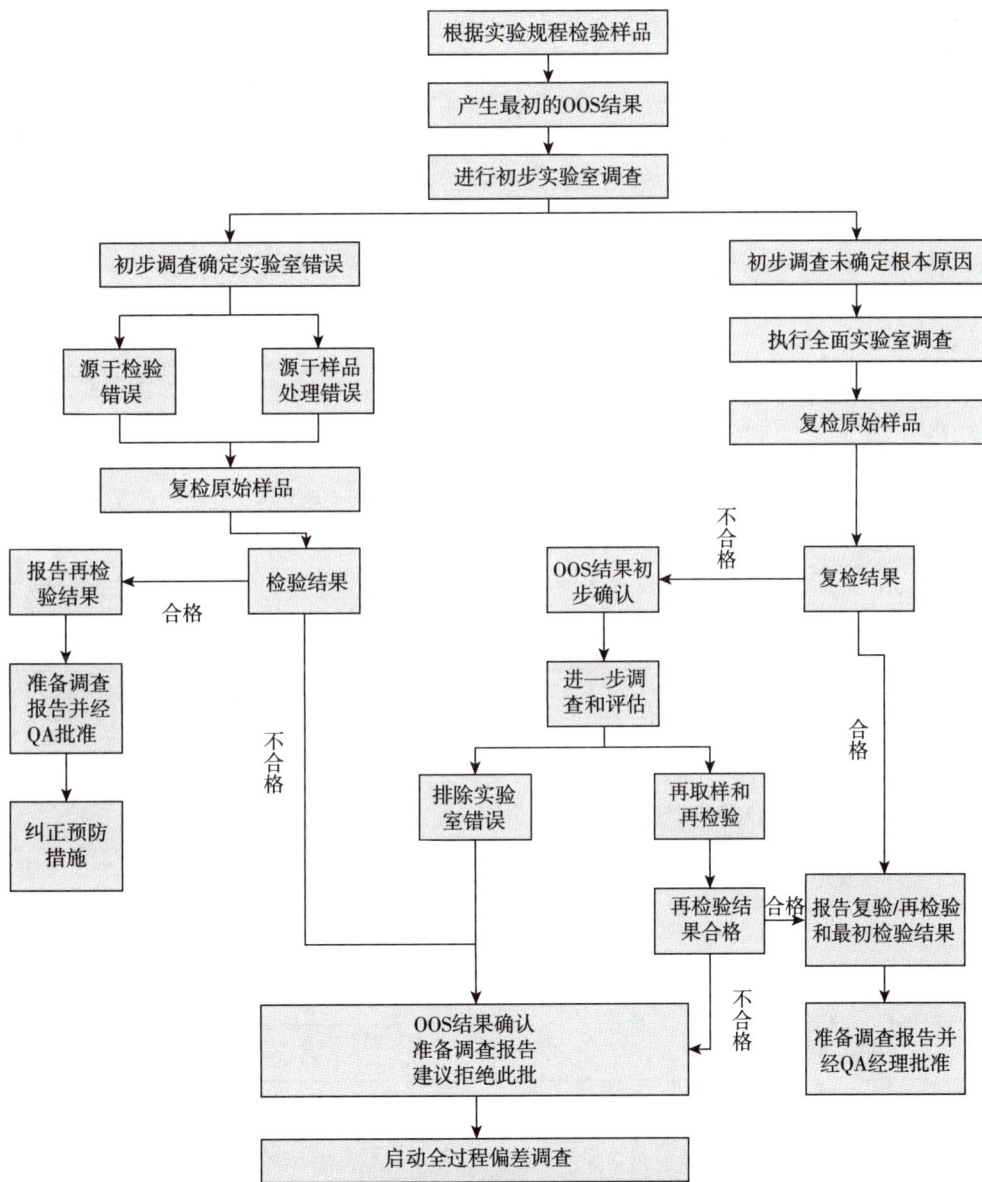

图 10-4　实验室 OOS 偏差调查流程图

　　HPLC法对一产品某一批XXA进行含量测定，发现两个值中有一个值超出质量标准。详细的调查报告见下列附表。（说明：本例只为提供调查的分析思路，不代表任何真实产品状况。）

调查过程
计算和数据审核（结果Ro的评估）
初试结果Ro：

表1:XXA批含量测定实验结果

样品号	含量（%）	平均（%）	样品间差异（%）
实验样品 A_{1-1}	94.6735	94.7069	6.6382
实验样品 A_{1-2}	94.7403		
实验样品 A_{2-1}	101.3118	101.3451	
实验样品 A_{2-2}	101.3784		
接受标准	95.0%~105.0%		<3.0%（OOT限度）

结论：计算无误，其他无明显差错，但一个样品含量结果超出质量标准，两份样品结果间差异高于OOT限度

实验室主管	UUU　年　月　日	QA	AAA　年　月　日

Ib阶段调查

概况

□是☑否□N/A	称重错误
□是☑否□N/A	环境条件（温度、湿度等）异常
□是☑否□N/A	来自接触表面或玻璃器皿的污染
□是☑否□N/A	存在干扰物质
□是□否☑N/A	导致OOS结果的其他可能原因：N/A

人员

☑是□否□N/A	实验员经过培训并考核合格
☑是□否□N/A	同实验员交流判断其对SOP的掌握正确
☑是□否□N/A	实验员严格按标准进行操作

设备

□是☑否□N/A	错误的仪器
□是☑否□N/A	错误的仪器参数
□是☑否□N/A	仪器未校准或校准不合格
□是☑否□N/A	仪器运行过程中有异常
□是☑否□N/A	计算机化系统（包括软件）问题

样品、试剂、溶剂和溶液

□是☑否□N/A	样品、试剂、溶剂或溶液外观有异常

□是☑否□ N/A	样品标签、包装异常
□是☑否□ N/A	样品储存不当
□是☑否□ N/A	使用错的试剂/化学品
□是☑否□ N/A	试剂和溶剂的质量或纯度错误
□是☑否□ N/A	试剂、溶剂和溶液储存不当
□是☑否□ N/A	溶液或试剂过期
□是☑否□ N/A	样品、试剂未充分溶解
□是☑否□ N/A	过滤过程出错
□是☑否□ N/A	水质不达标
标准品	
□是☑否□ N/A	用错标准品或标准品质量不合格
□是☑否□ N/A	标准品过期
□是☑否□ N/A	标准品储存不当
稀释和移液	
□是☑否□ N/A	使用错误体积的玻璃器皿或移液器
□是☑否□ N/A	移液器未校准/移液器活塞泄漏
□是☑否□ N/A	使用破损移液管
□是☑否□ N/A	使用未校准/低于标准的玻璃器皿
□是☑否□ N/A	稀释错误（定容不准确等）
方法	
□是☑否□ N/A	与规定（授权）的方法有偏差
□是☑否□ N/A	分析方法未经过验证/确认/转移
□是☑否□ N/A	低于检测限/定量限的值
□是☑否□ N/A	空白值被忽略
□是☑否 RN/A	系统适用性测试或分析有效性标准（控制、统计）缺失/失败
□是☑否□ N/A	测试结果超出线性验证范围
数据和计算	
□是☑否□ N/A	计算公式错误

□是☑否□N/A	数据眷抄错误
□是☑否□N/A	计算结果错误
□是☑否□N/A	计算软件异常
□是☑否□N/A	原始数据（包括色谱和光谱图）中有异常
□是☑否□N/A	同时检验的其它批次该项目结果有异常
□是☑否□N/A	回顾历史数据，有类似的事件发生
取样	
□是☑否□N/A	取样工具的清洁状态不符合要求
□是☑否□N/A	取样工具超出存放有效期
□是☑否□N/A	未按照规定程序进行取样（取样开桶/箱的数量等不符合要求）
□是☑否□N/A	取样时有污染、混淆、受潮、引入异物等偏差影响
□是☑否□N/A	样品交接时有污染、混淆、受潮、引入异物等偏差影响
实验员签字确认	XXX yyyy 年 mm 月 dd 日

首先排除上表中引起偏差可能的原因外，没有找到原因，继续使用以下方法进行调查。

1.问：为什么两份样品中有一份结果不合格，并且两份样品间结果差异大？

第一步	第二步	第三步	第四步
称量，研磨，转移至容器瓶	溶解，稀释（储备溶液）	第一步稀释（实验溶液）	HPLC 测定（HPLC 小瓶）

查看是否由于储备溶液稀释过程错误导致 OOS 结果，采取以下行动：

①取原始 HPLC 小瓶中溶液重新进样（结果 a）。

②取容量瓶中原始实验溶液进样（结果 b）。

③取实验储备溶液，重新超声、振摇、过滤稀释后进样（结果 c）。

根据实验结果，计算空格中的数据：

批样品溶液号	含量（%）	平均值（%）	样品间差异（%）
A_{1-1}（a）	94.8850	94.8956	6.1955
A_{1-2}（a）	94.9061		
A_{2-1}（a）	101.0724	101.0911	
A_{2-2}（a）	101.1098		
A_{1-1}（b）	94.8626		
A_{1-2}（b）	94.8568		
A_{2-1}（b）	101.5200		
A_{2-2}（b）	101.6306		
A_{1-1}（c）	95.3774		
A_{1-2}（c）	95.2524		
A_{2-1}（c）	102.0291		
A_{2-2}（c）	101.9931		

结论:不是由于实验储备溶液稀释原因导致OOS结果，样品稀释过程正常。

2.问：为什么两份样品中有一份结果不合格，并且两份样品间结果差异大？

答：样品研磨成粉末后，称取粉末进行储备溶液的制备。可能是样品研磨不均匀导致其中一份称取的粉末中主成分较少，含量测定结果偏低。

行动：使用原研磨的样品粉末，在研钵中5个不同位置分别取样，制备样品溶液进行测定。

根据实验结果，计算空格中的数据：

批样品溶液号	含量（%）	平均值（%）	样品间差异（%）
T₁₋₁	99.5433	99.5157	
T₁₋₂	99.4881		
T₂₋₁	99.2225		
T₂₋₂	99.4005		
T₃₋₁	100.0851		
T₃₋₂	100.2423		
T₄₋₁	100.0265		
T₄₋₂	99，9563		
T₅₋₁	100.0915		
T₅₋₂	100.0529		

结论：5份样品测定结果基本一致，且最大差异小于3%，说明样品粉末无异常，样品的研磨过程无异常。

3.问：为什么初始测定两份样品中有一份结果不合格，并且两份样品间结果差异大？

答：（1）样品研磨无异常，储备溶液到实验溶液的稀释无异常，实验溶液到液相小瓶的转移无异常，则问题出现在样品粉末的称量到储备溶液的制备过程中。

（2）该过程为：称取样品粉末转移至20ml容量瓶中，溶解并定容，得储备溶液。

（3）样品粉末称量不准确、转移过程中样品撒落、溶解不完全、定容不准确都有可能导致测定结果不合格。通过第1问的"行动3"，可以排除样品溶解不完全的原因。

行动：

①查看称量打印条，称样量正确，使用的电子天平在校验有效期内，使用前进行核查，符合要求，无异常。

②进一步与实验员交流确认：实验员在样品转移过程中无撒落，样品完全转移至容量瓶中，无异常。

③查看储备溶液，发现20ml容量瓶刻度线上方使用透明胶带粘贴了容量瓶的计量编号，胶带下沿到刻度线的体积约为1.3ml（使用刻度吸管加入稀释液的方法测得），怀疑定容时误将胶带下沿当作容量瓶刻度线，定容错误，使测得的结果与实际结果之间的差异为：

$$1.3/（20+1.3）*100\%=6.1\%$$

与初始测定两份样品间差异基本一致。

④与实验员交流确认：看错刻度线的可能性很大。

结论：根本原因可能是实验员误将粘贴计量编号的胶带下沿看作容量瓶刻度线，导致储备溶液定容错误，从而致使检测结果不合格。

是否找到 OOS/OOT/AR 原因	是☑否□N/A
OOS/OOT/AR 原因（如找到）	实验室差错，可能的根本原因为实验员定容时看错刻度线。
是否需要进行第Ⅱ阶段调查	□是☑否□N/A

风险评估：
1.同时检测的其它两批样品，两份样品之间平行较好，都在合格范围之内。受偏差影响的可能性较小，且此两批含量均一结果正常；除了XXA批使用的容量瓶胶带下沿与刻度线较为接近外，其余均距离刻度线较远，易于分辨，造成差错的可能性很小，XXB和XXC批含量结果可接受，因此不再对此两批样品进行调查。
2.XXA批样品含量均一性检测结果均正常，样品自身质量无问题。
3.对以前的数据进行回顾，含量、含量均一性平行较好，发生此种差错的可能性较小，无需进一步调查。

结果汇报：
1.XXA批初始测试结果无效，不予采纳，需重新检验。
2.同时检测的XXB和XXC批实验结果有效。

实验室主管： UUU yyyy年mm月dd日	QC负责人：SSS yyyy年mm月dd日	QA: AAA yyyy年mm月dd日

三、实训要求

1.发现检验误差时，知道从哪些方面去开展调查；

2.根据实验结果，计算数据准确；

3.偏差调查过程记录填写完整，无漏项。

四、实训考核与评价标准

实训项目名称	理化项目实验室偏差调查		
实 训 任 务	考核内容	标准分值	得 分
1	实训态度	20分	
2	计算数据准确	20分	
3	规范填写调查记录	30分	
4	简要总结检验偏差主要从哪几个方面开展调查	30分	
总计			

项目十一 委托生产与委托检验

〉项目导入

《药品管理法》规定：药品上市许可持有人可以自行生产药品，也可以委托药品生产企业生产。药品上市许可持有人因无生产能力或产能不足，或者由于技术改造暂不具备生产条件的，可采取委托生产以保障市场供应。委托方与受托方的生产规模与条件参差不齐，如何在原有行政监督法规基础上进一步规范委托方、受托方行为，如何强调委托生产的范围和所有活动，均应符合GMP及相关药品安全监督及注册的要求，即如何规范委托生产、委托检验的双方责任，如何进行委托合同控制等。

本项目将学习委托生产与委托检验的概念、类型和管理规定；委托方、受托方的责任与义务；委托生产和委托检验的审批流程及合同管理。

〉学习目标

知识目标

1. 掌握药品委托生产的概念、范围；委托方与受托方的责任；委托生产合同内容。
2. 熟悉药品委托生产的类型；委托生产与委托检验的法规规定。
3. 了解药品委托生产和委托检验的行政审批流程。

技能目标

1. 能按照要求对受托生产企业进行评估。
2. 能按照标准和规定对药品委托生产全过程进行监控。

思政目标

1. 具有严谨、细致、使命感，能自觉履行医药行业规范。
2. 应有工匠精神，一丝不苟，质量第一。

·任务一· 认知委托生产与委托检验

一、认知委托生产

药品委托生产是对现有药品生产的补充，是解决市场供应不足，满足临床用药需求的暂时性措施。委托生产目前在国际上已被普遍认可和采纳，对于委托方来说，可以在不丧失该药品批准文号的前提下组织生产，减少投入，取得一定的经济效益，对于受托方来说，可以充分利用企业的生产资源，创造更多的经济效益。

（一）委托生产的概念

药品委托生产系指药品研制机构或药品上市许可持有人（以下简称委托方）在因技术改造暂不具备生产条件和能力或产能不足暂不能保障市场供应的情况下，将其持有药品批准文号的药品委托其他药品生产企业（以下简称受托方）全部生产的行为，不包括部分工序的委托加工行为。

委托方不得将接受委托生产的药品再次委托第三方生产。

■ 知识链接

药品委托生产监督管理规定

第五条　委托方和受托方均应是持有与委托生产药品相适应的《药品生产质量管理规范》认证证书的药品生产企业。

第六条　委托方应当取得委托生产药品的批准文号。

（二）委托生产的类型

1.无生产能力的委托生产　药品上市许可持有人不具备相应生产资质的，须委托试点行政区域内具备资质的药品生产企业生产批准上市的药品。持有人具备相应生产资质的，可以自行生产，也可以委托受托生产企业生产。

2.产能不足的委托生产　药品生产企业只有在自身产能不足以满足市场需要的前提下，才能够委托其他药品生产企业代为生产。

3.异地改造委托生产　因药品上市许可持有人异地改造，已无生产能力，或无检验能力，为保证企业品种的市场供应而采取委托其他药品生产企业代为生产。

4.境外厂商委托生产　生产企业受境外制药厂商委托进行药品加工。

（三）委托生产的范围

注射剂、生物制品（不含疫苗制品、血液制品）和跨省、自治区、直辖市的药品委托生产申请，由国家药品监督管理局负责受理和审批。

疫苗制品、血液制品以及国家药品监督管理局规定的其他药品不得委托生产。

麻醉药品、精神药品、医疗用毒性药品、放射性药品、药品类易制毒化学品的委托生产按照有关法律法规规定办理。

其他药品委托生产申请，由委托生产双方所在地省、自治区、直辖市药品监督管理部门负责受理和审批。

二、认知委托检验

（一）委托检验的概念

委托检验是指质量检验机构（多为各级药检所和高等院校）接受其他组织、企业或个人的委托，由委托方自行送样或由受托方组织抽取样品，按照委托方的要求和药品质量标准以及国家法律法规等为依据，按标准规定的检验方法，在规定的环境条件下对药品样品质量进行检验，并出具合法有效检验报告，以便对样品或所代表的药品批的质量状况作出准确、可靠的评价结论的一种质量检验活动。

（二）委托检验的类型

1. 送样委托检验　样品由委托方自行从样品批中抽样送质检机构按委托方指定的标准或产品标准进行检验。

2. 委托抽样检验　样品抽取、检验、直至对产品批作出质量判定等过程，均由受托的质量检验机构进行，这一形式在实际检验中最常见，受托的质检机构一般受企业或行政执法部门（非仲裁检验）或其他组织（非仲裁检验）的委托，由于整个检验过程都是质检机构严格按有关规定和标准进行的，因此出具的检验报告、作出的检验结论一般要更加贴合实际。

3. 委托仲裁检验　接受质量争议的双方或一方或司法机关、或质量技术监督行政主管部门、或工商行政机关等其他组织的委托，对产品质量进行仲裁检验。

（三）委托检验的范围

药品生产企业对放行出厂的制剂产品必须按药品标准项下的规定完成全部检验项目。除动物实验暂可委托检验外，其余各检验项目不得委托其他单位进行。

菌、疫苗制品的动物实验不得委托检验。

药品生产企业在对进厂原辅料、包装材料的检验中，如遇使用频次较少的大型检验仪器设备（如核磁、红外等），相应的检验项目可以向具有资质的单位进行委托检验。

药品生产企业对受托方审核时应考察其质量控制实验室条件、人员条件、仪器试剂条件、管理标准和规程条件是否符合检验要求，对于符合要求条件的，可委托检验，出具检验报告书。对于质量控制实验室条件有缺陷的，应协助改造，补充仪器、人员，并对人员进行业务培训考核，直到达到标准要求。对受托方检验全过程进行指导和监控。

·任务二· 委托方、受托方的责任与义务

为确保委托生产产品的质量和委托检验的准确性和可靠性，委托方和受托方必须签订书面合同，明确规定各方责任、委托生产或委托检验的内容及相关的技术事项。

一、委托方的责任与义务

经药品监督管理部门批准的药品委托生产实施后，委托方应对受托方相关人员进行全过程指导、培训和监督。委托方应进行完善技术研究工作，保证产品质量。

（1）实施委托生产后，受托方的生产设施、设备发生变更的，委托方应对变更给生产工艺带来的影响进行研究，委托方应依据验证结果为受托方提供合理的生产工艺及产品工艺关键控制点，以有效指导受托方生产。

（2）委托方应确保受托方使用的物料和提供的所有产品符合质量标准，保持与委托方相同的质量一致性，由授权人批准放行。

（3）生产工艺或检验仪器发生变更后，应对工艺和检验方法进行确认或验证，确保工艺执行和检验与委托方的一致性。

（4）委托方应定期对受托方生产药品的质量进行分析研究，尽可能使受托方与委托方生产的产品质

量保持一致，如不一致，应调查原因，改进工作，对相关人员进行培训和指导。

（5）如质量标准发生了变化，应进行确认或验证。受托方关键生产步骤的设备、型号、技术参数和产能变更后应经确认或验证，对委托生产前后批量变化情况进行对比分析。

（6）委托方定期对受托企业进行质量体系、质量风险和产品质量评审。根据评审结果和受托方的工作绩效，采取互利共赢政策，建立战略伙伴关系，对达不到委托生产要求拒不配合改正的，应及时终止与其合作。

（7）委托生产批件到期后延续委托生产的，应对委托生产产品质量进行回顾分析，对发现的问题采取纠正和预防措施。

（8）变更委托方和受托方企业名称的，应向原药监批准部门提交申请材料。

二、受托方的责任与义务

受托方必须具备足够的厂房、设备、知识和经验以及人员，满足委托方所委托的生产或检验工作的要求。受托方应当确保所收到委托方提供的物料、中间产品和待包装产品适用于预定用途。受托方不得从事对委托生产或检验的产品质量有不利影响的活动，严格按照委托方的技术要求、质量要求完成委托生产过程。受托方在没有取得委托方的事先评价和同意之前，不得将根据合同委托给企业的任何工作转让给第三方。受托方应满足下列要求：

（1）按GMP要求完善本企业管理机构。
（2）按GMP要求对委托产品的工艺进行确认和验证。
（3）应建立严格的物料管理标准。
（4）应严格按程序和标准组织生产。
（5）应严格按标准进行检验。
（6）应加强产品质量风险管理工作。
（7）应加强生产过程中所有涉及变更管理的相关工作。
（8）应加强企业自检工作。
（9）受托企业的药品生产厂房不得用于生产对药品质量有不利影响的非药用产品。

【GMP（2010年修订）】

第十一章　委托生产与委托检验

第二百八十条　委托方应当对受托方进行评估，对受托方的条件、技术水平、质量管理情况进行现场考核，确认其具有完成受托工作的能力，并能保证符合本规范的要求。

第二百八十一条　委托方应当向受托方提供所有必要的资料，以使受托方能够按照药品注册和其他法定要求正确实施所委托的操作。

委托方应当使受托方充分了解与产品或操作相关的各种问题，包括产品或操作对受托方的环境、厂房、设备、人员及其他物料或产品可能造成的危害。

第二百八十二条　委托方应当对受托生产或检验的全过程进行监督。

第二百八十三条　委托方应当确保物料和产品符合相应的质量标准。

第二百八十四条　受托方必须具备足够的厂房、设备、知识和经验以及人员，满足委托方所委托的生产或检验工作的要求。

第二百八十五条　受托方应当确保所收到委托方提供的物料、中间产品和待包装产品适用于预定用途。

第二百八十六条 受托方不得从事对委托生产或检验的产品质量有不利影响的活动。

·任务三· 委托生产和委托检验的审批

一、委托生产的审批

（一）药品委托生产的条件

申请药品委托生产，委托方和受托方应当具备下列条件。

1.委托方和受托方均应是持续遵守与委托生产药品相适应的《药品生产质量管理规范》的药品生产企业。

2.委托方应当取得委托生产药品的注册证书。

3.委托生产药品的双方应当签订书面合同，内容应当包括质量协议，明确双方的权利与义务，并具体规定双方在药品委托生产管理、质量控制等方面的质量责任及相关的技术事项，且应当符合国家有关药品管理的法律法规。

4.委托方负责委托生产药品的质量。委托方应当对受托方的生产条件、技术水平和质量管理情况进行详细考查，向受托方提供委托生产药品的技术和质量文件，确认受托方具有受托生产的条件和能力。委托生产期间，委托方应当对委托生产的全过程进行指导和监督，负责委托生产药品的批准放行。

5.受托方应当严格执行质量协议，有效控制生产过程，确保委托生产药品及其生产符合注册和《药品生产质量管理规范》的要求。委托生产药品的质量标准应当执行国家药品标准，其药品名称、剂型、规格、处方、生产工艺、原料药来源、直接接触药品的包装材料和容器、包装规格、标签、说明书、批准文号等应当与委托方持有的药品批准证明文件的内容相同。

6.委托方和受托方有关药品委托生产的所有活动应当符合《药品生产质量管理规范》的相关要求。

7.在委托生产的药品包装、标签和说明书上，应当标明委托方企业名称和注册地址、受托方企业名称和生产地址。

8.麻醉药品、精神药品、药品类易制毒化学品及其复方制剂，医疗用毒性药品，生物制品，多组分生化药品，中药注射剂和原料药不得委托生产。国家药品监督管理部门可以根据监督管理工作需要调整不得委托生产的药品。放射性药品的委托生产按照有关法律法规规定办理。

9.经批准或者通过关联审评审批的原料药应当自行生产，不得再行委托他人生产。

委托方应当向省级药品监督管理部门提交以下材料。

（二）首次审批申报材料

1.委托生产书面申请报告，另附《药品委托生产申请表》，申请事项为药品委托生产。委托生产如在不同省份的，还须提交受托方所在地省级药监部门审查意见。

2.委托方与受托方的《药品生产许可证》复印件。

3.委托方对受托方生产和质量保证条件的考核情况。

4.委托方拟委托生产药品的批准证明文件复印件并附质量标准、生产工艺。

5.委托方拟委托生产药品经批准的包装、标签和使用说明书实物以及委托生产药品拟采用的包装、标签和使用说明书式样及色标。

6.委托生产合同。

7.受托方所在地省级药品检验所出具的连续三批产品检验报告书。

（三）委托生产延期申报材料

《药品委托生产批件》有效期届满需要继续委托生产的，委托方应当在有效期届满30日前办理延期手续，除提交与首次申请相同资料外，还需要提交下列材料。

1.前次批准的《药品委托生产批件》复印件。

2.前次委托生产期间，生产、质量情况的总结（包括每批次产品的质量情况）。

3.与前次《药品委托生产批件》生产条件发生变化的证明文件。

4.委托生产合同（要有具体规定双方在药品委托生产技术、质量控制等方面的责任和义务）。

5.前次委托生产期间，药品监督管理部门对委托生产双方现场检查的报告或记录的复印件。

6.同一受托方，受托生产地址不变但生产线发生变化的，除按延续申请要求提交申请材料外，还应提交补充材料。

7.变更委托方和受托方企业名称，需提交申请报告及相关材料。

（四）审批流程

1.委托方向所在地的省级药品监督管理部门提交委托加工申请资料。

2.省级药品监督管理部门安排检查人员对受托方现场（动态生产）质量保证体系进行检查，出具质量保证体系考核意见，同时对受托方生产的三批产品进行抽样送当地省级药品检验所检验。

3.经省级药品监督管理部门审查符合规定的，予以批准，并向委托方发放《药品委托生产批件》，不符合规定的，书面通知委托方并说明理由，《药品委托生产批件》有效期不得超过3年。

二、委托检验的审批

药品生产企业对所生产的制剂产品必须按照质量标准的要求进行全部项目的检验。除动物试验暂可以委托检验外，其余各检验项目不得委托其他单位进行。菌、疫苗制品的动物试验不得委托检验。

（一）委托检验申报材料

需要委托第三方检验机构进行检验的，需要向省级药品监督管理部门提交以下申报材料.

1.委托检验备案表（一式三份）。

2.加盖委托方公章的委托检验合同（协议）原件或复印件。

3.委托检验品种的质量标准。

4.加盖受托方公章的受托方相关资质证明文件和能力范围证书复印件。

5.申请企业提供关于申报材料真实性的声明。

■ 知识链接

申报材料的具体填写要求

申报药品委托生产时，申报材料的首页应为项目目录，目录中的所有资料应用A4纸打印或复印并按《药品生产监督管理办法》中需要申报的资料顺序进行排列。各项材料之间应当使用明显的区分标志，并标明各项资料名称或该项资料所在目录中的序号。整套材料用打孔夹装订成册。所有复印件还须加盖单位公章。每个申报品种（药品批准文号）报送一套材料。药品的最小包装、标签和使用说明书实样，粘贴在A4规格纸张上。报送申请资料的同时需报送《药品委托生产申请表》电子文档。

·任务四· 合同管理

委托方与受托方之间签订的合同应当详细规定各自的产品生产和控制职责，其中的技术性条款应当由具有制药技术、检验专业知识和熟悉GMP的主管人员拟订。委托生产及检验的各项工作必须符合药品生产许可和药品注册的有关要求并经双方同意。

合同应当详细规定质量受权人批准放行每批药品的程序，确保每批产品都已按照药品注册的要求完成生产和检验。

合同应当规定何方负责物料的采购、检验、放行、生产和质量控制（包括中间控制），还应当规定何方负责取样和检验。在委托检验的情况下，合同应当规定受托方是否在委托方的厂房内取样。

合同应当规定由受托方保存的生产、检验和发运记录及样品，委托方应当能够随时调阅或检查；出现投诉、怀疑产品有质量缺陷或召回时，委托方应当能够方便地查阅所有与评价产品质量相关的记录。

合同应当明确规定委托方可以对受托方进行检查或现场质量审计。

委托检验合同应当明确受托方有义务接受药品监督管理部门检查。

▶ 实例分析 ◀

参考答案

| 实例 |　药品上市许可持有人A公司委托B公司生产药品C，约定生产数量为N并委托其代为销售。不久，A公司的业务人员发现市场出现较多的低价药品C。经查，货源来自B公司的关联销售公司B1，遂以B公司超过委托数量私自加工为由，举报到药品监督管理部门。药监部门经调查，认为B公司作为受托方生产手续合法，B公司和B1公司经营证照齐全，并未违反《药品管理法》和《药品生产质量管理规范》的一般性规定，仅就履行委托生产合同中的具体数量条款发生争议，可双方协商或经工商行政管理部门抑或司法途径解决。

| 问题 |　签订委托合同时，委托方和受托方各自需要明确哪些方面的内容以避免纠纷？

▶ 目标检测 ◀

重点小结　　　参考答案

一、选择题

（一）单项选择题

1.下列药品可以委托生产的是（　　）。

 A.精神药品　　　　　　　　B.疫苗制品　　　　　　　C.血液制品　　　　　　D.化学原料药

2.在开展委托生产前，委托方应对受托方进行（　　）。

 A.注资　　　　　　　　　　B.改造　　　　　　　　　C.评估　　　　　　　　D.重新设计

3.对委托生产药品的质量和销售负全部责任的是（　　）。

　　A.委托方　　　　　　　　　　　　　　　B.受托方

　　C.委托方与受托方　　　　　　　　　　　D.委托方或受托方

4.委托生产的类型不包括下列哪项（　　）。

　　A.产能不足委托生产　　　　　　　　　　B.异地改造委托生产

　　C.境外厂商委托生产　　　　　　　　　　D.麻醉药品委托生产

5.为确保委托生产产品的质量和委托检验的准确性和可靠性，委托方和受托方必须签订书面合同，明确规定（　　）。

　　A.双方责任　　　　　　　　　　　　　　B.委托生产或委托检验的事项

　　C.有关技术事项　　　　　　　　　　　　D.以上都是

6.《药品委托生产批件》的有效期不得超过（　　）年。

　　A. 1　　　　　　　B. 2　　　　　　　C. 3　　　　　　　D. 5

7.为确保委托生产产品的质量和委托检验的准确性和可靠性，委托方和受托方（　　）

　　A.必须签订书面合同　　　　　　　　　　B.只需要口头协议

　　C.双方协商即可　　　　　　　　　　　　D.无须签订书面合同

8.药品进行委托生产时，委托方需向（　　）提交委托加工申请资料。

　　A.受托方

　　B.所在地的市级药品监督管理部门

　　C.所在地的省级药品监督管理部门

　　D.国家药品监督管理部门

9.合同应当详细规定（　　）批准放行每批药品的程序，确保每批产品都已按照药品注册的要求完成生产和检验。

　　A.生产管理负责人　　　　　　　　　　　B.质量管理负责人

　　C.质量授权人　　　　　　　　　　　　　D.药品质量检验人员

10.《药品委托生产批件》有效期届满需要继续委托生产的，委托方应当在有效期届满（　　）前办理延期手续。

　　A. 10 日　　　　　　B. 15 日　　　　　　C. 20 日　　　　　　D. 30 日

11.药品委托生产应当签订委托协议和质量协议，严格履行协议约定的义务的是（　　）。

　　A.委托方　　　　　B.受托方　　　　　C.委托方与受托方　　　D.第三方中介

12.委托生产的药品须符合国家药品标准方可放行，执行出厂放行的质量授权人隶属（　　）。

　　A.委托方　　　　　B.受托方　　　　　C.委托方与受托方　　　D.第三方中介

13.下列有关委托生产的说法不正确的是（　　）。

　　A.持有人具备相应生产资质的，不可以委托受托生产企业生产

　　B.疫苗制品不得委托生产

　　C.委托方不得将接受委托生产的药品再次委托第三方生产

　　D.药品委托生产不包括部分工序的委托加工行为

14.下列有关委托检验的说法不正确的是（　　）。

　　A.疫苗制品的动物试验不得委托检验

　　B.样品由委托方自行从样品批中抽样送质检机构按委托方指定的标准或产品标准进行检验属于委托抽样检验

C.包装材料的检验中如遇使用频次较少的大型检验仪器设备，相应的检验项目可以向具有资质的单位进行委托检验

D.药品生产企业应考察受托方质量控制实验室条件、人员条件、仪器试剂条件、管理标准和规程条件是否符合检验要求

（二）多项选择题

15.为了满足委托方所委托的生产或检验工作的要求，受托方必须具备足够的（ ）。

A.厂房   B.设备   C.知识经验   D.专业技术人员

16.受托方的职责和义务有（ ）。

A.按GMP要求完善本企业管理机构

B.按GMP要求对委托产品的工艺进行确认和验证

C.应建立严格的物料管理标准

D.应严格按程序和标准组织生产

17.委托生产合同应当规定（ ）。

A.双方的职责

B.委托方可以对受托方进行检查或现场质量审计

C.何方负责物料的采购

D.质量受权人批准放行每批药品的程序

18.下列不得进行委托生产的药品为（ ）。

A.麻醉药品、精神药品

B.药品类易制毒化学品及其复方制剂

C.生物制品

D.中药注射剂

19.申请药品委托生产，委托方和受托方应当具备下列条件（ ）。

A.委托方应当取得委托生产药品的注册证书

B.委托生产药品的双方应当签订书面合同

C.委托方负责委托生产药品的质量

D.委托方和受托方均应是持续遵守与委托生产药品相适应的《药品生产质量管理规范》的药品生产企业

20.下列药品中，不可以委托生产的包括（ ）。

A.精神药品   B.疫苗制品   C.血液制品   D.化学原料药

二、简答题

药品委托生产申报时需要提交哪些材料？

项目十二 产品发运与召回

PPT

> ❯ 项目导入

　　GMP规定，药品生产企业应全过程确保药品质量，因此药品销售发运也纳入了GMP的管理范畴。药品销售是药品生产企业经营运作的一个环节，涉及药品发运、质量跟踪及不良反应报告、召回工作。企业应当建立产品召回系统，必要时可迅速、有效地从市场召回任何一批存在安全隐患的产品，主动召回和责令召回有何区别，召回的药品如何处置？

　　本项目将学习药品销售与发运，药品召回。

> ❯ 学习目标

知识目标

1. 掌握药品召回、安全隐患的概念；退货管理；药品安全隐患调查评估的内容要求。

2. 熟悉药品销售管理的环节；药品召回的等级及时间要求。

3. 了解药品召回处理的过程。

技能目标

1. 能按相关规定和要求发货、调查和评估销售药品的安全隐患。

2. 能按操作规程召回存在安全隐患的药品。

思政目标

1. 具有严谨、细致、使命感，能自觉履行医药行业规范。

2. 应有工匠精神，一丝不苟，质量第一。

·任务一· 产品销售及发运

　　产品的发运和召回管理是药品销售管理的一部分，也是质量管理不可缺少的部分，是生产过程质量管理的延伸，建立完善的产品发运记录及召回管理程序，能保证在发生紧急情况时及时将产品从流通市场收回，避免或减少对患者造成不必要的伤害及企业造成的不必要损失。

【GMP（2010年修订）】

　　第二百九十五条　每批产品均应当有发运记录。根据发运记录，应当能够追查每批产品的销售情况，必要时应当能够及时全部追回，发运记录内容应当包括：产品名称、规格、批号、数量、收货单位和地址、联系方式、发货日期、运输方式等。

第二百九十六条　药品发运的零头包装只限两个批号为一个合箱，合箱外应当标明全部批号，并建立合箱记录。

第二百九十七条　发运记录应当至少保存至药品有效期后一年。药品生产企业销售管理的主要内容包括销售人员、客商、销售渠道、销售合同、销售费用、产品发运、退货、产品召回、销售记录等管理。

一、销售人员管理

（一）销售人员的资质

药品销售人员必须为本企业全职员工，不可兼职。应有高中以上学历，在法律上无不良品行记录，销售人员须通过药品相关法律、法规和专业知识培训，培训合格后方能从事药品销售活动。销售人员的培训必须建立培训档案，培训档案中应当记录培训时间、地点、内容及接受培训的人员。

销售人员的管理包括以下方面：①销售人员信息管理（含营销体系所有人员的个人信息）；②个人销售计划与总结管理；③销售任务管理；④知识技能管理。定期对销售人员进行法规、营销和业务培训，帮助销售人员提高销售管理能力。销售人员应根据销售任务开展业务工作，并统计核算其销售完成率。

（二）销售人员的行为规范

销售人员在销售药品时，必须严格按照企业药品销售管理规程销售药品。药品生产企业派出销售人员销售药品时，除提供《药品生产许可证》等资料外，还应当提供加盖本企业原印章的法人授权书复印件。

生产麻醉药品和精神药品的企业销售时不得以现金交易。

销售人员不得向个人和无《药品经营许可证》的单位销售药品；不得以各种名义向医疗机构及工作人员、医务人员给予回扣，提成现金，有价证券和支付凭证等；在投标过程中，不得以弄虚作假和不正当手段获得商业机会或商业利益；不得向国家行政工作人员提供现金，有价证券和支付凭证等。

销售人员负责对客商的日常业务管理，严格执行销售环节的管理规程。

二、客商管理

企业应建立详细的客商信息资料和对应的联系人信息资料，并详细记录销售往来历史、所有沟通信息、订单合同信息和发运药品流向信息。

三、销售渠道管理

销售渠道管理主要是监控药品从出厂后直至到达消费终端中间的各个环节，包括及时掌握系统中各级经销商的销售库存情况，跟踪各级经销商的进货及回款，分配销售指标，核算各地区及销售人员的销售业绩。

四、销售合同管理

产品销售时会涉及产品的各种销售价格管理，企业应制定详细的产品价格管理体系。销售人员在收到订单，签订销售合同时应该按相应的销售价格销售，企业结合自身管理规程实现订单与合同审批流程，结合财务数据进行信用额度的管控。

五、销售费用管理

生产企业销售费用管理包括市场活动管理，计划任务分配，促销活动推行监控，销售预算管理，报销管理，完善费用报销流程，费用分析。销售部门结合销售结果分析费用，为销售决策提供依据。

六、产品发运管理

产品发运是指企业将产品发送到经销商或用户的一系列操作，包括配货和运输等。

（一）药品发运记录的要求

药品发运过程质量管理的重点是保证能追查到每批药品的出厂情况，在必要时能及时召回售出的药品。每批产品均应当有发运记录。

（二）药品发运的程序

药品发运的一般程序如下。

（1）药品生产企业的销售部门管理人员凭发货申请单和合同副本开具发货单。发货单应包括以下内容：发货编号、开票日期、收货单位名称和地址、产品名称、剂型、规格、批号、数量、单价和总额、付款形式、联系方式、运输方式等。如为两个批号的药品合箱时，也应在发货单上注明两个批号，合箱外应当标明全部批号，建立合箱记录，药品发运的零头包装只限两个批号为一个合箱。

（2）发货的成品须为放行药品，发货人员根据发货通知单对所发药品进行复核。货物装好后，转送至发货区域，将发货单的提货联交发运人员。

（3）发货人员按销售部的发货通知单对照检查集中发运的数量是否正确，填写成品发运记录，并向运输人员介绍发运注意事项，特别是有温度要求和避光要求的药品。

七、退货管理

（一）退货的分类

药品退货通常分为质量问题退货和非质量问题退货。

1.质量问题退货　办理退货前，应由质量管理部门、销售部门共同对客商提出退货的成品进行实地取样复检，并与留样检验结果校对无误或实地调查属实后，销售部管理人员办理有关手续。

2.非质量问题退货　销售人员提出申请，须填写"成品退货申请单"，由销售部门负责人批准后方可执行。

（二）退货的处理

1.非质量问题退货　外包装完好的，经共同确认，不必全检，经外观检查合格后，即可将其从退货区转移至合格区，下次销售时先行发货。验收不合格的按退货管理规程处理。

2.质量问题退货　由质量管理部门会同销售部门、生产技术部门、生产车间有关人员共同进行分析，找出原因。若属质量问题且可能与相关批次有关联时，应执行药品召回管理规程，尽快追回并及时调查处理。

■知识链接

假药与劣药

有下列情形之一的，为假药。①药品所含成份与国家药品标准规定的成份不符。②以非药品冒充药品或者以他种药品冒充此种药品。③变质的药品。④药品所标明的适应症或者功能主治超出规定范围。

有下列情形之一的，为劣药。①药品成份的含量不符合国家药品标准。②被污染的药品。③未标明或者更改有效期的药品。④未注明或者更改产品批号的药品。⑤超过有效期的药品。⑥擅自添加防腐剂、辅料的药品。⑦其他不符合药品标准的药品。

禁止未取得药品批准证明文件生产、进口药品；禁止使用未按照规定审评、审批的原料药、包装材料和容器生产药品。

·任务二· 产品召回

药品召回，是指药品生产企业包括进口药品的境外制药厂商，按照规定的程序收回已上市销售的存在安全隐患的药品。此处所说的安全隐患，是指由于研发、生产等原因可能使药品具有的危及人体健康和生命安全的不合理危险。

药品生产企业应当建立和完善药品召回制度和药品不良反应监测系统，收集药品安全的相关信息，对可能具有安全隐患的药品进行调查、评估，召回存在安全隐患的药品。药品生产企业、经营企业和使用单位应当建立和保存完整的购销记录，保证销售药品的可溯源性。

▶ 实例分析 ◀

参考答案

| 实例 | 西立伐他汀（商品名为拜斯亭），是德国拜耳制药公司在20世纪90年代生产的一款药物，主要用来治疗高血脂及预防心脏病，于2001年上市。上市后不久，在美国服用不同剂量西立伐他汀的患者中，共发现400多例横纹肌溶解症，其中31例患者不治身亡。其他国家共有21例西立伐他汀引起致死性横纹肌溶解症的报告。

2001年8月8日，拜耳制药公司宣布从国际药品市场撤出西立伐他汀。同年8月9日，我国国家药品监督管理局随即发出紧急通知，禁止使用西立伐他汀。该事件使拜耳成为中国第一家主动召回药品的境外制药企业。

| 问题 | 1.试分析此药品召回的主体是谁？

2.此类召回属于主动召回还是责令召回？

【GMP（2010年修订）】

第二百九十八条 应当制定召回操作规程，确保召回工作的有效性。

第二百九十九条 应当指定专人负责组织协调召回工作，并配备足够数量的人员。产品召回负责人应当独立于销售和市场部门；如产品召回负责人不是质量受权人，则应当向质量受权人通报召回处理情况。

第三百条　召回应当能够随时启动，并迅速实施。

第三百零一条　因产品存在安全隐患决定从市场召回的，应当立即向当地药品监督管理部门报告。

第三百零二条　产品召回负责人应当能够迅速查阅到药品发运记录。

第三百零三条　已召回的产品应当有标识，并单独、妥善贮存，等待最终处理决定。

第三百零四条　召回的进展过程应当有记录，并有最终报告。产品发运数量、已召回数量以及数量平衡情况应当在报告中予以说明。

第三百零五条　应当定期对产品召回系统的有效性进行评估。

一、药品安全隐患的调查与评估

药品生产企业应当对药品可能存在的安全隐患进行调查。药品安全隐患调查的内容应当根据实际情况确定。

（一）药品安全隐患调查的内容

1.已发生药品不良反应事件的种类、范围及原因。

2.药品使用是否符合药品说明书、标签规定的适应证、用法用量的要求。

3.药品质量是否符合国家药品标准，药品生产过程是否符合规定等，药品生产与批准的工艺是否一致。

4.药品存储、运输是否符合要求。

5.药品主要使用人群的构成及比例。

6.可能存在安全隐患的药品批次、数量及流通区域和范围。

7.其他可能影响药品安全的因素。

（二）药品安全隐患评估的内容

1.该药品引发危害的可能性，以及是否已经对人体健康造成了危害。

2.对主要使用人群的危害影响。

3.对特殊人群，尤其是高危人群的危害影响，如老年、儿童、孕妇、肝肾功能不全者、外科患者等。

4.危害的严重与紧急程度。

5.危害导致的后果。

（三）药品安全召回的依据

药品生产企业销售的药品出现下列情况时应实施召回。

1.药品留样观察中发现质量不合格情况。

2.用户、患者、医生、客商来信、来人投诉药品质量情况，经调查属实。

3.药品质量监督管理部门抽检通报有质量问题的药品。

4.药品经营企业、使用单位发现其经营、使用的药品存在安全隐患的。

5.用户反映有未知不良发应。

6.国家药品监督管理局已公告撤销药品批准证明文件的药品。

7.药品包装标签说明书内容或者设计印刷存在缺陷，影响用药安全的。

8.执行政府相关的药品召回决定。

9.其他认为需要召回的药品。

企业负责人根据实际情况，召集质量管理部门负责人、销售部门负责人、生产计划部门负责人和物资储备部门负责人讨论后确定药品召回的级别，发布药品召回指令。

二、药品召回的分类与管理

（一）召回的分类

根据药品安全隐患的严重程度，药品召回分为以下三类。

1.一级召回　是指使用该药品可能引起严重健康危害的。

2.二级召回　是指使用该药品可能引起暂时的或者可逆的健康危害的。

3.三级召回　是指使用该药品一般不会引起健康危害，但由于其他原因需要收回的。

（二）召回管理

药品生产企业应当根据实际情况及所生产产品的具体特点，对不同级别的召回进行具体的、有针对性的描述，合理设计药品召回计划并组织实施，并通知到有关药品经营企业和使用单位，停止销售和使用，同时向所在地省、自治区、直辖市药品监督管理部门报告。药品召回相关规定见图12-1。

时限规定 ＼ 分级	一级召回	二级召回	三级召回
通知停售停用期限	24小时	48小时	72小时
提交评估报告及召回计划时限	1日	3日	7日
报告药品召回进展时限	每日	每3日	每7日

图12-1　药品召回的相关规定

制订的召回计划应包括以下内容。

1.药品生产销售情况及拟召回的数量。

2.召回措施的具体内容，包括实施的组织、范围和时限等。

3.召回信息的公布途径与范围。

4.召回的预期效果。

5.药品召回后的处理措施。

6.联系人的姓名及联系方式。

（三）召回药品的处理

需报废销毁的药品，应当在企业质量管理部门监督下予以销毁，应严格执行报废药品的销毁操作程序。对召回药品的处理应当有详细的记录，并向当地的药品监督管理部门报告。

（四）药品召回或退货记录

药品生产企业对召回或退货药品的处理应当有详细的记录，并向药品生产企业所在地省、自治区、直辖市药品监督管理部门报告。

▶ 目标检测 ◀

重点小结　　参考答案

一、选择题

（一）单项选择题

1. 下列关于销售要素的说法错误的是（　　）。

A. 药品销售人员必须是本企业员工，具有大专以上学历，并通过与药品有关的法律、法规和专业知识的培训，培训合格后方能从事药品销售

B. 企业的产品必须销售给合法的客商

C. 销售人员在销售药品时，应当提供加盖本企业原印章的法人授权书复印件

D. 销售人员在整个销售过程中要做到对整个环节的控制性

2. 在主动召回中，药品生产企业在作出药品召回决定后，应当制订召回计划并组织实施，并按规定的时间内，通知到有关药品经营企业、使用单位停止销售，同时向所在地省级SFDA报告，二级召回的时间要求是（　　）。

A. 12小时　　　　　　　B. 24小时　　　　　　　C. 36小时　　　　　　　D. 48小时

3. 发运记录应当保存至药品有效期后（　　）。

A. 1年　　　　　　　　　B. 2年　　　　　　　　　C. 3年　　　　　　　　　D. 5年

4. 下列不属于药品销售人员资质条件的是（　　）。

A. 本企业全职员工，不可兼职

B. 应有本科以上学历

C. 须通过药品相关法律、法规和专业知识培训，培训合格后方能从事药品销售活动。

D. 在法律上无不良品行记录

5. 下列说法错误的是（　　）。

A. 生产麻醉药品和精神药品的企业销售时可以现金交易

B. 销售人员不得向个人和无《药品经营许可证》的单位销售药品

C. 不得以各种名义向医疗机构及工作人员、医务人员给予回扣

D. 销售人员负责对客商的日常业务管理，严格执行销售环节的管理规程

6. 存在质量问题的药品办理退货前，对客商提出退货的成品进行实地取样复检的部门为（　　）。

A. 质量管理部门　　　　　　　　　　　　B. 销售部门

C. 生产管理部门　　　　　　　　　　　　D. 质量管理部门与销售部门

7. 在三级主动召回中，药品生产企业向所在地省级药品监督管理部门报告召回进展时限为（　　）。

A. 每日　　　　　　　　　B. 每3日　　　　　　　　C. 每5日　　　　　　　　D. 每7日

8. 需报废销毁的药品，应严格执行报废药品的销毁操作程序，并在（　　）监督下予以销毁。

A. 质量管理部门　　　　　　　　　　　　B. 销售部门

C. 生产管理部门　　　　　　　　　　　　D. 人力资源管理部门

9. 因产品存在安全隐患决定从市场召回的，应当立即向（　　）报告。

A. 质量管理部门　　　　　　　　　　　　B. 销售部门

C. 生产管理部门　　　　　　　　　　　　D. 药品监督管理部门

10. 非质量问题药品退货时，应由销售人员提出申请，须填写"成品退货申请单"，由（　　）负责人批准

后方可执行。

    A.质量管理部门　　　　　　　　　　　　　　　B.销售部门

    C.生产管理部门　　　　　　　　　　　　　　　D.人力资源管理部门

11.下列选项中，不属于每批产品发运记录记载内容的是（　　）。

    A.产品名称　　　　　　B.规格　　　　　　C.包装形式　　　　　　D.数量

12.xxx制药有限公司向各药品经营企业和使用单位发布公告主动召回3个批次的复方对乙酰氨基酚片，该召回属于（　　）。

    A.主动召回　　　　　　B.责令召回　　　　　　C.被动召回　　　　　　D.无责召回

（二）多项选择题

13.产品的发运记录应包括哪些内容（　　）。

    A.产品名称　　　　　　B.产品规格与数量　　　　　　C.产品批号　　　　　　D.收货单位名称

14.下列属于药品安全隐患评估的内容是（　　）。

    A.对主要使用人群的危害影响

    B.对特殊人群，尤其是老年人、儿童、孕妇、肝功能不全者、外科患者等

    C.危害的严重与紧急程度

    D.危害导致的后果

15.制定药品召回计划应包括以下哪些内容（　　）。

    A.药品生产销售情况及拟召回的数量

    B.召回措施的具体内容，包括实施的组织、范围和时限等

    C.召回信息的公布途径与范围

    D.召回药品的处理措施

16.药品生产企业召回药品时，应合理设计药品召回计划并组织实施，召回计划包括（　　）。

    A.药品生产销售情况及拟召回的数量

    B.召回措施的具体内容，包括实施的组织、范围和时限等

    C.召回信息的公布途径与范围

    D.药品召回后的处理措施

17.药品生产企业销售的药品出现下列情况时应实施召回（　　）。

    A.药品质量监督管理部门抽检通报有质量问题的药品

    B.用户反映有未知不良反应

    C.国家药品监督管理局已公告撤销药品批准证明文件的药品

    D.药品包装标签说明书内容或者设计印刷存在缺陷，影响用药安全的

18.下列关于药品销售及产品发运及召回的管理的叙述，正确的包括（　　）。

    A.药品发运的零头包装只限两个批号为一个合箱

    B.发运记录应当至少保存至药品有效期后2年

    C.应当制定召回操作规程，确保召回工作的有效性

    D.应当指定专人负责组织协调召回工作，并配备足够数量的人员

二、简答题

1.产品召回的依据是什么？

2.召回后的药品应当如何处理？

项目十三　GMP检查

PPT

❯ 项目导入

　　药品 GMP 检查是指药品监管部门依据药品监管法律法规及有关规定，对药品上市许可持有人、药品生产企业（车间、生产线）和药品品种实施药品 GMP 情况开展的监督检查活动，是国际药品贸易和药品监督管理的重要内容，也是确保药品安全性、有效性和质量可控性的一种科学管理手段。那么GMP检查的类型、项目、程序有哪些具体要求？

　　本项目将学习 GMP 检查的类型；认知自检；制定自检计划；自检的实施与改进。

❯ 学习目标

知识目标

1. 掌握药品 GMP 检查定义与分类，自检定义，自检策划，自检实施与改进。

2. 熟悉药品 GMP 检查内容，自检目的，自检原则。

3. 了解 GMP 条款内容，药品 GMP 检查要求与条件，自检项目及要求。

技能目标

1. 能组织应对 GMP 符合性检查。

2. 能按照自检规程和标准对部门实施自检，发现隐患，编写自检报告，提出改进措施。

思政目标

1. 具有发现问题，解决问题，革新创新的素质。

2. 应有"纠正与预防""持续改进"的质量管理思想。

·任务一· GMP 检查的类型

　　在药品 GMP 检查中，针对企业的检查包括内部检查和外部检查。外部检查由认证机构负责组织实施，一般是药品监管部门依据药品监管法律法规及有关规定，对药品上市许可持有人、药品生产企业（车间、生产线）和药品品种实施药品生产质量管理规范情况开展的监督检查活动，通常称为第三方审计。内部检查，例如自检是由企业自主负责组织实施的自我发现缺陷并主动采取措施进行改进的一系列活动，通常称为第一方审计。

　　药品 GMP 外部检查主要分为：依申请药品 GMP 符合性检查和依职权药品 GMP 符合性检查。

依申请药品GMP符合性检查是药品上市许可持有人、药品生产企业依据药品监管法律法规及有关规定，向药品监管部门主动申请的药品 GMP 符合性检查。

依职权药品GMP符合性检查是药品监管部门根据药品监管法律法规及有关规定，对药品上市许可持有人、药品生产企业和药品品种上市后实施药品 GMP 情况的日常监督检查。

一、跟踪检查

GMP 跟踪检查是基于上一年度国家药品检查、抽检、不良反应监测、投诉举报等方面发现的问题和风险信号订立年度跟踪检查计划进行检查，同时根据国家重点监管工作需要、风险监测和评估结果，适时增加被检查企业名单。

二、飞行检查

药品 GMP 飞行检查是药品 GMP 认证跟踪检查的一种形式，指药品监督管理部门根据监管需要随时对药品生产企业所实施的现场检查。飞行检查主要针对涉嫌违反药品 GMP 或有不良行为记录的药品生产企业。

GMP 飞行检查具有行动的保密性、检查的突然性、接待的绝缘性、现场的灵活性、记录的及时性的特点。

三、注册现场检查

药品监督管理部门对所受理药品注册申请批准上市前的样品批量生产过程等进行实地检查，确认其是否与核定或申报生产工艺相符的过程。GMP 注册现场检查分为常规检查和有因检查。

四、仿制药一致性评价现场检查

仿制药一致性评价现场检查是对申报药品品种、生产条件等情况进行现场检查。主要包括研制现场核查、生产现场检查、有因检查。研制现场核查主要考察研制过程实验设计的科学性、研制过程数据的可靠性；生产现场检查、主要考察动态生产过程、取样检测、生产现场 GMP 管理检查；有因检查，主要是药品监督管理部门针对药品出现的问题，进行的飞行检查。

·任务二· 认知自检

一、自检的概念

GMP 自检是指制药企业内部对药品生产实施 GMP 检查，是企业内部对产品的质量审计，也是制药企业建立健全质量管理体系方面的自我认证。

二、自检的目的

通过 GMP 自检，对企业生产质量管理体系进行自我检查，及时发现企业执行 GMP 时存在的缺陷和潜在的质量风险隐患，确认企业活动过程执行 GMP 的持续性、企业标准和规程的符合性、质量体系的有效性，并通过自检获取改进信息，实施纠正预防和改进措施，进一步提高质量。具体有以下目的。

（1）确认企业质量管理体系有效性。

（2）为质量审计提供真实的证据和有效信息。

（3）为企业对外做自我合格声明的依据。

（4）确认药品生产企业质量管理过程及相关法律、执行 GMP、企业标准、规范要求的符合性。

（5）获取公正、客观的质量管理信息，为企业管理层的决策提供事实依据。

（6）发现缺陷和识别新的潜在质量风险，采取纠正、预防措施。

（7）增进各部门及人员之间的沟通交流。

（8）通过评价部门与人员的工作质量和绩效，有助于企业对有关部门和人员加强管理，开展针对性培训并提高技能水平。

三、自检的原则

自检应该遵循以下原则：①公正原则；②独立原则；③客观原则；④适用依据原则；⑤适用程序原则；⑥适用标准原则；⑦适用行业行为规范原则；⑧适用法律规范原则；⑨适用管理体系原则；⑩适用合同原则。

四、自检内容

1.机构与人员　按照 GMP 的要求审核组织机构与人员的情况，组织机构是组织保证，人员是执行主体，组织机构设置应合理，部门职能、岗位职责应明确；应当按照组织机构配备相应人员，人员素质应该符合规范要求，包括企业负责人、质量受权人、生产管理负责人、部门负责人和检验、生产操作人员等人员；职位、职务变动情况；人员卫生、生产人员健康档案情况等应符合 GMP 要求；应对各类人员进行相关培训与考核并建立培训档案。

2.厂房及设施　按照 GMP 的规定审核厂房设施的情况，包括厂区的总体布局、划分应合理，生产厂房的设计和布局、洁净室的洁净级别、温湿度和压差要满足工艺要求，空气净化设施、防尘捕生设施效率及维护，储存区、质量控制区、辅助区的设置等内容。

3.设备　按照 GMP 的规定审核设备设计、选型、安装、运行、维护及维修情况，包括是否满足工艺、产量要求，是否便于操作、维护，是否有状态标识以及不合格设备和问题设备的处理情况。

4.物料与产品　按照 GMP 的规定审核检查原料、辅料、包装材料、制剂半成品和成品的购入、贮存、发放和使用情况，包括物料、成品、半成品和包装材料是否按照性质存放，各种物料的各种状态是否符合规范，各种物料的保存期限，药品包装、说明书、标签的管理是否符合规定。

5.确认与验证　按照 GMP 的要求审核确认与验证情况，包括设备安装及运行和性能确认，验证总计划的实施，工艺验证，厂房、设施、产品验证记录，再验证记录，验证负责人审核批准程序等内容。

6.文件　按照 GMP 要求审核药品生产管理和质量管理的各项制度与记录，药品的生产管理和质量管理文件，SOP 的完备性，建立文件的程序规范性，文件内容的合法性等内容。

7.生产管理　按照 GMP 要求审核生产工艺规程、岗位操作法和 SOP 的执行情况，批生产记录、批包装记录、批检验记录、清场记录的设计、填写、更改、保存、销毁等规范性；生产过程预防交叉污染、混淆、差错等措施效果；生产区以及生产辅助区的卫生情况等内容。

8.质量管理　按照 GMP 的要求审核质量管理部门职责落实情况，包括质量管理部门人员配备，实验室管理，持续稳定性考察，变更控制，偏差处理，纠正措施和预防措施，供应商的评估和批准，产品质量回顾分析和处理投诉的记录等内容。

9.委托生产与委托检验　按照 GMP 的要求审核委托生产与委托检验的程序规范性，委托企业对受委托企业生产监控情况等内容。

10.产品发运与召回　按照 GMP 的要求审核销售记录，产品退货、收回和处理程序，包括销售记录，药品召回管理文件及记录是否符合规定，对召回产品的处理合法性。

五、自检程序

自检程序一般分为自检启动、自检准备、自检实施、自检报告四个阶段。

1.自检启动　首先确定自检的目的与范围，任命自检组长并组建自检小组，将自检的相关事宜与受检部门建立初步联系。

2.自检准备　自检前准备主要包括编制自检计划，明确自检的具体内容与要求，确定自检的范围与深度；准备自检工作文件，检查表和抽样计划，各种记录信息的表格。

3.自检实施　自检小组完成自检准备工作后，就可以按照自检计划安排实施现场自检。自检过程中应由受检部门负责人员提供相关资料，回答检查人员提问，记录自检中发现的问题，接受自检组成员的指导并及时改进。

4.自检报告　自检结束后，自检小组对自检结果进行汇总、分析、评价和总结，对受检单位的 GMP 管理体系的符合性和有效性进行总体评价。

【GMP（2010年修订）】

第三百零六条　质量管理部门应当定期组织对企业进行自检，监控本规范的实施情况，评估企业是否符合本规范要求，并提出必要的纠正和预防措施。

第三百零七条　自检应当有计划，对机构与人员、厂房与设施、设备、物料与产品、确认与验证、文件管理、生产管理、质量控制与质量保证、委托生产与委托检验、产品发运与召回等项目定期进行检查。

·任务三·制定自检计划

一、确定自检目标

由企业负责人确定自检计划的目标，达到单位实施自检目的。

二、组建自检小组

由企业负责人指定一名或多名人员负责管理自检小组，制定自检计划，自检小组负责人选择成员组建自检小组，包括特定自检所需要的技术专家以及其他自检工作相关人员，自检组成员应该熟悉自检过程，部门情况并且独立于自检活动和避免利益冲突。

三、编制自检计划

自检小组根据自检的目的和受检方情况，编制自检计划，确定自检的具体内容和要求。自检计划应该结合自检实施方式制定，例如年度自检计划，集中自检计划，分散、滚动自检计划。自检计划内容包括自检目的与范围、自检依据、自检组人员名单、日程安排等内容。

案例：XXX 药业有限公司自检计划			
自检目的	评估公司在生产和质量控制的各方面执行 GMP 有关情况，发现问题并及时改进。		
自检范围	生产部门及其辅助部门、质量管理部门		
自检依据	1.《药品管理法》《药品管理法实施条例》 2.《药品生产质量管理规范》 3.《药品 GMP 管理体系和认证评价标准》 4.公司相关内控文件		
日程安排			
时间	内容	部门	人员
自检组长/日期			
自检组员/日期			
起草人/日期			
审核人/日期			
批准人/日期			

四、分配自检工作

自检小组负责人可以根据小组成员的独立性、能力、资源的有效利用以及成员与技术专家的不同作用和职责，同时根据受检方的具体过程、活动、职能或场所进行任务分配。

五、准备自检工作文件

自检小组成员经过任务分工后，熟悉受检方文件或其他资料，收集和评审有关的信息，准备必要的文件用于自检过程中参考和记录自检证据的工作文件，包括：①检查表；②自检抽样计划；③支持性证据、自检发现和会议记录等表格。

记录表格设计根据自检的范围和程度可随自检中收集信息的结果而发生变化，工作文件至少应保存到 GMP 规定的时限或自检完成、自检计划规定的时限，自检小组成员应对涉及保密或知识产权信息的工作文件妥善保管。

			XXX药业有限公司检查表			
序号	核查项目	必备条件	核查内容	检查方法	检查部门	自查结果
1	查企业生产资质	企业实际生产药品的场所、范围等应与药品生产许可证和GMP认证证书内容一致	《药品生产许可证》《药品GMP认证证书》《营业执照》的有效性	查证书	GMP检查中心	
		企业在生产许可证和GMP认证证书有效期内，生产条件、检验手段、生产处方工艺发生变化的，应按规定许可备案	是否存在生产的药品超出认证或许可范围；是否存在伪造和冒用认证证书或许可证现象	查证书	GMP检查中心	
2	查生产原辅料	按规定履行对物料抽样全检和进货验收制度。建立供货商档案，索取原辅料生产（经营）许可证、营业执照、业务员授权委托书、法定批准文件等材料，重要原辅料应现场审计。建立和保存原辅料贮存、保管、领用出库等记录	关键原辅料是否进行现场审计	查看资料	质量保证部	
			查看现场原辅料抽样情况，有无按规定抽取	现场查看	质量控制部	
			查看验收台帐、进货日期、原辅料名称、来源、数量、批号、结论、验收人等信息是否齐全	查看资料	仓储部	
			查看堆放区域有无明显标志，标明待验、合格、不合格等标识	现场查看	仓储部	
			查看有无建立货位卡和出入记录。日期、名称、产地、批号、数量、去向、收料人、发料人等内容是否齐全	查看资料	仓储部	
			查看供应商档案是否齐全	查看资料	质量保证部	
3	查生产过程控制					
4	查企业检验能力和状况					
5	查不合格药品处理					
6	查从业人员健康与培训情况					
7	查药品标签说明书管理					
8	查企业仓库管理					
9	查药品包装材料					
存在主要问题及整改意见						

【GMP（2010年修订）】

第三百零八条 应当由企业指定人员进行独立、系统、全面的自检，也可由外部人员或专家进行独立的质量审计。

第三百零九条 自检应当有记录。自检完成后应当有自检报告，内容至少包括自检过程中观察到的所有情况、评价的结论以及提出纠正和预防措施的建议。自检情况应当报告企业高层管理人员。

·任务四· 自检的实施与改进

自检计划编制完成，按照预定计划实施自检，自检完成后应当出具自检报告，针对自检过程中的发现的所有情况，评价的结论以及提出纠正和预防措施的建议，进行质量改进。

一、自检流程

1.自检的实施

（1）首次会议　介绍自检目的、范围和原则以及需要关注的发生频率较高的缺陷地方，介绍自检小组成员，明确自检人员及分工任务，自检日程安排，确认自检计划中所有相关方统一意见。

（2）文件检查　收集与受检查部门管理活动有关的程序文件、作业指导书等文件；在审阅程序文件时，不仅要检查该部门自身中心工作的程序文件，还要检查与其他部门程序文件的衔接是否明确清晰，规定内容是否协调等。

（3）现场检查　向受检查部门说明要检查的内容；识别和确认检查信息的收集来源和方式；通过面谈、查阅文件和记录、现场观察等方式收集检查信息；确定收集的检查信息；验证收集的检查信息，形成检查证据；依据自检依据，判断检查证据，形成检查发现；评价检查发现，得出检查结果。

（4）末次会议　向受检查部门介绍自检情况，澄清所有自检结果，并予以确认；报告自检发现（重点在缺陷项目）和自检结论；提出后续工作要求（纠正措施/跟踪自检等），结束现场检查。

2.缺陷的评估

缺陷的定义：自检所述的缺陷项目是指"未满足规定要求"，有些企业也称之为"不符合"或"不合格"。

根据缺陷的类型划分为体系性缺陷、实施性缺陷和效果性缺陷。

（1）体系性缺陷　企业的生产设施、程序文件与《药品生产质量管理规范》或相关药事法规的要求不一致。

（2）实施性缺陷　未执行事先规定的程序要求。

（3）效果性缺陷　按事先规定的程序执行，但缺乏有效性。

按照缺陷的性质进行分类，一般分为：严重缺陷、轻微缺陷和其他类。

（1）严重缺陷　有严重违反药事法规，产品质量将带来严重风险；GMP 规范要求的关键项目没有有效地执行或与规范要求不一致；造成系统运行失效或区域内严重失效的；需较长时间、较大物力和财力进行纠正。

（2）轻微缺陷　个别、偶然、孤立人为的错误；GMP 规范要求的一般项目没有有效地执行或与规范要求不一致；程序文件偶尔没被遵守，造成的后果不严重；对 GMP 规范执行不产生重要的严重不符合影响。

（3）观察项　虽为没有构成缺陷，但有变为缺陷的趋势；存在有潜在质量风险的事实或行为，但没有相关程序规定其他需提醒注意的事项。

在现场检查时，发现缺陷项目后，自检员应将缺陷事实向受检查部门说明清楚，并请受检查部门负责人对事实加以确认，对缺陷项目的性质及纠正措施的意见进行初步交换，并达成共识。

3. 自检发现与汇总分析　对照自检原则评价自检证据以形成自检发现。自检发现能表明符合或不符合自检的目标与要求。当自检计划有规定时，具体的自检发现应包括不符合及需要佐证项目情况、整改措施等，对不符合项目进行分级，应与受检方沟通确认不符合的结果情况，分析不符合项目原因，提出整改措施。

自检不符合项目报告

受检部门		自检员		陪同员	
缺陷项目描述：					
不符合：□法律_____					
□部门规章_____					
□程序文件_____					
□其他_____					
缺陷项目性质：□严重　　　　□一般　　　　□观察					
缺陷原因分析：					
整改措施：					
要求整改完成时间：　年　月　日 – 　年　月　日					
执行及确认结果：□满足要求　　　□需进一步观察　　　□重新制定整改措施					

执行人：　　　　　　　　　　　　　　确认人：

时间：　　　　　　　　　　　　　　　时间：

4. 自检报告

（1）编写自检报告　自检报告是自检小组对自检结果的正式总结性文件，自检小组组长对自检报告编制准确性、完整性负责。自检报告应该提供完整、准确、清晰的自检记录，主要包括自检目的、自检范围、自检依据、自检综述、缺陷项目情况、GMP 等规范执行情况，综合评价等。

自检报告

自检目的：				
自检范围：				
自检依据：				
自检日期：				
自检综述：				
缺陷项目性质与数量统计分析				
严重　　　　共计＿＿＿个				
具体情况分析：				
一般　　　　共计＿＿＿个				
具体情况分析：				
观察　　　　共计＿＿＿个				
具体情况分析：				
《生产质量管理规范》执行情况评价：				
结果与改进				
编号	缺陷项目	整改措施	完成时限	负责人
备注：				

（2）自检报告的批准　自检报告起草完毕后，在提交之前应与受检查部门负责人共同确认，取得一致建议后提交企业质量负责人或企业负责人批准。

（3）自检报告的分发　自检报告经批准后，由文件管理部门按照文件管理相关规定分发至有关部门和人员，自检报告通常发放企业负责人、受检查部门，受检查部门上级主管及质量管理部门。

（4）自检结束　自检小组完成上述工作后宣布自检工作结束。

二、质量改进

质量改进是自检的后续活动，是针对自检组提出的缺陷项目或潜在缺陷或其他有改进需求而采取的活动。但是如果自检结果没有缺陷等问题，就无需进行整改。质量改进的意义在于企业通过持续质量改进使 GMP 管理体系长期有效运行，并且能提高企业效率与效益。自检后质量改进工作通常包括：受检部门确定和实施纠正、预防或改进措施，报告实施纠正、预防或改进措施的状态；自检组对纠正措施的实施情况及其有效性进行验证、判断和记录。

1. 制定整改措施　企业一般引入 CAPA 系统，即纠正和预防行动系统。企业通过自检，对投诉、不合格品、偏差、工艺性能趋势和产品检测进行调查后，企业应该具备实施纠正预防行动系统。受检部门负责人根据自检报告中的缺陷项目组织相关人员进行研讨，分析产生缺陷的具体原因，制定消除缺陷的整改措施并且得到自检组认可。经过批准后，予以实施。

自检整改报告

缺陷项目信息来源：					
□自检　　□外部审核　　□日常检查　　□投诉　　□其他来源_____					
发起部门		接受部门		相关部门	
缺陷项目描述：					
整改要求：					
原因分析	采取对策		责任人	完成日期	
整改措施制定人：			审批人：		
日期：			日期：		
整改效果执行与确认：					
执行人：			确认人：		
日期：			日期：		

2. 执行整改措施　整改措施应在规定期限内完成，如在规定时间不能完成的应由整改执行部门向企业质量管理负责人或自检管理部门说明原因，请求延期，在执行整改措施过程中涉及的文件及记录应存

档保存。

　　3.跟踪检查　企业应对自检中发现的缺陷制定相应的纠正和预防措施，指定责任人，设定计划完成时限及目标等，建立一个有效的追踪程序，追踪纠正和预防措施的执行情况。

跟踪自检报告

受跟踪部门		跟踪日期		提交日期	
自检范围					
自检员					
确认结论	整改有效项：整改无效项：　整改无需项：　无实施整改项：				
缺陷项目编号	整改措施验证记录			确认结论	
编号	尚未整改的缺陷项目分析/新发现的缺陷项目				
确认与承诺	自检部门负责人：			日期：	
处理意见	受检人员			日期：	
内审组长	批准人：			日期：	
备注：					

　　4.总结自检工作　自检所有流程结束后，自检组所有成员应对本次自检进行总结，归纳自检工作值得肯定的做法，存在的问题，改进的方向和建议等。

▶ 目标检测 ◀

　　　　重点小结　　　　参考答案

一、选择题

（一）单项选择题

1.药品生产企业应当定期进行（　　），监控GMP的实施情况。

　　A.验证　　　　　　　　　B.自检　　　　　　　　　C.变更　　　　　　　D.评估

2.有计划进行GMP自检，监控GMP的实施情况，评估企业是否符合GMP要求并提出必要的（　　）。

　　A.整改措施　　　　　　　B.纠正和预防措施　　　　C.变更措施　　　D.处罚措施

3.GMP自检应当由（　　）组织。

　　A.人力资源部　　　　　　　　　　　　　　　　　　B.设备管理部门

　　C.生产管理部门　　　　　　　　　　　　　　　　　D.质量管理部门

4.GMP自检应当有计划，并对涉及项目（　　）进行检查。

　　A.不定期　　　　　　　　B.定期　　　　　　　　　C.不需要　　　　D.随时

5.自检可以是企业内部人员进行，也可由外部人员或专家进行（　　）质量审计。

　　A.详细的　　　　　　　　B.必要的　　　　　　　　C.独立的　　　　D.局部的

6.应当由企业（　　）进行自检，也可由外部人员或专家进行质量审计。

A.生产管理人员　　　　　　　　　　　　B.质量管理人员

C.验证人员　　　　　　　　　　　　　　D.指定人员

7.自检应当有记录。自检完成后应当有（　　）。

A.自检报告　　　　B.偏差报告　　　　C.检验报告　　D.会议报告

8.自检情况应当报告（　　）。

A. QC　　　　　　　　　　　　　　　　B. QA

C.验证人员　　　　　　　　　　　　　　D.企业高层管理人员

9.自检后续活动不包括（　　）。

A.受检部门确定和实施纠正、预防或改进措施

B.报告实施纠正、预防或改进措施的状态

C.自检组对纠正措施的实施情况及其有效性进行验证、判断和记录

D.制订下次自检计划

10.自检中绘制缺陷项分布表的作用不包括（　　）。

A.通过对缺陷项的分析，发现自检过程中未发现的缺陷项目

B.从缺陷项分布表上可直观地看出缺陷项在各过程和各部门的分布情况

C.通过对缺陷项的分析，确定哪些部门是有效运行的

D.通过对缺陷项的分析，确定需要重点改进的部门或过程

11.对质量管理部门进行自检的内容不包括（　　）。

A.实验室管理　　　　　　　　　　　　　B.持续稳定性考察

C.生产记录　　　　　　　　　　　　　　D.偏差处理

12.自检总结的内容不包括（　　）。

A.自检中值得肯定的方面　　　　　　　　B.自检过程发现的问题

C.以后需改进的方向和建议　　　　　　　D.新版 GMP 的要求

13.受检部门接到自检报告后应该进行的活动不包括（　　）。

A.向自检小组解释产生缺陷的原因，以减轻责任

B.受检部门的负责人组织与缺陷项有关人员对自检组提出的缺陷项进行评审

C.分析并确定导致产生缺陷项的原因

D.针对缺陷项的原因，制定相应的整改措施

（二）多项选择题

14.自检人员的相应职责包括（　　）。

A.执行质量审核程序，按时完成自检负责人分配的自检任务

B.与接受检查的企业各部门各环节进行沟通合作，记录自检过程

C.汇总分析自检结果，写出自检报告

D.控制和协调自检活动

15.自检项目包括（　　）。

A.人员、文件

B.厂房、设施、设备

C.生产管理、质量管理

D.上次自检提出的质量改进建议的执行情况

16. 对企业自检人员的要求包括（   ）。

    A. 学历　　　　　　　　　　　　　　　　　　　　B. 经过培训

    C. 具备处理质量问题的能力　　　　　　　　　　　D. 具有实践经验

17. 企业对人员方面进行自检时需要核对资历的是（   ）。

    A. 企业负责人　　　　　　　　　　　　　　　　　B. 质量管理和生产管理负责人

    C. 质量受权人　　　　　　　　　　　　　　　　　D. 部门负责人

18. 自检检查表的主要内容应包括（   ）。

    A. 自检的对象　　　　　　　　　　　　　　　　　B. 自检项目和重点

    C. 自检方法　　　　　　　　　　　　　　　　　　D. 自检结果

19. 自检程序一般可分为以下几个阶段（   ）。

    A. 自检启动　　　　　　　　B. 自检准备　　　　　　C. 自检实施　　　　D. 自检报告

20. 自检的目的可以归纳为（   ）。

    A. 确定药品 GMP 管理体系或其一部分与自检准则的符合程度

    B. 评价 GMP 管理体系满足法律法规和合同要求的能力

    C. 评价 GMP 管理体系实现规定目标的有效性

    D. 识别 GMP 管理体系潜在的改进方面

21. 自检项目通常包括（   ）。

    A. 设备　　　　　　　　　　B. 物料　　　　　　　　C. 生产管理　　　　D. 质量管理

22. 缺陷的类型分类可分为（   ）。

    A. 体系性缺陷　　　　　　　B. 效果性缺陷　　　　　　C. 实施性缺陷　　　D. 完整性缺陷

23. 应该建立健康档案的人员包括（   ）。

    A. 生产操作人员　　　　　　　　　　　　　　　　C. 生产管理负责人

    B. 检验人员　　　　　　　　　　　　　　　　　　D. 质量管理负责人

二、简答题

1. 简述自检的主要作用。

2. 简述编制和使用自检计划需考虑和注意的事项。

参考文献

［1］国家药典委员会.中华人民共和国药典（2020年版，四部）［S］.北京：中国医药科技出版社，2020.

［2］国家药品监督管理局 食品药品审核查验中心.药品 GMP 指南［S］.北京：中国医药科技出版社，2023.

［3］何思煌.GMP实务教程［M］.北京：中国医药科技出版社，2021.

［4］李媛.药品 GMP 实务［M］.北京：中国医药科技出版社，2023.

［5］黄竹青.GMP实务［M］.西安：西安交通大学出版社，2022.